U0934162

HUANGJINSIWEI
JUEDINGCHENGGONG

黄金思维决定成功

黄金思维使人在面试、工作、家庭生活和人际关系中，处于绝对的优势。

崔基哲　著

中国青年出版社

(京)新登字 083 号

图书在版编目(CIP)数据

黄金思维决定成功/崔基哲著. —北京:中国青年出版社,2010.1
ISBN 978—7—5006—9066—5

Ⅰ. ①黄… Ⅱ. ①崔… Ⅲ. ①创造性思维—通俗读物 Ⅳ.①B804.4—49

中国版本图书馆 CIP 数据核字（2009）第 213145 号

责任编辑：程黧眉

*

中国青年出版社 出版 发行
社址：北京东四 12 条 21 号 邮政编码：100708
网址:www.cyp.com.cn
编辑部电话：(010) 64033813 门市部电话：(010) 84039659
聚鑫印刷有限责任公司印刷 新华书店经销

*

700×1000 1/16 13.75 印张 3 插页 240 千字
2010 年 1 月北京第 1 版 2010 年 1 月河北第 1 次印刷
印数：1—10000 册 定价：22.00 元
本图书如有印装质量问题,请凭购书发票与质检部联系调换
联系电话：(010)84047104

作者和思科系统（中国）公司的员工举办“黄金思维”讨论会

本书作者和LG 电子新员工合影留念

作者给中铁建工集团北京公司的新员工讲授黄金思维课程

LG 电子40多名新员工接受黄金思维培训

目录 contents

目录 contents

目录 contents

目录 contents

目录 contents

序

北京华旗资讯数码科技有限公司（爱国者）总裁　冯军

十年磨一剑，这句话对于本书作者崔基哲来说是名副其实的。因为它是作者历经十余载的呕心沥血之作，凝聚了作者多年来的研究成果和思想精华。作为北大社会责任研究所著名学者，崔基哲潜心于黄金思维的研究，而即将面世的《黄金思维决定成功》这部著作将会给大家带来一种全新的思维方式。

作为一名企业家，我非常关注员工的责任感、主动性、团队协作精神和创新思维等软实力，而软实力最终表现为解决问题的综合思维能力。本书的价值恰恰就在于它可以培养员工解决问题的综合思维能力，从而有效地提升员工的软实力。

其实，每一位员工都愿意尽心尽责、积极主动、参与团队协作，也愿意努力创新。但是在实际工作中，由于种种原因，员工做出尽责、主动、与团队协作和积极创新等努力之后，不仅得不到相应的回报，而且还可能失去一些利益。于是很多员工感叹“好心没有好报”，并且为保证自己的利益而不敢担当，甚至推卸自己的责任（义务），不敢主动与别人合作、不敢创新，因而在工作中没有表现出企业所希望的软实力。

本书用丰富的黄金思维事例和“明确原则”、“美好心愿”、“闲散资源”、“代替承担”、“等待”等崭新概念及其相关理论体系告诉员工，如何以正确、合理的方式争取自己应得利益。如果员工熟悉了本书所述的黄金思维事例和理论体系并在工作中加以实践，就一定会实现“好心有好报”，自然也会提高责任感、主动性、团队协作能力和创新思维等软实力。

本书为建设和谐企业、和谐社会奠定了很有价值的理论基础。爱国者(aigo)将要大力支持北京大学社会责任研究所全面推广黄金思维的工作。在此，我郑重地建议广大大学生和企业员工好好研读本书，认真学习黄金思维事例和理论。

2009年8月

上篇
49个故事中的黄金思维

恋爱婚姻家庭、工作、朋友和社会是每个人的四大生活环境。我们在这四大环境中会碰到各种各样的问题。要解决这些问题，首先考验的就是我们的思维能力。下面我们举一些例子说明黄金思维和一般思维的共同之处和不同之处。

G O L D E N M I N D

第一章 工作中的黄金思维

我们的大部分工作内容不像相对论那么复杂，而是像下面的例子一样很简单，很琐碎。但是，在这些“简单”中，各种信息不全、信息互相矛盾的问题经常发生，如何应对这些需要自己作决定、拿主意的情况，就是检验一个员工思维能力是否合格的时候了。

1. 老板偏心吗？

有一天，公司有一个比较重要的活动，李松因为路上堵车而迟到了五分钟。上司大发雷霆，狠批他缺乏时间观念。又过了五分钟，洪全也急急忙忙地来了。大家都为洪全担心，没想到上司就轻轻地说了他一句：公司有重要的活动，你应该早点出门。以后不要迟到。试问读者：李松会有什么感觉？

很多人的回答是：上司偏心。若李松也这么认为，那么他的工作热情会不会受影响？他和上司的关系会不会出现障碍？很可能会！若是这样，即使李松的业务能力再强，也不容易发挥出来，从而不能为公司做出更多的贡献。

那么，李松若具备黄金思维，他会怎么对待这件事情呢？

首先，李松会考虑上司发火的原因。上司对李松发那么大火的原因可以概括为以下几种：其一，是为了让大家都知道堵车不能成为迟到的理由。举一个不恰当的比喻来说，上司就是杀鸡给猴看。而洪全迟到时，杀一儆百的效果已经达到了，所以没有必要再对洪全发火。其二，当时上司因为其他事情（比如，和家人吵架等）正在气头上，就借着李松迟到的事情发泄。洪全迟到时，上司已经没有那么大的火气了。从现实看，上司不可能每次看到员工犯错误时都大发雷霆，若是这样，上司就没法活了。除此之外，可能还有其他原因，读者可以想象。总而言之，上司对李松发那么大的火，可能不是冲着李松个人的，而是因为其他原因。

其次，李松是不是“倒霉”？不一定！若李松理解老板的立场，不因为这件事情闹情绪，就像什么事情都没有发生一样努力工作，上司会对李松这样的表现看在眼里，放在心上。以后若有提拔的机会，在李松和洪全其他条件都相同的情况下，提拔李松的可能性远比提拔洪全的可能性大。这不是说李松比洪全有能力，而是通过这件事情，李松的态度和心理承受能力已经得到了验证。这样，就可以将一件“倒霉”的事情变成未来发展的机会。

当然，有人会提出这样的问题：如果上司不提拔李松而提拔洪全时，李松怎么办？贤臣择主而事，李松可以离开这位上司去找更好的工作。试想这样的好员工，哪一位上司、老板会不喜欢？

李松理解老板“偏心”的原因，相信老板会给自己补偿，即使老板不给补偿，李松相信自己可以在其他工作上争取更好的待遇。这就是李松的黄金思维。李松若有这样的“黄金思维”，就不会因为老板“偏心”而与之关系出现障碍，工作热情也不会减退，而且还会对其他人产生非常积极的影响。

2. 究竟是谁的责任？

小肖是外贸公司的资深职员，有一次他家里有急事，请假时经过上司的同意，把提货的业务转交给了小解，并且详细嘱咐了注意事项。但是由于小解不熟悉业务，被海关罚了10000元。那么责任在谁呢？

公司认为小肖应该承担最终的责任，所以这笔损失应由小肖来赔付，赔付金额从小肖的工资里面扣除，每月100元，还清为止。

小肖一开始对公司的决定很不理解：“我已经请假了，而且把业务转交给小解也是经过上司同意的，为什么要我承担这个责任？”为此他请教了一位长者。长者解释说：“原则，是有层次的。从最低层次的法律角度来说，也许你没有责任。但是从较高层次的道义上讲，你不能推卸你的责任。若你坚持认为你没有责任，拒绝接受惩罚，那么以后公司不会再批准你的请假，也没有人敢接你的活。”小肖茅塞顿开，诚恳接受了公司的处罚，得到了上司、同事的称赞。

总而言之，普通思维只注重最基本的责任或眼前的事情，而黄金思维则在此基础上考虑更长远的事情。

3. 说话不硬做事不软

小赵刚到一家公司，初来乍到的她为了和前辈同事们搞好关系，经常帮助同事做一些好事（如沏茶等）。一开始，大家都很客气地表示感谢。小赵听了，心里觉得甜滋滋的，认为自己在新公司的人际关系策略初战告捷。然而好景不长，一个月下来，办公室的职员们都已经习惯了接受小赵的“好意”，没有人再表示感谢，而且想当然地认为沏茶是她该做的事情。小赵为此很苦恼。一方面，她觉得自己和大家是平等的，不该长期做“女佣”；另一方面，她又担心拒绝别人的要求会伤害自己苦心经营的良好人际关系。

小赵就上述情况寻求笔者的帮助。笔者分三部分回答了她的问题。

首先，君子之交淡如水，让大家一直都对她说“谢谢”也不是一件容易的事情。从表面上看大家似乎已经习以为常，不表示感谢，其实他们是看在眼里，放在心里。笔者上的是五年制本科，我们宿舍有六人。从大一到大三，笔者一个人打扫宿舍卫生和打开水。其他舍友几乎没有碰过扫帚，没有打过开水，而且也从来没有说过“谢谢”。但是笔者有一个不好的习惯，就是早晨起不来，经常没时间吃早饭就急急忙忙地去上课。一位舍友看到笔者的情况，就自己掏钱给笔者打饭。进入大四以后，笔者在外面参加了很多社会活动，在宿舍里的时间不多，更谈不上打扫卫生、打开水了。这样，另一位舍友就“接任”了笔者的工作，他干了一年；在大学五年级的时候，第三位舍友“全包”了宿舍卫生和打水工作。所以，我们宿舍一直保持着很和睦的气氛。笔者毕业之后，上述舍友给笔者的研究工作提供了很多帮助。若一定要从“回报”的角度来描写这样的事情，那就可以说是“小投资、大回报”，至少是“零存整取”。人人都知道一个人做一次好事很容易，但长时间做好事是不容易的。我们刚开始做好事的时候（比如一个月、三个月），也许人们没有什么反应，但是若能坚持半年、一年，别人就会尊重我们的劳动。

其次，若真想让大家知道自己不是“女佣”，那么可以采用“说话不硬，做事不软”的方式。所谓说话不硬，就是不要直接拒绝同事的请求，可以告诉对方诸如自己手头的工作也很忙，没有时间做那些事情等。这样，一来可以解脱自己，回避了本不属于自己的义务，二来不会伤害彼此情谊。说话不硬的关键在于，认定这些同事们不是故意欺负自己，而是没有注意到自己的感受。所谓“做事不软”，是指在别人提出“过分”要求的情况下（如沏茶、冲咖啡等不是自己义务的情况下），不是逆来顺受，而是纠正对方“过分”的要求。小赵可以先温和地拒绝别人的要求，过一段时间，等对方意识到“过分”（明白那些工作并不是小赵工作的义务范围）之后，还可以继续为大家服务，这样既可以和大家保持良好的关系，又可以做事不软。由此可以看出普通思维和黄金思维的差别。普通思维要么是委屈自己，要么是拒绝别人（给人冷冰冰的感觉）；而黄金思维最终可以实现双赢。

万一别人真不尊重我们的劳动怎么办？那我们可以自己争取自己的利益。这是我们要说的第三点。如何争取呢？若小赵的同事长时间不尊重小赵的劳动，那么她可以考虑离开这家公司，另找工作。另找工作时，面试官经常让求职者介绍自己，而很多求职者因为没有介绍自己的内容而苦恼。笔者见过的求职者中，至少一半的求职者直接说：“我没有什么好介绍的，在简历上都有。”另一半求职者的自我介绍就是重复简历上的内容，只有“我在哪里工作过”、“我的人际关系很好”等干巴巴的几句话，没有更丰富的内容。这样的自我介绍不可能给面试官留下什么印象。小赵若在这家公司坚持为大家服务，那么她在面试的时候就可以这样说：“我在某某公司工作过，我和同事关系很好，我很主动为大家服务。比如，客人来了，我会主动沏茶、倒水。所以大家都喜欢我。”这样，就会给面试官留下很深的印象，比较容易找到合适的工作。笔者把自己的故事写在这本书上，也是主动争取自己利益的好例子。

小赵听到这里，就问笔者：“难道我们做好事是为了争取自己的利益吗？”笔者回答说：“我们为了争取自己的利益而做好事，是无可厚非的，它总比不做好事强百倍。”

最后，小赵又问了一个很重要的问题：“我在拒绝同事的要求时，如何做到态度温和（说话不硬）？”

没错，小赵在拒绝同事的要求时能保持态度温和，是解决这个问题的关键所在。态度温和，不是笔者要求小赵有就能有的，也不是小赵自己想有就有的。那么，它到底从哪里来呢？

笔者回答说："你若把上面的内容都理解了，这个问题就不会再困扰你了，你的心情就不会烦躁，说话自然就不会生硬，态度自然就会温和。你仔细想想，是不是这样？"

小赵认真想了一会儿，觉得的确如此，心里感到很舒畅，看起来很难的问题得到了圆满的解决。上述内容可用下图表示：

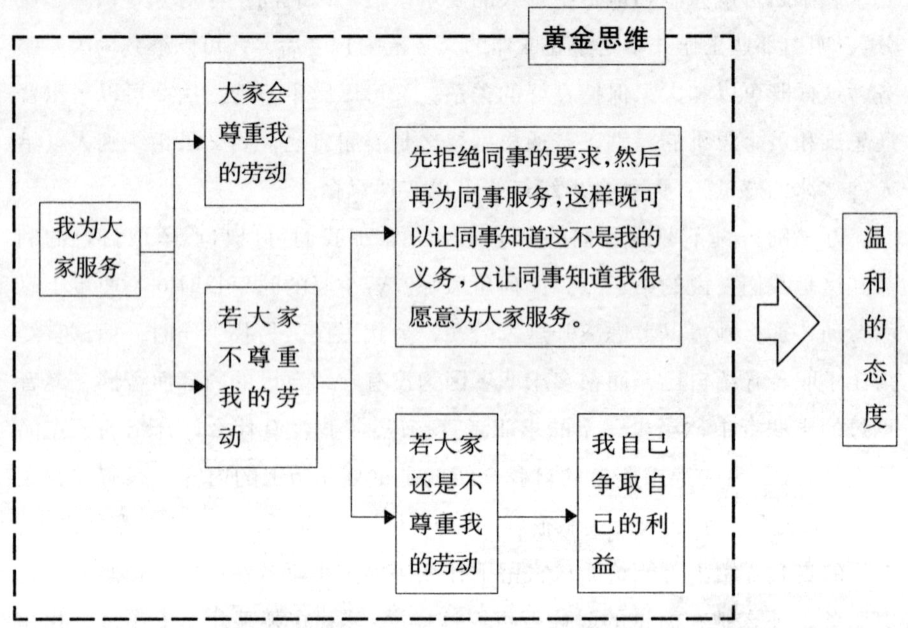

4. 老板不一定需要正确答案

某公司将要推出一种新产品，总经理请市场部路经理预测一下新产品进入市场后的前景。路经理认为虽然新产品很不错，但是消费者会不会接受这个产品（含价格、质量、外观设计等多种因素，下同），只有等新产品投放市场后才能知道。于是他回答说："不太好预测，这要看消费者会不会接受这个产品。"

总经理听到这样的回答，会怎么想？总经理会说"你说得很对"吗？不，他只会觉得："虽然你说得很对，但你说的话，对我没有任何帮助。"为什么呢？因为路经理回答的内容是大家都知道的基本规律，总经理不会不知道。

面对这样的问题，路经理首先需要明白总经理需要什么样的答案。此时，总经理可能需要两方面的回答：第一，他想听市场推广方案是否有什么漏洞，或者有没有更好的方法，哪怕是不成熟的，甚至是错误的观点，也许照样能起到启发的作用，就算这一次用不上，下一次也许能用上。第二，他想知道路经理对推广产品有没有信心，因为路经理的信心可能直接影响他的工作积极性和推广效果。若老板知道市场推广方案有漏洞，而这个漏洞已经来不及纠正或者因为条件有限而无法弥补，那么老板需要的是路经理这样的想法："尽管这个方案有漏洞，但是我会尽力弥补。"

试想路经理若这样回答会怎么样："谋事在人，成事在天。我们对推广方案仔细斟酌了很多遍，没有发现什么漏洞。推广结果就要看'老天'怎么成就了。"这样的回答，是不是比上面的回答好得多？路经理至少告诉总经理，他对推广方案没有更好的意见。可是，这样的回答还是有可能给总经理这样的印象：路经理对新产品前景把握不大，或者他已经找好了结果不好的借口。那么，路经理应该怎么回答呢？既然他很看好新产品，就可以实话实说："谋事在人，成事在天。我很看好这个产品，对它的推广方案也仔细斟酌了很多遍，没有发现什么漏洞。我相信'老天'会给我们成就好结果。"这样回答，是否比前面两个回答更积极？是的！总经理会期待路经理报喜讯！

可是，万一推广结果不理想怎么办？总经理会不会质问路经理为什么结果不好？这里的"质问"可能有两种含义：其一是总经理并没有埋怨路经理的意思，只是亡羊补牢为时不晚的心态，想知道原来推广方案有什么缺陷，或者消费者不接受该产品的原因。若是前者，总经理会考虑尝试新的方式，若是后者，总经理会考虑放弃该产品。此时，路经理只要把前因后果说清楚，或者提出改善意见就可以。总经理质问路经理的第二个含义，可能是埋怨或者要责问路经理，甚至怀疑路经理没有尽力。若原来宣传方案有缺陷，那么这种可能性就更大。此时，路经理诚恳的解释有可能当时就会消除总经理对他的误解，也有可能当时不能消除误解。

若不能当时消除误解，事情就比较麻烦一点儿。有人会说：用人不疑，疑人不用，总经理应该相信路经理才对。没错，总经理应该相信路经理，这种情况我们在上面已经提到了。可是，很多事情偏偏不是这样。我们在很多情况下不敢说大话，不就是怕出现这样的情况吗？总经理对路经理的信任，不是从天上掉下来的，而是一步一步建立起来的。总经理对路经理产生怀疑是可以理解的。

现在，总经理认为路经理没有尽力，路经理该怎么办？他感到生气、沮丧，都是正常的，就像总经理怀疑路经理是很正常的一样。那么他一走了之吗？若是这样，路经理可能需要换很多工作。因为在这样的情况下，很多总经理都会有同样的怀疑。所以，路经理最好的选择不是一走了之，而是消除总经理对他的误解。不打不相识，若总经理能够消除对路经理的误解，那么以后他们之间有可能建立更加牢靠的信任关系，对双方都好。同时，作为下策，路经理也可以做好辞职的准备。

那么，如何消除总经理的误解呢？路经理不可能拿出客观的证据证明自己已经尽了全力。他越为自己辩护，事情可能变得越糟。越抹越黑，说的就是这种情况吧！路经理消除总经理误解的最好的办法是“相信误解可以消除，并且耐心等待”。心，是有灵感的。路经理这样的信心和等待的心态会通过他平时的语气、表情等不可言传、只可意会的形式传递给总经理，最终消除总经理的误解。如果他有这样的信心和等待的心态，就会从生气、沮丧中走出来，恢复正常工作，用事实证明自己对工作是尽心尽责的。反之，若路经理缺乏这样的信心，就很难克服被冤枉的消极情绪，失去工作热情，给总经理留下很不好的印象，最后甚至会应验“哀莫大于心死”这句话。

在工作中出现一些误解是很正常的，关键在于你如何面对误解。如果我们没有消除误解的信心，那么误解就会像癌症一样难以根除；如果我们有信心消除误解，那么误解就会像感冒一样容易治疗。有了这样的信心之后，就可以想一想是否采用具体的办法、应该采用什么办法等问题。

《孙子兵法》说，“胜者先胜而后求战，败者先战而后求胜”。路经理相信误解可以消除，然后根据具体情况采取一些解释、努力工作等措施，这就是“胜者先胜而后求战”。反之，若路经理没有这样的信心，只想通过解释、努力工作等措施来消除误解，那就是“败者先战而后求胜”。路经理若明白这个道理，就会更容易相信误解是可以消除的。

总而言之，无论总经理是否需要精确的预测结果或对推广方案的补充意见，路经理都不应该以众所周知的答案回应总经理的提问，这样对总经理不会有任何帮助。路经理需要说出自己真实的想法，若因此而发生什么误解，以后解决就可以。

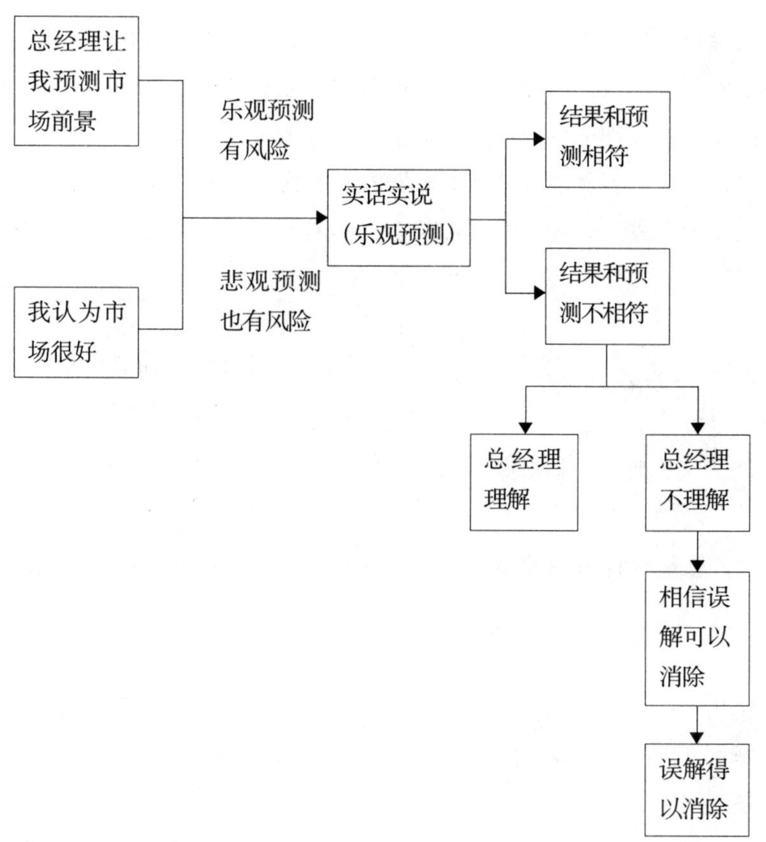

5. 老板不置可否怎么办

张敏是销售部经理，老板让他任命一位副经理做他的助手，以便扩大业务。张敏认为罗鹏很合适，就写了一份任命罗鹏为副经理的业务计划，放在桌子上。碰巧的是，老板和张敏闲聊的时候无意中看到了这份业务计划，就说了一句："他行吗？"然后没等张敏回话，就转头走了。

张敏一听总经理这样说，就不敢任命罗鹏为副经理了，但当时又找不到更合适的人，以致无法扩大业务。总经理问其原因，张敏回答说："我现在还没有副经理，人手不够。"总经理说："你不是看中了罗鹏吗？"张敏说："你不同意他做副经理，我还没有找到更合适的人，所以……"总经理说："你任命自己的副经理我都管，那我这个总经理还能干别的吗？"张敏无话可说。

张敏之所以这样处理是因为他担心两点：第一，他任命罗鹏为副经理之后，假如罗鹏干得很不错，老板也许不会说什么，但是万一罗鹏干得不怎么样，那么老板很有可能会难为张敏。第二，就算罗鹏干得很好，老板也有可能认为张敏不尊重自己的意见。从理论上讲，老板应该不会这样认为，因为他已经把任命副经理的权力放给张敏了，不过老板也是普通人，难免会有这样的想法。第三，若张敏直接问老板罗鹏是否合适，那么就有可能给老板留下缺乏主见的印象。总经理说"你任命自己的副经理我都管，那我还能干别的吗？"这句话充分体现了这个可能性。

老板不置可否
- 继续任命罗鹏
  - 罗鹏不胜任：无法向老板交代
  - 罗鹏胜任：顶撞老板的嫌疑
- 问老板罗鹏是否合适：担心老板认为自己缺乏主见

不过，张敏这样考虑的结果是：不仅使公司业务拓展受阻，而且还被老板训了一顿。

那么，张敏的问题在哪里呢？最重要的是他不知道这样的原理：他既然已经在销售经理的位置上，那么在其任命副经理过程中无论老板是否参与，是直接参与（比如下指令）还是间接参与（比如给一些暗示），其结果都应该由他来承担。

假如罗鹏是老板推荐的人，表现却很差，那会怎么样呢？老板照样可以追究张敏用人不当的责任，因为老板已经把任命副经理的权力下放给了张敏。请看下面的对话：

老板：为什么扩大业务进展这么慢？

张敏：罗鹏干得不是很好（言下之意是我没有责任）。

老板：那你为什么任命他为副经理？

张敏：罗鹏是您推荐的人，我不了解他。

老板：是我推荐的人，你就可以不考察他是否可以胜任、直接任命吗？那我直接任命他算了，还用得着让你任命吗？

张敏：您推荐的人，所以我放心。

老板：你是放心了，但是失职了！

也就是说，无论罗鹏是谁推荐的，最终承担责任的只能是张敏这位销售经理。若张敏能认识到这一点，那么他至少不会冷处理，而是继续任命罗鹏。

那么，怎么解决第二点呢？张敏不能这样问老板："您同意任命罗鹏为副经理吗？"这样老板可能会认为张敏没有主见，不会行使自己的权利，不适合做销售经理。张敏可以这样说："老板，我想任命罗鹏为副经理，您觉得怎么样？"这样，张敏既行使了自己的权力，又征求了老板的意见，上面提到的第三个问题也就解决了。

假如老板推荐另一个人怎么办？张敏如果任命老板推荐的人，出发点也不能是因为这样他就没有责任了，而应该是因为张敏确实认为他能胜任工作。假如张敏认为老板推荐的人不合适，那还是要任命更合适的人，因为无论任命谁，张敏要承担的风险都是一样的。此时，张敏需要有这样的信心：老板会理解我。这原理和上述例子雷同，就不作更多的解释了。

6. 难忘的第一位上司

这是笔者大学刚毕业找到工作后的第三天发生的故事。公司急需购买一台复印机，我在一位大学同学经营的公司买了一台，让他们马上送过来。快下班的时候，他们把复印机送了过来，但是因为着急出门，忘了带发票过来。我问能不能把东西先放在这里，等他们拿发票过来之后再给他们钱。对方说："我们公司规定货物出库必须收款，不能欠账。若你们一定要拿到发票之后再付款，那我们只能把货拉回去，明天和发票一起拿过来。"我想，公司急需复印机，而且这样太麻烦我的同学，就先给了他钱，嘱咐他明天把发票拿过来。

他们刚一出门，我的上司就进来了，看到复印机很满意，然后跟我要发票。我把情况说明了，没想到上司大发雷霆。他说："你只顾你朋友的立场，却没有考虑我们公司的财务规定。我们的规定是，资金花出去了，一定要有发票。你这是为了朋友，损失公司的利益！"我一听这样的话，也火了，提着嗓子顶他说："因为公司急需复印机，所以我才这样处理。这能怪我吗？"现在我能理解我们公司的规定，但是在那个时候，由于我刚毕业，什么都不懂，觉得上司是在故意刁难我。

第二天，按照约定我没有去公司，而是在客户那里和上司会合。谈完业务，我和上司一起打的回公司，并排坐在后座上，我感到非常别扭。一方面，我很想向他道歉（当时我虽然不觉得自己做错了什么，但是他毕竟是我的上司，我这样顶嘴，很不给他面子），但是说不出口；而另一方面，又觉得自己没做错什么，是上司刁难我。这两个想法让我左右为难。大约过了十几分钟，我终于鼓起勇气，向上司说："对不起，昨天是我不对。希望您能谅解。"上司马上握住我的手，说："昨天我也有点过分。你别在意。"这样我们两人原来很沉闷的表情马上转为笑脸。我在第一份工作中和第一位上司的冲突就这样和解了。

从此以后，我和上司的关系非常好，就算我在工作上有什么差错，他也从来没有责备过我。工作的初期，我的主要任务是把我国的建筑规范翻译成外文。我学的是土木工程，虽然外文基础很好，但是以前很少接触建筑规范，所以翻译工作很吃力。我每天把翻译稿件送给上司，上司看完之后什么都没说，只是让我接着翻译其他内容。三个月之后，上司拿出我三个月之前翻译的稿件给我看。看了之后，自己都看不明白是什么意思。上司说，连你自己都看不懂的资料，我能看懂吗？你重新翻译吧。这让我知道上司对我很好，竟然从来没有打击我，而是耐心地等待我翻译能力提高。

还有一件事情，是让我非常难忘的。有一次，我和一位朋友约好下班之后一起吃饭。快下班时，上司给我一个资料，说这是明天和客户谈判的内容，让我熟悉一下。我说，我现在有事，能否拿回家去看？上司同意了，并且再三嘱咐我明天不要忘在家里。第二天，因为起得比较晚，连吃饭的时间都没有，所以把资料忘得干干净净，就急急忙忙地出了门。快到公司的时候，天下起了毛毛细雨。我一进公司，上司就跟我要资料，我"急中生智"，就说因为下雨，怕资料淋湿，所以没有带。上司笑着用拳头捅了一下我肚子，说："你找借口也不动动脑子啊！雨是刚开始下的，难道你是神仙，知道要下雨啊！"我也笑着说："对不起，因为我起得太晚，急着出门，就忘了。"

人无完人，这是谁都知道的。上司或老板知道员工不是完美的人。公司不怕员工不懂业务，就怕员工态度不好。若是员工态度好，那么公司可以担待员工很多过错。若员工态度不好，上司或老板就有可能抓住一些小事教训员工。这是因为态度是很难用明确的标准来衡量的，上司或老板遇到这种情况只能吃哑巴亏，所以才抓住小事的把柄教训员工。

7. 指东说西该去哪儿

黄经理要带李明去上海见那里的客户，机票都订好了。黄经理却让李明准备广州客户的资料。李明没多想，就准备了广州客户的资料。到了上海入住宾馆之后黄经理向李明要客户资料。黄经理一看是广州客户的资料就傻眼了。他问李明："你怎么带了广州客户的资料？"李明回答说："是您让我准备广州客户的资料。"黄经理说："就算我说错了，那你为什么不想一想？难道你不知道我们来上海吗？"在这个例子中，李明几乎没有发现问题的思维能力，那么解决问题就更谈不上了。他就像一个机器人一样，黄经理让他干什么就干什么。

现在，我们让问题稍微复杂一些。李明发现问题之后，问了黄经理："是要准备广州客户的资料吗？"黄经理习惯性地回答说："是。"到了上海，黄经理问李明为什么准备了广州客户的资料，李明回答说："我都向您确认了，您说的是广州客户的资料。"黄经理说："难道你没看到我当时正忙着别的事吗？你为什么不在我不忙的时候再确认一次呢？"在这个例子中，李明虽然发现了问题，但是在不恰当的时间采用了不恰当的方式，所以还是没有解决问题。如果李明想到人性的弱点（思维惯性）而这么问黄经理："我们要去上海，但是为什么要准备广州客户的资料呢？"那么，引起黄经理注意并解决问题的可能性就会大很多。

现在，我们让问题再复杂一点。以前，李明在业务上问黄经理为什么这么处理，当时黄经理很不耐烦地说："你别问那么多为什么，你就按照我的话去做就可以。"然后发生了上面的事情。当黄经理让李明准备广州客户的资料时，李明感觉到有问题，但是因为以前有过挨骂的教训，所以他没敢问黄经理为什么去上海却准备广州客户的资料。到了上海，黄经理责备李明为什么不再问他，李明回答说："您以前说过，我只要按照您说的去做就可以，所以我没敢问您。"黄经理说："那我以后让你去跳楼，你就跳楼吗？难道你不能想一想这一次和以前有什么不同吗？"在这个例子中，李明虽然发现了问题，但是他怕黄经理生气而没有进一步想出解决问题的方法，其结果必然会躲不过黄经理的生气，反而让黄经理更生气了。据笔者的经验，上司（老板）最反感的就是员工将上司（老板）曾经说过的话当做自己辩解的理由。

上述例子中的三种情况，在企业中并不少见。此时，李明会有什么感受？会不会觉得官大一级压死人，黄经理蛮不讲理？若是这样，以后李明和黄经理之间就会很难相处。

其实，在很多时候，我们都不缺乏勤劳和智慧，我们缺乏的是对别人的理解。黄经理曾经说过的"不要问那么多为什么，只要按照我说的话去做"不是一句完全正确的话。正确的说法应该是："我现在没有那么多时间解释为什么。你先按照我说的话去做吧，我以后再给你解释。"李明就会以这样的思维方式来理解黄经理的话：他不是反感我问为什么，而是在那个时候没有时间或心情耐心地给我解释为什么要那么做。李明若有了这样的理解，就不会对黄经理产生恐惧心理，就能敢于去问为什么去上海却准备广州的资料。这就是"理解万岁"！

理解别人是非常重要的能力，它不是单靠上面几句话就可以实现的，它还需要很多"黄金思维所需知识"，具体内容请看第二章。

8. 空运还是陆运

下面，我们重点来分析一下这个例子。

某企业因种种原因耽误生产，未能按时交货。有一家重要客户向该企业销售经理发出最后通牒，要求24小时内交货，否则退货。销售经理要求生产经理24小时内将货物送到客户手里，生产经理又要求物流经理空运。物流经理找到物流员工说："这件事情很急，你要以最快的速度发货。"（这里发生了信息遗漏。）物流员工不假思索地认为"最快的速度"就是空运，但是没有确认，就去发货。办理发货手续时物流员工才想起公司刚下发了新的规定：任何情况都不得空运。

若你是这位物流员工，选择空运还是陆运？理由是什么？

在这个事例中，物流员工可能没有多想就按照公司的规定发了陆运；也可能想到了事情的紧急性，但是碍于公司的规定，觉得应该采取保险的做法，

把自己的责任降到最低，所以选择了陆运。结果过了48小时货才到客户那里，货物被退回来了。公司追查责任，物流经理被总经理狠狠地批评了一顿，物流部门遭到重罚。再过几天，物流员工辞职了！为什么呢？

笔者在给企业员工提出这样的问题时，很惊讶地发现大部分学员认为他是被冤枉的，成了替罪羊。他们都期待这样的对话：

经理：我让你空运，你为什么还陆运？

员工：您没有说清楚是空运，只是说最快的速度。

经理：你说得对。这是我的责任，你没有错。

试想一下，经理这样回答的可能性有多大？若经理真这样回答，那么他就不是凡人，而是圣人了。在绝大部分情况下，经理会问："那你为什么不打电话给我？"这样，员工还有什么话可说呢？若你还是认为物流员工是被冤枉的，那么你肯定期待这样的对话：

经理：我让你空运，你为什么还陆运？

员工：您没有说清楚是空运，只是说最快的速度。

经理：那你为什么不问我？

员工：因为公司规定任何情况下都不得空运。

经理：你做得对，你是不折不扣地执行公司规定的优秀员工。

请你再想一想，经理会这样夸员工吗？他会说："难道你不知道规定是死的，而人是活的吗？"或者说得更难听："你脑子是干什么用的？"或者说："你是不是不把我放在眼里？"

物流员工只考虑了自己违反公司规定的风险，却没有考虑到上司可能面临的处境。事实上，企业员工的风险和上司的风险是紧密相连的。任何时候，一个员工如果不考虑上司的风险，最后上司失职的责任总是会殃及自己。

在企业中，若顶头上司的指令和公司规定有冲突，员工首先应该服从顶头上司的指令。当然，员工可以先提醒上司他的指令和公司规定的冲突之处，若员工不提醒上司就直接执行，事后上司可能还会责备员工为什么不提醒自己。若员工以公司规定为理由不执行上司的指令，这就意味着向上司宣战——我决定不服从你的错误指挥。

现在我们就不难理解物流员工辞职的原因了，不是因为他被冤枉或者成为“替罪羊”，而是因为没有正确理解他和经理间的关系。即使这位员工自己不辞职，相信不久以后也会被经理找借口开除。据统计，员工离职的众多原因中，第一原因就是没有处理好和上司之间的关系，约占60%以上。

黄金思维绝不会把任何人当做坏人看，也绝不会把任何人当做圣人看，而是把人当做正常的人来看。什么是正常的人？正常的人在自己遭到损失的时候不是先找自己的原因，而是先找别人的原因。这是一种本能的反应，无可厚非！具备黄金思维的人面对人类这样的本能，不是失望，而是做好充分的准备，不会以别人没有说清楚和公司规定为理由作出陆运的决定，而是向经理说明公司规定，请示应该如何做。

假如，物流员工给经理打了电话，经理明确地指示要空运，物流员工办理空运就不会承担任何责任吗？事情远没有想象的那么简单。因为公司的规定不能因为某些特殊情况而废弃，这个叫“规定就是死的”。所以，不管是基于什么原因，只要是违反了公司规定，公司就完全有可能处罚违反公司规定的相关责任人。例如，有一家世界500强企业，为了控制采购成本，对采购材料价格作了严格规定。但是，由于这一段时期内，全球钢铁、原油等原材料价格不断攀升，带动很多原材料价格都上涨，采购部门根本无法控制原材料成本，公司利润也大幅下滑。客观地讲，原材料成本上涨绝对不是采购部门的责任，但是公司还是扣了采购部门的奖金，这就是“死规定”。

我们回到原来的例子，公司“死规定”认定责任人可能出现三种情况：第一种情况是，责任人为生产经理或者物流经理，物流员工不承担任何责任，因为他只是执行了上级的命令。第二种情况是，责任人为生产经理、物流经理、物流员工等所有相关人员。若是这样，物流员工的责任就不大。第三种情况是，责任人只有物流员工一个人。因为其他人并没有直接违反公司规定，而物流员工是直接经办人，在物流单子上只有他一个人的签字。公司有可能扣物流员工三个月奖金，或者让物流员工承担空运费用。此时，物流经理可以替物流员工向公司说明具体情况，但是不会改变公司的决定。公司确定的责任人是谁取决于公司整体的文化氛围，这不是生产经理、物流经理或物流员工等某个人所能左右的。此时，物流员工会有什么样的感受？对公司的死规定不满、对经理埋怨、满肚子的委屈、对以后的工作热情不高……这都是作为正常人的常规表现。

所以在第三种情况下，物流员工只有弥补自己的损失才能避免上述“正常人的常规表现”。那么，他如何弥补自己的损失呢？请看下面的对话。

经理：这一次空运虽然是我让你办的，但是公司要扣你三个月奖金。我实在无能为力！

员工：我能理解公司的规定，也能理解您的处境。这一次扣我奖金，我没有意见。希望您以后能给我补。

经理：你有这样宽广的胸怀，真是难得。我以后一定会给你补。

物流经理虽然无法阻止公司处罚物流员工，但是他可以弥补员工的损失。比如，可以给他补助交通费、餐费、加班费……经理只要有能力弥补，那么他给员工弥补损失的可能性几乎为99.9%以上。因为任何经理都希望手下有这样的员工。

也许有人会提出这样的问题：这样的想法确实很好，但是太理想化了。假如物流经理不给员工弥补，那么员工该怎么办？这种可能性虽然不大，但确实存在。但是，员工追求现实的结果又怎么样？他还不是辞职了吗？若物流经理不给员工弥补损失，员工完全可以辞职。但是，这样的辞职（可称之为“第二种辞职”）和本故事一开始的辞职（“第一种辞职”）之间有天壤之别。我们看看员工在第一种辞职的情况下重新找工作的情景。

面试官：请你介绍一下自己。

员　工：……

面试官：你为什么离开原来的公司？（面试官经常提这样的问题）

员　工：经理没有说清是空运，他只是说“以最快的速度”发货。而公司规定任何情况下都不得空运，所以我就陆运了。结果，我们那个经理还怪我，把责任推给我，所以我毅然决然地辞职了。

面试官听到这样的话，会称赞这位员工是坚决执行公司规定的好员工吗？不会！他会像物流经理那样问：“你为什么不打电话给你们经理？”这样的辞职，对以后找工作不仅没有帮助，而且很不利！

现在我们来看看员工在第二种辞职的情况下重新找工作的情景。

面试官：请你介绍一下自己。

员　工：……

面试官：你为什么离开原来的公司？

员　工：我按照经理的吩咐办了空运，但是公司处罚我三个月奖金，我们经理也无能为力。我对此表示了理解。然后，我对经理说："希望您能以后给我弥补。"经理答应了，但是过了几个月都没有弥补，所以我决定离开。

面试官若听到这样的解释，就会对这位求职者刮目相看。这样，物流员工可以很顺利地找到别的工作。这就是黄金思维和普通思维的不同！

为了让大家对黄金思维有更深的理解，在这个例子上我们再加一个假设：物流员工给上司打了电话，却没有联系上。他无法知道这件事情紧急到什么程度，也无法得到明确的指令。而且，若要空运，他必须要马上作出决定。那么他该怎么办？请看下表。

情况分类	员工决定	实际情况	公司	物流经理	物流员工
①	陆运	不紧急	不会有损失	不会有损失	不会有损失
②	陆运	很紧急	损失很大(失去重要客户)，追究相关人员责任	会受处罚，追究物流员工的责任	不会受直接处罚,但是和上司的关系会受影响,甚至要辞职
③	空运	不紧急	损失不大(空运费)，追究违反规定者——物流员工的责任	责任不大(他会这样说：我让员工发陆运不要耽误,是员工自己擅做主张的)	要承担违反规定的责任
④	空运	很紧急	保住了重要客户，损失不大(空运费)，可能追究相关人员的责任	可能受处罚，承担违反公司规定的责任(如承担空运费)	可能受处罚,承担违反公司规定的责任(如扣奖金)

从上表可知，若物流员工决定陆运，那么有可能平安无事，也有可能给公司造成很大的损失，失去重要客户，它会连累物流经理和其他相关人员。因为物流员工遵守了公司规定，所以公司或物流经理不会直接追究物流员工的责任，但是它会给物流经理和物流员工的关系造成较大的伤害，最终迫使物流员工辞职，而且对以后找工作也有不利的影响。

若物流员工决定空运，那么无论情况紧急还是不紧急都有可能承担违反公司规定的责任，比如让物流员工承担空运费等。但是，和前述风险相比，这个风险还是小得多。我们在前面已经介绍了第④种情况下物流员工受罚之后弥补损失的方法。那么，在第③种情况下，员工能不能弥补自己的损失呢？从表面上看，物流员工受罚是自作自受，不可能弥补损失。其实不然！那么在第③种情况下员工如何弥补自己的损失呢？请看下面的对话：

经理：公司明文规定任何情况下都不得空运，你怎么空运了？

员工：您说这件事情很急，我听成必须要空运。

经理：我说很急，是让你马上办陆运，不要耽误。

员工：哦，我误解了您的意思。我是给您打了电话，但是联系不上。我当时是这样想的：**万一客户要得很急，而我发了陆运，那么我是不会承担任何责任，但是公司会失去重要客户。这个损失，远远比损失空运费大。而且，公司若追究责任，生产经理和您等相关人员都会连累，所以我才决定空运。**

经理：虽然你为公司着想，但是违反规定就是违反规定。公司会让你承担空运费。

员工：我能理解公司的处理。不过，空运费对我来说是不小的数目，您以后能不能给我补？

经理：你有这样宽广的胸怀，真是难得。我以后一定会给你补。

员工：比如给我报销一些费用就可以。

经理听到员工这样说会有什么想法？是否觉得这位员工思维方式很好，责任心很强，会替别人着想？既然经理有这样的判断，那么给员工弥补损失是早晚的事情。因为，任何经理都希望和这样的部下共事！

若经理不给弥补怎么办？那么员工就可以辞职！这个内容已经在前面讲述过，所以我们不再重复了。

也有人这样担心：这样，员工会不会显得太精明？经理会不会感到他是威胁自己位置的竞争对手？经理会不会排斥他？确实有这样的可能，但是这样的可能性不会很大，原因有两个方面。第一，公司一般进行分级管理，不会直接评估基层员工的工作结果。基层员工的能力，最终表现为他所在部门的业绩，所以公司若提拔人员，也会先提拔经理而不是经理手下的员工。第二，就算直接提拔这位员工，若他的经理没有犯严重的错误，那么公司也不会让他取代经理，而是提拔到别的部门，这是人事管理的一般常识。假如他的经理真是心胸狭窄，不能容忍自己的部下比自己能干，那么这位员工也没有必要隐藏自己的才华。首先，这不是见不得人的事情。其次，隐藏一两天还可以，不可能隐藏一辈子。第三，员工没有必要委屈自己在这样的经理手下打工，他完全可以辞职，另找更好的工作！

现在我们重新回顾物流员工给经理打了电话却联系不上时会选择陆运还是空运的问题。

若他想：陆运，有可能一切正常，也有可能给公司造成巨大的损失，它会连累相关人员和自己，使自己和上司的关系僵化；若空运，公司可以保住重要客户，有可能损失空运费，自己承担违反公司规定责任的可能性很大，但是无论实际情况是紧急还是不紧急，都有可能弥补自己的损失。那么，他就会选择空运。这就是本书追求的黄金思维！

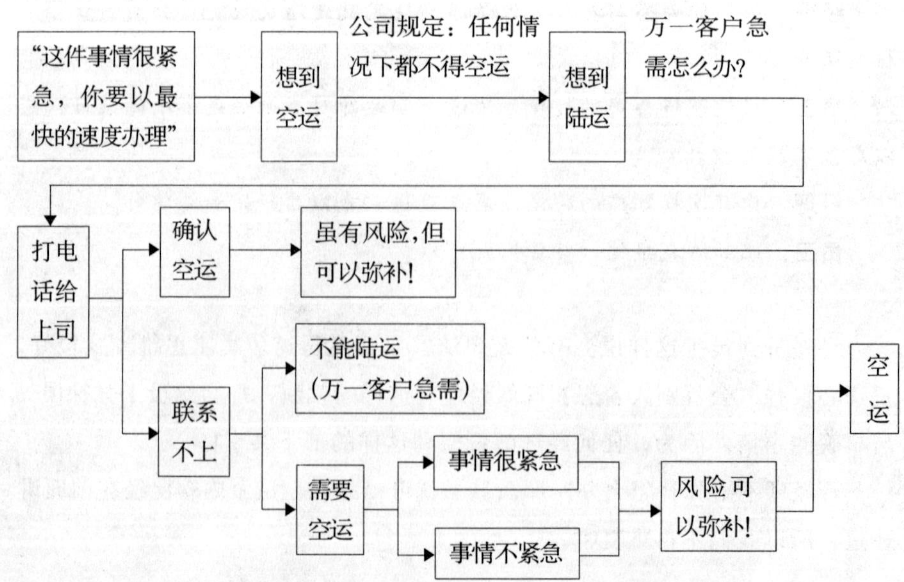

最后，我们再谈一个问题。第③种情况和第④种情况中出现的空运风险可以弥补，那么第②种情况的陆运风险（员工和经理的关系僵化）就不能弥补吗？可以弥补！请看下面的对话：

经理：我让你空运，你怎么陆运了？

员工：对不起，我没有领会您的意思。再加上公司规定任何情况下都不得空运，所以我才选择陆运。请您原谅！

经理：以后多想想，多动点脑子！

员工：是！

怎么样？经理还会和员工过不去吗？人们都喜欢犯错之后诚恳认错的人。因为，他认错就意味着以后可能不会再犯同样的错误。这是我们犯了错误之后的黄金思维！

“对不起，我没有领会您的意思”和“您没有说清楚”这两句话表达的是同样的内容，但是在其表达方式上，前者比后者委婉很多，这样的表达方式会让对方感到很舒服。

我们不主张员工一开始就想到陆运风险也能弥补而选择陆运，因为它毕竟会给公司带来巨大的损失！我们之所以在这里告诉大家陆运风险也可以弥补，是希望大家犯错之后不要推卸责任，而是诚恳地、勇敢地承认错误！

在这个问题上，物流员工黄金思维的关键是他相信经理会弥补自己的损失。其实，这个问题不是那么难。因为经理和员工的关系不是利益冲突的关系，而是利益统一的关系。经理不是用个人的钱弥补物流员工的损失，而是用公司的钱弥补物流员工的损失。谁都知道多一个朋友多一条路，经理这样借花献佛，何乐而不为呢？

【小插曲】

笔者经常给大企业员工讲解黄金思维。其中有一家公司的学员说：“若我是物流员工，我就会不出货，等到经理清楚的指令之后再出货。”笔者问学员：“你不出货的结果和陆运是一样的，你最后还不是辞职吗？”学员说：“我不会辞职。而且，我建议其他同事都这样做：若信息不明确，就不作为、不辞职。因为员工主动辞职就拿不到补偿。而公司辞退我，我就可以拿到补偿金。”

这样的想法，具有一定的普遍性。那么，如何改变这些学员的想法呢？只靠“若你这样，公司（上司）就会折腾你”的提醒是不够的。这只是具体措施的一部分而已。笔者跟这几家公司的培训负责人交流了想法，共同采取以下几个步骤。

第一，肯定该学员是真诚的，因为他们敢于把自己真实的想法说出来，而且建议大家也那样做。这说明学员能够坦率交流，只是考虑问题的方式不成熟而已。

第二，让该学员明白这样的想法是很消极的，从短期来说，这样的想法是损人利己，从长期来说，是损人害己。更不可取的是，他不作为、不辞职的想法是建立在公司（上司）不会采用像笔者所说的那种方式折磨员工的基础上。这是完全不正确的想法。

第三，让该学员明白，企业（上司）若有很多钱可以赔偿，那也许辞退员工；但是若企业没有很多钱（或者不想有辞退补偿的先例）补偿，那很有可能采取不给他安排工作、在工作中找碴扣员工的工资等方法逼员工辞职。这样，最后吃亏的还是员工自己。黄金思维不把别人看成坏人，也不把别人看成圣人。企业这样的做法，是正常人的正常做法。

第四，既然该学员在大家面前提出了这样的想法，就要求他在理解和接受黄金思维之后，向其他学员表达自己的转变，以此消除对其他人的影响。

第五，给该学员一些时间好好考虑（一个月、三个月、半年……）。到底给学员多长时间，可以根据企业的情况而定。这里我们需要引进一个专用概念——“等待”。这样的等待是很重要的。一个人对自己错误的认识，从理智上的理解到心灵上的接受，需要一段时间，就像任何信息的传播都需要时间一样。有些人（有时候），这个时间很短，可能只需要几秒钟，有些人（有时候），可能需要几个月，甚至几年。在这段时间，我们积极地和学员交流，不仅交流工作上的事情，还可以交流朋友关系、恋爱婚姻家庭等，这样对他思维方式的转换会有较大的帮助。

9. 人命关天

四年前，“云南采血”事件引起了社会极大的关注。事情是这样的：2005年6月8日，一名产妇阮怀莲在云南省昆明市东川区人民医院做完剖宫产手术后，出现子宫大出血，需要紧急输血。当时，医院没有储存AB型血，寻找义务献血者又未果。因此，东川区医院院长在电话里征得区卫生局领导同意的情况下，同意主治医生卢新华义务献血200毫升（卢医生本人确信自己没有艾滋病、乙肝等血液疾病），使阮怀莲转危为安。对于卢医生的义举，患者及其家属都感激不尽。但两个月后，8月15日，该医院却接到了省卫生厅发出的《行政处罚决定书》，认为该医院无采供血许可证，该采供血行为系违法行为，因此责令该医院立即整改，并处以6万元罚款。医生献血救病人，医院却接到一纸罚单，事情报道后，引起了不小的争议。很多人认为，救命要紧，医生哪来得及想这么多，于是认为云南卫生厅的处罚不合理。云南省卫生厅法监处有关负责人对此表示，该医院承担着到昆明血液中心提取、储存、分发全区各医疗单位临床用血的任务，平时应该储存足够的血液。而该医院却多次以临床紧急用血为由非法采血，说明医院管理存在一定问题。这次的处罚也不仅仅是针对这一件事情，而是针对该医院一个时期内的非法采血行为。再者，如果因输血导致公共健康问题，后果就非常严重。虽然该医院是出于救人的善意目的，但违反了有关规定却是不容置疑的事实，所以必须给予处罚。对此，东川区人民医院院长解释说，因为他们买不起采血用的艾滋病、乙肝等病毒检测设备，所以省厅不批准在他们医院设立采血点。东川区距昆明市血液中心160公里，取血来回需要5～6小时，可能会耽误一些危重病人的紧急抢救。由于成品血只有一个星期的保存时间，而医院的用血计划又难以估计，因此，东川区人民医院若要保证自己的血源充足，就得频繁运血，这需要付出昂贵的运输费用（一次1000多元）。然而卫生厅规定运输费用不能转嫁给患者，所以才会出现这样尴尬的局面。当记者问院长如果以后再次出现这样的情况医院怎么办时，院长无奈地说，那就看患者的天命了。

我们认真回顾整个事件可以发现，云南省卫生厅有它的道理，医院有自己的难处。我们也可以理解院长这样无奈的心态。但这不是负责任的态度。无论是把医院看成一个救死扶伤的圣地，还是把它看成创造利益的服务机构，这位院长这样的想法都是不可取的。

那么，解决这个问题的钥匙在哪里呢？卫生厅规定医院不能让患者承担运血费用，它的出发点是减轻患者的负担。但是，医院可以和患者协商，让患者自愿承担运血费用。尤其是在这件事情被媒体广泛报道之后，医院可以解释省厅规定的宗旨和医院的难处，建议患者自愿承担运血费。那么患者若在经济上不是很困难的话会乐意承担这个费用，因为他的生命能得到挽救。1000元的运血费和生命相比，何足挂齿呢？若遇到贫困患者，医院就不要强求他承担运血费；若碰到比较富裕的患者，医院就可以让他多承担一点儿。若还有不足的部分，那就由医院承担。这样，就不会发生因为几千元运血费用而使患者失去生命的悲剧。

医院采取这样的措施之后，即使有一些患者状告医院，医院也有话可说，而且大部分老百姓会支持医院的做法，因为医院曾经被罚过。这样，就可以使医院被罚的事件充分发挥它的作用。否则，医院真是白白被罚了！

读者可以想一想：若我是被挽救生命的患者，会不会愿意承担运血费？会不会因为违背省厅的规定而状告医院？

10. 人情也是生产力

魏欣是一家国营企业的办事员，工作十分认真负责。有一天她所在车间的一位科长调走了，公司决定从办事员中选拔新科长。在同事中魏欣和小赵的资格最老，虽然魏欣比小赵更了解该科室的业务，但小赵却是车间主任朋友的妹妹。不过魏欣知道车间主任为人很好，她相信主任会秉公处理这件事情。

一段时间后，新科长任命宣布了，小赵当上了科长。魏欣十分灰心丧气，没想到车间主任也开后门，唯亲是任，并且觉得这个世界没有什么公平可言。有了这样的思想包袱，魏欣工作越来越没有热情，面对新科长，也经常没有好脸色，跟同事间的关系也越来越差。最终，魏欣辞职了。

面对这样的事情，很多人会觉得不公平。据《中国青年报》引用《中国社会和谐稳定研究报告》说："84.5%的人同意'有关系或后台硬，要找份工作不是件难事'，反映了社会风气方面存在严重问题。"果真如此吗？

第一，小赵只是主任朋友的妹妹，这样的关系并不能算是很亲密。按照魏欣对车间主任的评价，车间主任不会因为小赵是自己朋友的妹妹而不考虑其他因素就任命小赵为科长。所以仅凭这一点，认为将小赵任命为科长是对魏欣不公平的结论太过武断。

第二，若主任从朋友那里得到了什么好处而任命小赵为科长，那么这不是对魏欣公平不公平的问题，而是车间主任违纪的问题。我们不能因为小偷偷了自己的东西而认为小偷对自己不公平吧!

第三，若小赵的能力根本不胜任科长的工作，而且给公司和其他员工带来了损失，那么车间主任任命小赵为科长就犯了严重错误。但是，在这个事例中并没有出现这样的情况。这就意味着任命小赵不一定是一个错误的决定。

第四，那么如何解释小赵不如魏欣熟悉业务呢？车间主任可以从长远的眼光、培养的眼光任命小赵，这完全符合公司人事制度。小赵上任几个月，就可以熟悉业务。在任期间，车间主任可以培养小赵，所以任命小赵为科长有何不可呢？

第五，还有一点很重要：新科长的工作不是科长一个人就可以完成的，而是需要和车间主任沟通。若车间主任因为熟悉小赵从而可以降低沟通成本，或者减少因为沟通不畅而导致业务出现漏洞的概率，降低公司管理成本，那么这对公司也是有贡献的。万一主任和魏欣的沟通不畅，魏欣在业务上出现漏洞，给公司造成损失，那么主任任命魏欣为科长就是犯了用人不当的错误。这不是说魏欣的沟通能力一定比小赵差，而是说车间主任和魏欣有可能出现沟通不畅的情况。相比之下，车间主任比较了解小赵，沟通顺利的可能性比较大。上下级之间、同事之间信息畅通是企业重要的竞争力，所以，企业的董事会才会授权总经理组织自己的“内阁”。

第六，在这样的情况下魏欣该怎么想呢？魏欣认识到上述原理，就应该积极地配合小赵的工作，寻找各种机会让领导了解自己，这样以后她还有机会晋升。即使她等不到晋升的机会而离开这家公司，在以后求职的路上以这件事情为例说明自己的团队合作能力，也能更容易地找到更好的工作。

11. 道是无情却有情

在企业中，能否完成销售目标（其他业务目标）是考核员工的重要指标，尤其是中小企业，绝大部分人的切身利益（奖金等）都与能否完成销售目标有关。企业为了成长，为了保持员工积极向上的精神，会制定较高的目标，这是理所当然的。可是常常出现这样的现象：当销售目标定为100时，员工也许能完成95；但是当销售目标定为120的时候，员工可能因为反正无法完成任务而泄气，最后只完成90。这就是高目标引起的副作用。所以，企业管理专家认为“目标应该是可达到的（员工跳起来就能够得着）”，但是老板认为可以“跳起来”的幅度和员工实际“跳起来”的幅度不一样，这两者之间总有鸿沟存在，所以很难制定双方都能满意的目标。那么员工（或中层干部）应该如何把“高目标的副作用”降到最低程度呢？

我们先从企业和个人所承担风险的角度探讨企业制定高目标是否合理。首先，企业给员工保证基本工资（或多或少），这样员工就可以获得基本的生活保障。也就是说，无论员工干得好还是干不好，企业都要给员工提供基本工资，这意味着企业先承担了员工的基本风险。其次，如果企业制定高目标及相应的惩罚措施给员工带来降低收入的风险，那么员工承担这个风险也是合理的，因为企业先承担了员工的基本生活保障的风险。这样，企业和员工可以分担风险。还有一点很重要：员工承担高目标的风险是属于挣多挣少的风险，但是企业降低目标给企业带来的风险是“生死存亡”的风险。也就是说，个人很少出现“破产”，即使“破产”也不会造成很严重的后果；而企业一旦破产，就不是企业主个人的问题，它会带来一系列法律和道义上的严重问题。因此，企业制定高目标是合理的。

员工（包括中基层干部）还需要理解一点：公司考核是按照营业额的目标（或其他显性目标），但是公司最终追求的不是营业额（显性目标），而是利润，这是大部分公司不会向员工公开的。也就是说，如果员工没有完成销售目标，就会扣奖金；但是如果公司赢利了，就会通过其他途径给员工补充收入。因为企业知道若不给他弥补，他就有可能辞职，而企业不愿意放弃能给企业创造利润的人。

另外，员工主动与老板沟通是很重要的。员工可以向老板解释自己如何运用哪些资源能达到什么程度，然后求助老板有没有更好的方法。假如老板有更好的方法，那是最好的，员工不但可以达到目标，而且还可以从老板那里学到更合理利用现有资源的能力。如果老板没有更好的方法，那么在大部分情况下，老板会理解他所制定的目标给员工带来的困难，会更加体恤员工。老板即便是说“这是你的责任”、“什么都问我，我用你干什么”等粗鲁的语言，在大部分情况下也不是因为他真的看不起员工，而是因为当时心情不好等其他原因，员工以后还可以找机会和老板沟通，解决问题。

若老板真认为员工无能，或者没有给员工补充收入，那可能是因为员工不仅没有完成目标，而且也没有创造利润。若是这样，员工可以选择离开公司，或者利用企业提供的基本生活保障提高自己的能力，寻找合适的跳槽机会。这么做，总比平时埋怨老板、逃避工作强几百倍。

12. 同工就该同酬吗

前些日子，有一篇标题为“男女同工不同酬，争还是忍？”的文章说，相同的工作，女性的报酬比男性低，这是不合理的，这主要是因为女人不敢争取自己应得的利益造成的。

那么，男女同工就应该同酬吗？不见得！正常的工作量是企业给员工提供报酬的重要标准，但不是唯一的标准。企业给员工提供报酬，不仅要看员工正常的工作量，而且要考虑不可预见的紧急业务、员工的稳定性等其他因素。下面将分析男女员工对企业或老板的不同贡献。

第一，女员工给企业带来的潜在风险大于男员工。去年，某比萨店让女员工晚上 8 点以后给一个客人外送比萨，不幸被客人强暴。女员工起诉比萨店让其赔偿精神损失费，法院判决比萨店赔偿她 10000 元，原因是比萨店未尽考虑员工人身安全的义务。律师称，比萨店可以再起诉犯罪者追回损失，但是对比萨店来说，多一事不如少一事。若该比萨店派男员工，就不会出现类似的问题。

第二，女员工在某些突发事件上的应急能力不如男员工。如果企业发生了紧急事情，夜里 12 点需要加班，那么老板会叫女员工还是男员工？回答是明显的，反正笔者不会叫女员工。这不是因为笔者是男人，就算是女老板，也不会轻易地叫女员工，因为她要考虑女员工加班路上的安全问题。

第三，若男员工做错了事情，那么老板（尤其是男老板）可以破口大骂，但若女员工做错了事情，老板就不能自由发泄，而要考虑女员工的面子，甚至要“忍气吞声”。曾经有一位女孩子向笔者诉苦，说她的老板过于粗鲁，说“我是女孩子，他还那么说”。笔者敢保证，没有一个男孩子会想：“我是一个男孩子，他还这样”。老板不是圣人，而是正常的人，他（她）也需要发泄一些愤怒的情绪。但这并不是主张老板发脾气是天经地义的权利。如何改变老板的脾气，这是另外一个问题，以后再详细讨论。不过女员工在受气方面的心理承受能力确实远不如男员工。

除以上三个原因之外，还有大家熟悉的结婚、生育孩子等诸多因素制约着女员工的工作。这不是主张女员工的工资应该低于男员工，而是希望读者理解，无论是男员工还是女员工，工作量不是决定薪酬的唯一标准。

这是不是违背男女平等原理呢？不是！若要求女性和男性一样，这才是最大的不平等。人们有了这样的认识，女性就可以享受更多的爱护。

13. 创新与对人性的理解

小刘今年大学刚毕业，在一家某世界知名公司售后服务中心当售后服务工程师，每天的工作是接听客户各种各样的咨询信息和维修请求并给予帮助的热线。小刘是一个有心人，没过多长时间他就发现了一个矛盾：客户打电话的高峰期在下午 2 点到 4 点之间，经常有十几位客户等着，而工程师们又不愿意连续接电话（反正有人会接），所以造成更严重的等待。公司虽然以每位工程师每天接的电话数量为重要的考核标准，但是工程师多接几个电话和少接几个电话对考核结果产生不了明显的影响。小刘认为公司规定有缺陷，不应把高峰期的电话和其他电话看成一样的效果，于是他设计了下面的公式，以此提高高峰期电话的效果。

V（电话效果）= K（系数）× Q（等候的人数）+ 1

例如，在高峰期，K 的取值可以是 0.1，如果有 10 个人在等的话，那他的接电话效果就是 0.1 × 10 + 1 = 2；也就是说，在高峰期，一位工程师在 10 位客户等待时接一个电话就相当于接 2 个一般的电话；如果有 20 个人在等的话，他的接话效果就是 3；依此类推，等待的客户越多，员工接电话的效果、价值就越大。

他的建议很快被公司采纳，工程师们的积极性果然有了较大的提高，在高峰期等待接电话的客户也大大减少。公司虽然增加了一点点成本，但是可以提高顾客满意度，很值得！

小刘为什么能有这样的创新？他给笔者讲了这样的故事：他们上的大学校区分为南区和北区，而且距离比较远，使用最快的交通工具也需要20～30分钟。学生上晚自习回来约10点多钟，而学校开水房8点钟就停水，所以很多学生用“热得快”烧水。可是，学校又明令禁止使用“热得快”，学生对此很不满。小刘认为学生喝开水是最基本的人权，学校不能不管，于是找几位同学商量向学校反映。同学们都说他想得太天真，说以前很多人都提过，但是学校没有理睬，学校不会关心学生能不能喝上开水。小刘不顾同学们的劝阻，一个人去找学校党委书记反映问题，提出了三个方案：第一，开水房延长供水时间；第二，允许学生使用“热得快”；第三，在宿舍安装开水设备。最后，学校采纳了第三个方案，在宿舍楼的每一层都安装了供热水的设备。

小刘和其他同学的不同之处，就在于小刘相信学校领导不会不管学生的生活。以前学校没有解决这个问题，也许是因为学生反映问题的时候学校没有钱，后来就忘了这事，学生也没有再反映；或者学校认为现在的年轻人对热水的需求不是那么大；或者是因为以前只是听取反映，但学校确实不关心学生的生活，但这并不代表学校永远不关心学生的生活。

从表面上看，这两件事情之间没有什么必然的联系。但是，这两件事情都反映了一个事实——小刘是一位很积极的人。而他积极主动的背后，有一个很深的哲学原理。小刘对学校领导和公司领导的看法都很积极。若小刘像他的同学那样认为学校领导不会关心学生生活，认为公司领导不会关心顾客的满意度，那么他就不会积极地去琢磨解决问题的方案。

14. 在嫉妒中成长

戴辉在学校里一直是很优秀的学生，毕业之后去一家著名企业上班。他上班不到半年就刷新了公司很多记录，也因此遭到很多同事的嫉妒。他感到很苦恼，不知如何与同事们相处。有一位朋友对他说：“正是因为他们嫉妒你，所以他们永远不可能成为像你这样的人。你不用理他们。”

若戴辉真这样想，那么以后他与同事们之间的关系就会出现较大的问题。因为他这样的想法，必然会通过他的语言、语气、表情流露出来，让其他人感觉他是一个居功自傲的人。这样，戴辉以后和同事会很难相处。若他的能力不是非常突出，就很难让别人心服口服。那么，在这个例子中的黄金思维是什么呢？

首先，嫉妒是人际关系中比较常见的现象。无论是老员工还是新员工，看到一个大学毕业不到半年的新员工非常优秀就会嫉妒，这是普通人的正常反应。若戴辉碰到条件和自己相当却比自己优秀的人，那么他也不一定能保证不嫉妒。笔者一直研究黄金思维（嫉妒肯定不是黄金思维），但是碰到一些事情，心里还是会嫉妒，所以笔者能理解嫉妒别人的人。

其次，嫉妒是普通人的正常反应，但是它并不意味着戴辉应该忍受这样的嫉妒。戴辉可以忍受一时，但是不可能忍受一世。所以，戴辉要想有个好的职场生活，就需要消除那些同事的嫉妒。而消除这样的嫉妒，和前述例子中路经理消除总经理的误解的方法是一样的，那就是相信同事。戴辉在相信的基础上可以采取邀请他们吃饭、喝茶、聊聊家常等方法。这样，嫉妒最终可以消除。

但是，戴辉和路经理的情况有所不同。路经理和总经理之间不仅没有利益冲突，而且利益是一致的。而戴辉和同事之间可能有利益冲突，也就是说，若以后戴辉被提拔，那么其他同事被提拔的机会就会减少。所以，戴辉消除同事嫉妒的过程可能不会那么顺利。当戴辉请嫉妒他的同事喝茶、聊家常时他们也许会这样想："你不用这样假惺惺地对我好！"同事甚至有可能做出一些比较过分的行为，那该怎么办？戴辉还是应该从心里把他当做朋友，那么过一段时间，同事也会把他当做朋友。那么两个人就会因此而谦让利益吗？这不太可能！不过，两个人不再是嫉妒和暗争，而是公平、公正地竞争。这就像两个男人追一个女孩子一样。情敌就是情敌，不是仇敌。

若同事过了两三年还在嫉妒他，那怎么办？到那时候，戴辉的上司和同事们都会看在眼里，放在心里。若有提拔的机会，就会提拔戴辉，而不会提拔嫉妒他的同事。这样，他和同事的利益之争就会结束，他的同事也就不会再嫉妒他了。若戴辉得到提拔之后同事还嫉妒他，不配合他的工作，甚至阻碍他的工作，这便是对戴辉被提拔之后的一个考验。戴辉还是以不变应万变，在相信的基础上可以和他交流，还可以调动其他同事、专家等外部资源和他交流，直到解决问题为止。

最后，笔者和戴辉谈了心理学中的投射原理。投射一词在心理学上是指个人将自己的思想、态度、愿望、情绪、性格等个性特征，不自觉地反映于外界事物或者他人的一种心理作用，也就是个人的人格结构对感知、组织以及解释环境的方式发生影响的过程。关于投射理论，最经典的例子是苏轼和佛印的故事。有一天，佛印和苏轼斗嘴。苏轼问佛印："你看我像什么？"佛印回答说："你像佛。"然后佛印问苏轼："那你看我像什么？" 苏轼开玩笑，说："你像堆狗屎。"苏轼回家得意扬扬地和自己的小妹说起了这件事。小妹劈头盖脸地骂他蠢，说："佛印看人皆为佛，只因为他心中有佛。而你看人皆是狗屎，只是因为你心里只有一摊狗屎。"还有，疑邻盗斧、情人眼里出西施等大家熟悉的典故和俗语也说明了投射原理。从这些故事可知，戴辉若没有充分、客观的证据，就不能轻易地认为别人嫉妒他。上述内容，可用下图表示。

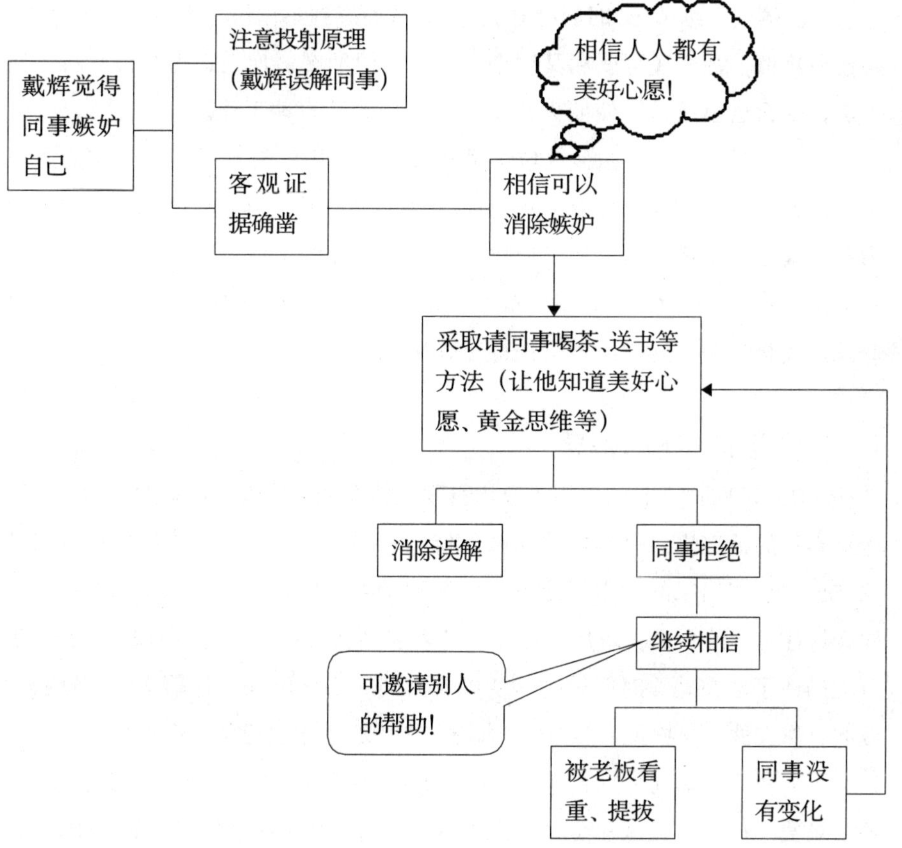

15. 小组长的领导力

具钰大学毕业三年之后因为销售业绩比较突出而被任命为一个销售团队的组长，他的团队还有四名组员。过了三个月之后，具钰发现其中一名组员工作能力较差，但还不到非要辞退的地步。具钰也没有发现他比较突出的其他特长，也不能断定他是否适合现在的工作。具钰应该如何对待这位组员？

也许，具钰可以要求公司换组员。但是，这样会给公司造成一定的麻烦。现在我国实施新的《劳动合同法》，公司要辞退一名员工不是一件很轻松的事情。再说，具钰若提出换组员的要求，上司有可能这样想：具钰的个人工作能力很强，但是带领团队的能力差一点。那么，具钰的黄金思维是什么呢？

具钰需要的是相信和鼓励这位组员能做好工作，哪怕是明天辞退他，今天也要相信他能做好工作。就算他做不好眼前的工作，也能做好其他的工作。若具钰没有这样的想法，而是认为这位组员不行，那么这位员工会通过具钰的语言、语气等细节感知到具钰的态度，从而感到不愉快，失去工作的动力、兴趣和热情，甚至还可能和具钰个人发生言语冲突。反之，若具钰具备上述想法，那么这位组员即使明天辞职，今天也会认真地工作。

那么具钰应该如何相信这位组员能做好工作呢？若具钰认为工作能力是组员个人的事情，那么他就很难再相信这位组员了。但是具钰若这样想：因为我和其他同事可以帮助他，所以他能做好现在的工作；即使他做不好现在的工作，通过我们现在的帮助、鼓励，他以后可以做好其他的工作。那么，具钰就比较容易相信这位组员会做好工作了。

16. 若我是范跑跑的领导

2008 年 5 月 12 日，四川省汶川县发生特大强烈地震。地震发生时，四川光亚学校的范美忠老师本能地猛冲下楼，不顾学生，第一个到达操场。有几位在他之后跑出来的学生问他为什么不顾学生，他就说你们以后也要像我这样先保住自己的生命。事后，范美忠还发表帖文《那一刻地动山摇》，文中细致地描述了他在地震时所做的一切以及其间的心路历程。这篇文章在社会上掀起轩然大波，文中说：“法律没有规定老师必须用自己的生命保护学生。在这种生死抉择的瞬间，只有为了我的女儿我才可能考虑牺牲自我，其他的人，哪怕是我的母亲，在这种情况下我也不会管的。我是在维护个人的自由。”范美忠的逃跑行为和帖文中的言论，引发网民热议。网友评论分为支持和谴责两派，但是谴责的网友占绝对上风，并给范美忠取了“范跑跑”的外号。范美忠所在学校迫于网民的压力而辞退了范美忠。教育部新闻发言人在一次公开场合说范美忠老师：“可以不崇高，但是不能无耻。”中央电视台在节目中也称范美忠为“范跑跑”。2008年7月末，范美忠要寻找代理律师状告教育部和央视，为已正名。

下面，我们再讲述一个香港电影中的故事：一名警察在巡逻时遇到一名穷凶极恶的歹徒。歹徒用枪指着警察，让他放下枪。警察照歹徒的话做了，并请求歹徒不要杀他。歹徒做出蔑视该警察的表情，并一枪打飞了警察的帽子，吓得警察腿软发抖，还尿了裤子。很不巧，有几位电视台记者把这个过程都拍了下来，直播出去了。香港市民一片哗然，谴责该警察胆小怕死，质疑香港警察素质。这位警察并没有像范美忠那样，以法律没有规定警察必须用自己的生命保护市民为由为自己辩护，而是承认自己失职。警察局也积极地和媒体沟通，安排媒体采访该警察，镜头上出现该警察年迈的母亲、幼小的孩子还有妻子等家庭成员，然后说警察也是人，国家也不主张警察无谓地牺牲，并发表声明保证限期抓住歹徒。通过这样的措施，香港市民就可以理解该警察当时的反应了（从某种意义上来讲他可以代表所有警察）。过了一段时间，警察局履行诺言抓捕了嫌疑犯。通过这件事情，市民对警察有了更深的理解，使一场危机变成了警民之间加深理解的机会！

这两件事情既有共同之处，也有不同之处。共同之处有两点：范美忠和警察都面对了一场生命危机，而且都失职了。不同之处也有两点：第一，范美忠不承认自己的失职，而警察勇敢地承认了自己的失职。第二，范美忠所在学校迫于压力而辞退了范美忠，而警察局积极地和媒体沟通，让市民理解警察。

也许，因为范美忠没有承认自己失职，所以他的领导只能辞退他，而不能像警察局那样采取措施让网民理解范美忠。那么，这是学校领导的唯一选择吗？

笔者认为，学校照样可以采取像警察局那样的措施。学校可以向媒体说：“范美忠老师也是人，我们可以理解他的行为。但是，我们不认可他的观点。他有这样的想法，也有我们学校的责任。请网民给我们一些时间，我们会和范老师好好沟通，给大家一个满意的答复。”

若学校这样说，会出现什么情况呢？

第一，谴责他的网民会包容范美忠老师。他们之所以谴责范美忠，不是因为他逃跑的行为，而是因为他发表的言论和观点。若学校敢于承担范美忠伤害网民的责任和改变范美忠老师的责任，那么网民不会再谴责范美忠，也不会谴责学校包庇一个没有师德的老师，最多谴责我国的教育制度。如果过了一年他还是坚持现在的观点，那么学校该怎么办？到时候学校再辞退他也不迟。

第二，范美忠老师也有台阶下，而且有时间认真考虑。有些网民之所以支持范美忠，不是因为他的观点正确，而是因为他说了真话。其实，范美忠自己很明白自己的言论是不对的。他即使骗得了别人，也骗不了自己。但是在网民那样的骂声中，他只能硬撑着。这也是人之常情。若给他半年或一年的时间考虑，我想他会诚恳地道歉。

第三，其他老师会觉得学校充满人性化思想，以后工作热情会更高。

第四，网民、学校学生和家长也会认可学校的做法，会更喜欢这所学校。这样学校可以把这次危机转换为学校树立更好形象的绝好机会。

从范美忠的角度考虑，也完全可以采用上述方式。无论心里是否承认自己做错，面对大众的责骂，他也可以采用同样的办法，向网民传递这样的信息：我现在认为我没有错，但是这并不代表我真的没有错，也不代表我会永远坚持自己没有错。希望大家给我一段时间，让我好好考虑。他这样说，既给自己留了面子，又给网民一个希望。这是他自己给自己台阶下，网民也会表示理解。若他认为自己没有错，就更应该采用这样的方式，等待别人为自己说话，而不是自己为自己辩解。这就需要坚强的信念：人们总有一天会理解我！邓小平之所以能三落三起，就是因为他有这样的坚强信念！

支持范美忠的网友们认为他说了真话，所以学校不应该辞退他，笔者认为这个逻辑是不成立的。在此笔者想强调的是：这并不是支持学校辞退范美忠老师，而是认为支持范美忠老师的理由不成立。学校辞退或不辞退范美忠老师的依据应该是范美忠老师的言论或行为是否符合师德，而不是他是否说出自己真实的想法。若他真实的想法违背师德，那么无论他是否说出真话，学校都应该辞退他；若他真实的想法不违背师德，那么他即使说了一些假话，学校也不会辞退他。若一名员工犯了很严重的错误之后向企业主动认错，那么企业就不应该辞退他吗？即使企业不辞退他，也是因为企业认为他以后不会再犯同样的错误，而不是因为他说了真话。假如一名小偷偷了东西之后向警察自首，警察就不应该抓他吗？若警察不抓他，也可能是因为小偷的社会影响比较小，而且小偷表示自己以后再也不偷东西了。范美忠老师言论的意思是，假如以后碰到这样的情况，我还是会先逃跑。而大部分网友认为范美忠老师这样做违背师德，所以学校才辞退范美忠。即使是支持范美忠的网友们也会认为范美忠老师先顾及学生更符合师德。

另外，作为领导要具备很多能力，其中最重要的能力之一就是替部下解决危机的能力。若没有这个能力，部下可能不会很忠心地为上司服务。反过来，若领导有这个能力，那么他的部下就会有智出智、有力出力，从而形成一个完整的团队。在这个事例中，范美忠并没有造成很严重的后果，所以如果学校出面，是很容易解决的。学校之所以没有解决好，就是因为缺乏这样的认识。

■总结

工作顺利是生活幸福的基本保证之一。那么，怎样才算是工作顺利呢？笔者认为工作顺利包含以下四个内容：

第一，同事关系相处融洽，尤其是和上司的关系。

第二，能胜任工作。无论我是否喜欢现在的工作，我都能较好地完成公司指定的任务。若能创新，那更是锦上添花。

第三，工资待遇合理。工资待遇高低没有绝对的标准，一般来说社会平均水平是很重要的衡量标准。

第四，能为未来发展奠定基础。未来发展，就是指前三项内容的发展，即更和谐的同事关系、更好的工作业绩和更高的待遇。

在这四项内容中，同事之间基本不会发生冲突。我和上司的关系好，不等于其他人和上司的关系不好；我能胜任工作，不等于会制约其他人的业务能力；我的工资不低，不等于别人的工资要比我少（一般来说，一家公司的工资水平相差不会很大）；我为未来发展奠定了基础，不会阻碍别人的发展（我以后可以到其他公司去发展）。所以遵照这样的逻辑，所有的员工都可以工作顺利。

我们为什么没有把较高职位列入工作顺利的范围呢？那是因为能获得较高职位的人肯定是少数，它不是所有人都能得到的利益。也就是说，企业可以给所有的员工提供很高的薪金，但是不可能给所有的员工提供很高的职位。年轻时候的工作顺利（能为未来发展奠定基础），是以后获得较高职位的基础。它是工作顺利的延伸。

对于年轻人来说，为未来作准备是非常重要的。那么到底准备什么呢？对此很多年轻人感到迷茫。这是因为大家不是很清楚自己的特长，也不知道自己以后会做什么。学校的老师、人生的前辈、职业规划专家们都说："要知道自己的特长，制定自己的职业规划。"然而，要做到这些其实是很困难的。没有尝试过各种各样的工作，如何知道自己的兴趣是什么，又如何知道自己的特长是什么呢？根据笔者自己和周围众多朋友的经验，到了而立之年能发现自己的特长就很不容易了。有些朋友过了不惑之年都还不知道自己最想做什么，这也是很正常的。所以，在职业规划上最重要的不是现在确定什么目标，而是培养将来任何工作都需要的通用技能。

那么，什么是我们无论做什么工作都会用到的通用技能呢？那就是通过责任感、团队合作、相互沟通、互相信任、创新思维、领导力等隐性能力表现出来的解决问题的综合思维能力——软实力。前述的例子说明在大部分情况下，员工胜任工作不是需要很高的智商和很专业的知识，而是需要责任感、互相信任、诚恳的沟通等软实力。

黄金思维是软实力的最高境界，年轻人培养黄金思维就可以为未来发展奠定重要的基础。黄金思维（软实力）在工作中显得非常重要，是因为以下几个原因：

第一，因为企业没有完美的规定，所以需要员工具备较高黄金思维来加以弥补。规章制度再健全的企业，也会存在这样那样的管理漏洞与制度缺陷，这就需要员工在紧急情况下运用黄金思维能力去弥补这些缺点，为企业和自己赢得更多的利益。在前述"空运还是陆运"的例子中，若企业规定："在特殊的情况下，员工可以特殊处理。"那就不需要员工很强的黄金思维（思维能力）。但是，若这样规定，企业就很难控制物流成本。在公司规定不符合实际情况时，员工死守规定有死守规定的风险，灵活处理有灵活处理的风险，这就需要员工依靠黄金思维争取自己的利益。

第二，我们的上司和同事都不是完美的人，他们有可能给我们下达错误的指令，或者传递错误的信息。这就需要我们利用我们的黄金思维加以分析，并且在理解上司和同事的基础上进行沟通、纠正。前述“指东说西”的例子就很好地说明了这样的必要性。

第三，员工学习业务本身就需要黄金思维的支持。据国外权威人力资源咨询公司的统计，50%以上的人员从事和自己大学专业毫无相关的职业（比如，学化工的人从事财务工作），30%的人员从事和大学专业相关但是关系不大的职业（比如，学化工的人从事化工产品销售工作），只有20%的人从事和大学专业关系比较密切的职业（比如，学化工的人从事化工产品的研发、生产管理、售后服务等）。从我国这几年大学毕业生就业情况来看，从事和大学专业毫无关系的职业的比例更高，高达90%。因为现在大学生就业压力很大，紧缺的职位容不得大学生挑三拣四。微软前副总裁李开复先生在他的著作中写道，调查结果表明，在微软员工工作所需要的知识中，平均只有11%是来自大学，其余的知识是进入公司以后才学到的。进入公司以后学习业务知识，最好、最快的方法是在团队合作中学习，接受同事的指导。若缺乏责任感、缺乏寻求共赢等思维能力，那么团队合作就会变成一句空话，业务能力也很难提高。

第四，企业顾客（客户）的需求越来越多样化，变化速度也越来越快，企业不断地面临新的问题，我们需要不断地解决和处理新的问题。这就需要我们有较强的思维能力。

信息化、经济全球化时代的到来，必将提高对求职者及企业员工等各种人才思维能力素质的要求。我们需要不断地解决和处理各种问题，这就需要我们提高对事物的审视力度、研究力度、敏锐力度、挖掘力度、展望力度，具备较高的“黄金思维”能力去理解和帮助别人。

第二章 恋爱婚姻中的黄金思维

如前所述，工作顺利是生活幸福的基本保障之一，恋爱婚姻家庭的幸福是生活幸福的源泉。但是，这样的幸福不是从天上掉下来的，也不是从地上捡起来的。它也会遇到很多问题。下面我们举一些例子说明恋爱婚姻家庭中的黄金思维。

1. 排他权

徐冰是笔者的师弟。徐冰和李娜谈恋爱不到半年，就出国留学了，李娜在国内读大四。徐冰在国外认识了一个女孩子，她经常来找徐冰，甚至晚上11点都找他聊天。但徐冰只是把她当做普通朋友。徐冰和李娜通电话时，把这些情况都告诉了李娜。李娜越来越觉得不对劲，要求徐冰不要再和那个女同学来往。徐冰对李娜解释说："请你相信我，我和她就是普通朋友。我若和她有什么暧昧的事，我能告诉你吗？" 李娜虽然相信徐冰，但是，无论徐冰怎么解释，她还是无法接受徐冰和那个女孩子继续来往。徐冰和李娜的恋爱处境进入了僵局！

李娜知道徐冰很尊重笔者，于是她找笔者来寻求解决方案。

李娜：大哥，我该不该相信他？

笔者：你相信他吗？

李娜：理智告诉我，我应该相信他，但是在感情上我无法相信他。所以感到很矛盾。我有时候想：该属于我的，就跑不了；不属于我的，我怎么抓也抓不住。但是心里很不踏实。

笔者：我明白你的意思。我来给你解开这个矛盾。你相信徐冰爱的是你，他对那个女孩子没有暧昧的意思。但是你认为那个女孩子对徐冰没安好心，徐冰有可能挡不住诱惑，发生冲动性的事件。对不对？

李娜：（很高兴）对，你说到点子上了。

笔者：既然你感到某种威胁，就有权利维护你们的爱情。你有权要求他不要和她来往，除非他能说出充分的理由。

李娜：这样徐冰会不会说我太小气？

笔者：你觉得你在这个问题上需要大度吗？

李娜：当然不需要！

笔者：那你理直气壮地说，我不需要大度。他会认可的。

李娜：可是徐冰不同意这样的观点，怎么办？

笔者：那就让他给我来电话，我来跟他说。

过了几天，徐冰给笔者来电话了。

徐冰：大哥，你是跟李娜那么说的吗？

笔者：对啊！一个女人连自己的男人都看不住，那不是傻了吗？

徐冰：你也不相信我吗？我不会和她怎么样。

笔者：我们都是男人，打开天窗说亮话，你能保证一点都不会冲动吗？

徐冰：这很难说。

笔者：是啊！若你冲动了，到时候李娜会怎样哭天呼地啊？

徐冰：我们俩相隔这么远，她怎么看住我啊？

笔者：她这么要求你，就是看住你啊。

徐冰：这怎么讲？

笔者：你给我说实话，假如她对你很放心，那你会不会认为她不是很重视你？

徐冰：这倒也是。

笔者：你有没有理由一定和那个女孩保持来往？

徐冰：其实也没有什么理由。

笔者：若你还是爱李娜的话，你还是和那个女孩子保持距离吧。尤其是她深夜约你的话，你更要保持距离。否则，也会给那个女孩子造成你喜欢她的错觉。

徐冰：明白了。

现在徐冰和李娜已经结婚，过着幸福美满的生活。他们夫妻有什么矛盾还找笔者夫妻交流；笔者夫妻有矛盾，也和他们俩交流。夫妻之间没有什么大事，若能互相交流，绝大部分问题是可以解决的。

2. 爱的本质

中央电视台法制频道的《心理访谈》节目曾播出了这样一个故事：郑涛与文蕊已相恋近四年。文蕊非常爱郑涛，以至整天都黏着郑涛。有一次，郑涛和朋友们一起出去玩，一上午文蕊打了三十多个电话（平均 5 分钟一次）。还有一次，文蕊答应郑涛让他好好玩一次游戏，可是没过几分钟，她就让郑涛给她削苹果、倒茶水，还要坐在他的腿上看着他玩。没过几分钟，文蕊又说："这样坐太不舒服了，我们坐沙发上一起看电视吧。"郑涛实在忍无可忍，就冲她喊："你是不是成心不让我玩？"文蕊毫不示弱地回击："我爱你，就要和你在一起，这有什么错？"文蕊觉得郑涛太沉迷于游戏，严重忽视了自己。有时候郑涛想去看看父母，文蕊也不让他去，原因是自己一个人在家太孤单。

郑涛觉得他和文蕊就像连体婴儿，严重约束了他的生活自由。他希望文蕊有其他爱好，但是文蕊说她的爱好就是和郑涛在一起，他一刻不在身边，她就心里发慌。郑涛甚至问她："你是不是有病？有病，咱们看病去，没病，你就好好待着（别老烦我）。"文蕊希望郑涛和自己聊天，郑涛却认为他们已经聊了四年了，没有什么可聊的。郑涛反复强调审美疲劳，距离产生美，别说是情侣之间，就算是夫妻之间，也应该有一点私人空间。可是他越强调这些，文蕊越觉得没有安全感，担心郑涛以后不喜欢自己，认为自己现在应该好好看着他。

双方都认为自己更有道理。那现场的专家怎么认为呢？

心理学专家认为文蕊这样缠着郑涛可能造成比较严重的后果。他还举了一对情况和他们很相似的夫妻最终离婚的事例。对此，郑涛表示非常理解那位丈夫，他自己也觉得如果文蕊继续这样缠着他就只能考虑分手。而文蕊认为那位妻子很正常，问题出在男方身上。

最后，郑涛要求文蕊每周至少给他两天自由时间，其余五天可以陪她。在这两天，郑涛希望两个人尽量少打电话，少发短信，文蕊同意了，还说若以后郑涛回家看父母，她可以一起去，而不是不让郑涛回去。同时，她要求郑涛每天主动给她发短信或打电话，这样她就能感受到郑涛爱自己，会有安全感。

从演播现场的效果来看，他们这样互相承诺就可以解决问题了。但是，事实果真如此吗？

他们之间的问题可以归结为以下六点：第一，若不和郑涛在一起，文蕊心里就感到不安；第二，文蕊认为自己因为爱郑涛，所以才要和他在一起，这是无可厚非的；第三，文蕊和郑涛在一起无话可说；第四，文蕊和郑涛没有共同的爱好、活动；第五，郑涛主张距离产生美，要求自由时间；第六，文蕊觉得自己被忽略，郑涛不够爱自己。这些问题不是互相孤立的，而是互相关联的，如下图所示。

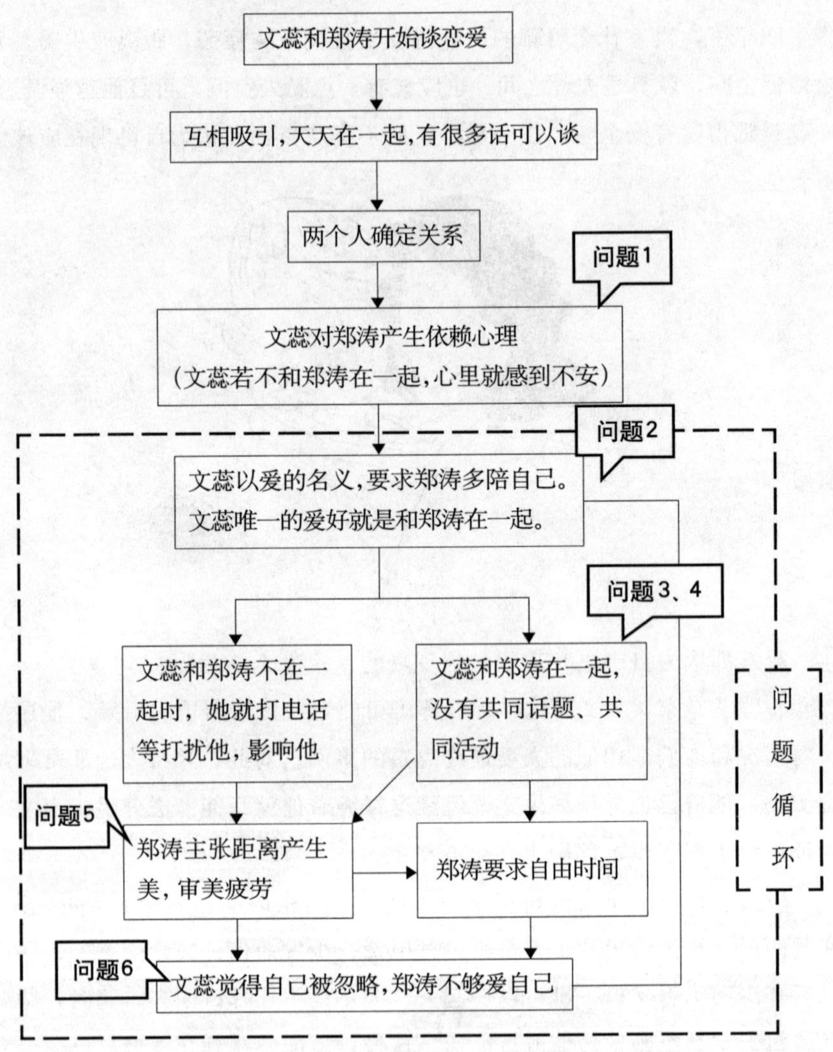

他们俩达成的“协议”只是解决了上图中的后三个问题：两个人找到了一起度过时间的方法——两人一起去看郑涛的父母（其实这还不是真正意义上的共同爱好和活动）；文蕊给郑涛每周两天的自由时间，并且尽量不打扰他；郑涛主动给文蕊打电话，让她感到郑涛重视自己，有安全感。事实上，这都只治标而不治本。

引发他们之间问题的根本原因是前三个问题：第一，若郑涛不在身边文蕊就感到不安；第二，文蕊以爱的名义缠着郑涛；第三，即使他们俩在一起，也没有什么共同语言，所以郑涛要求独立空间，这样反而让文蕊觉得郑涛不喜欢自己。

如何解决这三个问题呢？首要的任务是了解这些问题背后潜藏着的思维习惯。正如心理学专家所举的例子和郑涛的想法那样，若文蕊继续这样缠着郑涛，那么他们俩很有可能分手。文蕊也知道这一点，但是她被一个概念迷惑了：我想和郑涛在一起，是因为我爱他，我爱他有什么错？对文蕊的这个问题，郑涛和心理学专家都没有给出一个能让文蕊心服口服的答案，所以文蕊感到很困惑：我这样做并不是错，为什么郑涛想和我分手？她甚至想：即使郑涛和我分手，也不是我的错，而是他的错。

文蕊的想法到底错在哪里呢？文蕊因为爱郑涛，所以郑涛不在身边的时候，她就会感到不安。这的确可看做文蕊爱郑涛的表现。但文蕊却没有正确地理解爱情，其实相爱的人并不一定要时时刻刻在一起。当郑涛无法陪文蕊的时候，文蕊应该理解郑涛，相信郑涛深爱自己，相信郑涛以后会尽可能腾出更多的时间陪自己；同时为减轻郑涛因陪伴自己带来的负担而改变自己，培养自己其他的爱好。简而言之，爱的本质是相信对方和自己都会为了对方而改变自己，从而使自己更加适合对方！文蕊相信郑涛以后会少玩游戏，多和自己交流，还相信自己以后会培养其他爱好，减轻郑涛陪伴自己的负担；郑涛相信文蕊会培养其他爱好，还相信自己会少玩游戏，多和文蕊交流。只有这样做才能体现对彼此的爱。

若文蕊明白上述道理，就会改变自己（即使郑涛不在也不会感到不安），不会以爱的名义缠着郑涛。有了这两点，那么他们俩在一起的时候也不会无话可说，而是积极地探讨改变的办法，使问题得到彻底解决。请看下面的对话：

文蕊：我爱你，所以我要和你在一起，这有什么错？

郑涛：你没有错。当你不安的时候想到的是我，而不是别人，这确实说明你很爱我，我很感动。但是，我不可能整天陪着你，比如我要出差怎么办？我在外面的时候你若感到不安，那我也感到不安，无法安心工作。所以，我希望你过这样的生活：你一个人可以很快乐地生活，和我在一起，还可以更快乐！那我就非常放心。所以你要有其他爱好，要有其他朋友。

文蕊：我现在唯一的爱好就是和你在一起，我不需要其他朋友。

郑涛：人们不仅需要恋爱婚姻家庭，还需要和朋友交往。人人都是这样，你也不会例外。你现在不想交其他朋友，是因为你认为交朋友很难。这个你不用担心，我会帮助你。我们以后好好交流和探讨结识朋友的障碍和解决办法。你愿意吗？

文蕊：能和你交流，我当然愿意了。

郑涛：我们还可以一起认识我的铁哥们儿和他们的女朋友，你们会成为很好的朋友。还有很多人会关心你，爱护你。我不在的时候，你可以跟她们聊聊。我相信你以后会交很多朋友！

文蕊：那我还是要每天看着你怎么办？

郑涛：那时，你还是会想我，但是不会不快乐，因为你有自己的朋友，自己的事情。

文蕊：啊？若是这样，你以后还会陪我吗？我现在一个人感到不快乐，你都不愿意陪我，更想玩游戏，以后若我一个人感到很快乐，你就更有理由不陪我，更有理由玩你的游戏了，对不对？

郑涛：怎么会呢？我也是一个人很快乐，和你在一起就会更快乐！为了让你和我更快乐，我会尽可能腾出更多的时间陪你！

文蕊：那你现在为什么宁愿玩游戏，也不愿意和我说话？

郑涛：以后和你探讨结识朋友的办法，还可以一起和其他朋友交流，那我就不会一个人玩游戏了。你说对不对？

文蕊听到这里，会说“不对”吗？若文蕊是一个正常的女孩子，就会说“对”！以后，她不会坚持认为自己不需要其他朋友，不会认为自己因为爱郑涛而要求他陪伴自己是没有错了。

在上述对话中虽然没有直接说出“双方的变化”，但是在字里行间已经充分表达了相信双方都会有变化的意思。

再亲密无间的夫妻之间也有距离，这是必然的现象。但是，这个距离不是为了防止“审美疲劳”而特意拉开的，而是双方工作和生活空间不同而自然产生的。若郑涛认为只有刻意拉开距离，才能避免审美疲劳，让双方保持有新鲜感，必然会使文蕊产生误解（所有的女人都会有这样的误解）。

若文蕊和郑涛明白爱的本质在于相信自己和对方会为了对方而改变自己，那么他们以后就会变得越来越好，他们的爱情也会逐渐开花、结果。

【小插曲】爱情的感觉最多只能维持两年？

爱情的感觉很好，比如很想和她（他）在一起，在一起的时候，很想拉手、拥抱、亲吻，就算什么事都不做、什么话都不说，也感到很幸福；无论喜还是忧，都首先想到和对方分担……一个人若没有体验过这样的感觉，那真是莫大的遗憾！

但是，有科学家证明，这样的感觉最多只能维持两年。科学家说，人们有这样的感觉，是因为大脑分泌某种化学物质，而此化学物质只分泌两年。所以，两年以后，人们就不会再有这样的感觉了。事实果真如此吗？

其实不然！我们举发动机的例子来说明。发动机，靠汽油运转。但是，它不能靠汽油启动，只能靠电流启动。电流启动发动机的同时给汽油，发动机就会持续运转。在爱情初期大脑分泌的化学物质，就像启动发动机所需要的电流。那么爱情需要的油是什么呢？那就是相信自己和对方会变得越来越好，使双方自己越来越适应（适合）对方。也就是说，在分泌化学物质的爱情初期建立这样的信心，那么以后就会持续产生上述爱情的感觉。

这不是说教，而是很多中老年夫妻真实的经验。

3. 女人说话总有道理

笔者的一位朋友讲了一个有关她父母的故事。她父亲是一家公司的老板，公司虽然规模不大，但是足以让她一家过上小康生活。在一次买卖上，她的母亲给她父亲提了建议，但是她的父亲认为妻子不懂生意，就没有理睬，结果赔本了。她的母亲对丈夫说："谁让你没听我的话。"过了些日子，又有了一次类似的生意，她的母亲又提了建议，这一次她的父亲听了妻子的建议，结果还是赔了本。她的母亲对丈夫说："女人的话怎么能听呢！你一个大男人怎么能没有自己的主见！"然后，笔者的朋友说了一句话：女人怎么说都有道理，男人千万不要和女人争理！

当时，笔者听了这个故事后一笑置之。后来在深入研究黄金思维的时候发现这个故事和工作有密切的联系。在工作中完全有可能发生类似的事情。比如，部下给上司提了建议，上司没有采纳，若最后结果不好，部下很有可能心里这样想："谁让你没有采纳我的建议。"若上司采纳了部下的建议而结果不好，那么部下就会想："是上司最后拍了板的，这不是我的责任。"平级的同事之间、朋友之间也会出现同样的事情，它会对同事关系和朋友关系产生不利影响。

那么，我们该怎么对待亲人、同事、朋友的意见呢？笔者提出这样的问题之后，绝大部分人回答说："该听的就得听，不该听的就不听。"这样的回答没有任何实际意义。其实，我们对待别人意见的关键不在于采纳还是不采纳所带来的结果上，而是在于我们心灵上的重视程度。在本故事中，因为丈夫认为妻子不懂生意而没有理睬，所以在结果不好以后妻子才说"谁让你没听我的话"。同样，上司从心灵上认为部下不懂业务，那么结果不好之后部下也会这样想。同事和朋友之间也是如此。若我们从心灵上对亲人、同事（部下）、朋友的意见表示充分的尊重，那么即使我们不听取他们的意见，在事情结果不好了之后，他们也不会说（或想）这样风凉的话，而是来安慰我们、鼓励我们。

我们重视别人意见的方法很简单：若不采纳，就给他一个理由；若没有时间作出解释，就要说以后会给他们解释。比这些言语表达更重要的是我们的态度：我很重视你的建议。我们若有这样的态度，一般的情况下会让别人感觉到我们很重视他们的意见。若我们没有这样的态度，那么最后的"理"总会在别人那里，就像笔者的朋友所说的那样。

最后需要强调的是，当别人提出意见的时候，最好的结局是双方意见达到统一，达到 A + B = C 的创新效果，就像前面所举的创新例子一样。这样，若结果很好，是大家的功劳；若结果不好，就当做是一次大家合作创新的练习，为以后的团队合作积累宝贵的经验。夫妻之间、恋人之间、同事之间、上下级之间、朋友之间都是如此。

统一意见，是需要时间的。若事情比较紧急，那么只能由一个人拍板。在家庭生活中，一般情况下由丈夫作出最后决定。此时若丈夫犹豫不决，会给妻子"缺乏主见"的印象。若事情不太重要（后果不是那么严重），丈夫可以让妻子作决定，但是一定要由丈夫承担其后果。也就是说，男人需要有"你做事，我承担"的肚量。若是这样，妻子会感到很高兴，很有安全感，认为丈夫很尊重自己、很爱护自己。以后，在重要的事情上，即使丈夫不听妻子的意见，妻子也不会有怨言，也不会说出"谁让你没听我的话"这样的话。

在上司和部下、同事之间、朋友之间也是如此。

4. 永结同心

小北是笔者的远房弟弟，一直管笔者叫大哥，1998 年毕业于北京的某所大学。1997 年笔者刚开始研究黄金思维的时候，他就很感兴趣，经常与笔者探讨问题。

毕业前夕，小北与一个女孩确定了恋爱关系。毕业之后女孩留在北京工作，而小北去了外地。那年小北回北京与她共度国庆，并以女朋友的身份把她介绍给自己的很多朋友。十一长假很快结束，小北要走了。送小北上火车的时候，女孩突然提出分手，小北非常惊讶。他还没来得及问清楚，火车就开走了。由于工作上的关系，笔者与那个女孩时常有机会见面，两个人可以说是很熟悉。笔者问她为什么会突然和小北提出分手，女孩说她觉得自己太不了解小北了。尽管她很喜欢小北，但她担心将来万一分手会给小北带来更大的伤害。毕竟他们现在分隔两地，异地恋成功的概率太小了，那样还不如现在就分手。

笔者告诉她：第一，如果一个男人不能承受一个女人对他的伤害，那他就没有资格娶她；第二，笔者是小北的大哥，也称得上是他的老师。如果小北受到伤害，笔者会帮他解决。所以她不用担心小北受伤害。女孩子听了笔者的话很高兴，第二天就给小北打了电话，两人和好如初，第一次危机顺利渡过。

后来，女孩周围的同事都劝她及早分手，因为异地恋实在太辛苦了。这样的话听得多了，女孩有时也难免动摇，她就问笔者小北会不会变心。这时候，笔者就会反问她：你会不会变心呢？她很坚定地回答：不会。笔者说小北也不会变心，因为笔者每次给小北打电话说到他们的问题，小北都非常肯定地说她是他的最后一个爱人。女孩听了这样的话感觉很幸福。他们这样坚持了两年，2000 年小北回到北京，两人幸福地走进了婚姻的殿堂，现在还有个可爱的儿子。

恋爱婚姻虽是两个人的事情，但同时又不仅仅是两个人的事情。笔者深信，在恋爱婚姻上若有双方共同信任的朋友，那么绝大部分问题是可以解决的。在一般情况下，恋人或夫妻之间的问题不是什么深仇大恨，多是鸡毛蒜皮的小事、误解。双方共同信任的朋友可以向双方传递实情，消除误解。

5. 小娟的怀疑之影

23 岁的小娟今年刚刚大学毕业就在一家医院当上了一名医生。在外人看来，她不仅有一份不错的职业，还交了一位和她非常般配的男朋友王军。然而谈恋爱一年来，她一直不信任王军，总是担心王军会爱上别的女人，两人为此几乎天天吵架。有一次，一位朋友的女友来王军工作的医院看病，王军就帮她挂号、看医生。因为这件事情，小娟和王军闹了好几天。理智上，小娟知道王军不可能对自己朋友的女友心存不轨，但是她总觉得王军会在别的女人身上找出自己没有的优点，然后会移情别恋。她知道这是自己缺乏自信造成的，但是她还是无法摆脱对王军的怀疑。按小娟的话讲，她对男人没有信任感，她无法相信男友。小娟每天都会翻看男友的衣兜，查看他的手机，一心想找出男友变心的证据。哪怕王军在路上跟女同事打个招呼，小娟也会不依不饶地闹上一个星期。

那么，小娟为什么会这样呢？那是因为在她进入青春期的时候，母亲为了预防她早恋，就经常对她说：男人都是不可靠的。但事实上，小娟的父母很和睦，小娟的母亲也很少看到男人变心的事，她只是为了让女儿不过早地谈恋爱才这样说。母亲这样不当的“保护措施”给她心灵留下了很深的阴影。小娟的母亲现在告诉小娟当时告诉她男人不可靠是为了防止她早恋，而不是因为男人真的不可靠，但是已经于事无补了。还有一点对小娟产生了比较大的影响，那就是周围环境。无论是正规媒体还是小道消息，哪一对夫妻很和睦的正面信息不多，但是哪一对夫妻不和的负面信息倒是不少，这样就更加强化了母亲的信息对小娟的影响。所以，小娟总是想：就算王军现在没有变心，他能保证五年、十年以后不变心吗？尤其是王军以后升了官，发了财，那时自己也肯定没有现在漂亮了，那王军还会爱我吗？小娟知道自己经常怀疑王军是不对的，但是一碰到具体事情，就不能自已。

王军说：“我很喜欢小娟，我非常爱她。但是她老是这样怀疑我，折磨我，我心里感到憋得慌。”那么，王军和小娟该怎么走下去呢？

有些人说，长痛不如短痛，建议王军尽早分手。可是这不是他们最好的结局。他爱小娟，一年的恋情不是想断就能断的。还有些人说，王军既然爱小娟，就要接受她的一切。可是王军不是圣人，而是普通的男人。他也许可以忍受一年、十年，但是无法忍受一辈子。这两个建议都不能实现王军和小娟的双赢。

还有人认为，虽然小娟的怀疑症是过去长时间的负面影响造成的，但是这个怀疑症是可以改善的，于是给小娟提出了这样的建议：第一，小娟要认识到在绝大部分情况下自己怀疑男友是出于自己的本能，而不是因为男友移情别恋，这样就可以很大程度地减轻对男友的怀疑；第二，怀疑男友是很多女孩子都会有的现象，只不过小娟表现得更加明显而已；第三，需要坚持上述想法一段时间，因为她这样的想法不是一朝一夕形成的，也不是一朝一夕可以改变的，只有坚持一段时间才能迎来真正的变化。有人还给王军出主意：以后若小娟还没有来得及怀疑男友，就主动提醒她：你今天还没有怀疑我！

也许这样的方法会有一定的效果，但是它还没有解决关键问题。问题的关键是：她缺乏安全感。这样的安全感，不是只靠自己的理性分析就能找回来的。我们可以举这样的例子说明小娟的情况。有一对父母让自己年幼的孩子学空中飞人的杂技。为了让孩子全身心地投入训练，这对父母告诉孩子，她没有安全带，若她不小心从空中掉下来就会致残，并且永远都无法回到正常的生活。孩子听到这样的话就特别小心，从来没有失误过。现在，她已经长大了，不能只表演过去小时候的动作，她需要开拓新的节目，心里感到巨大的恐惧。她的父母告诉她：你现在感到恐惧，不是因为新节目太危险，而是因为害怕是人的本能，其他人也会害怕，他们只是没有表现出来而已，你只要长时间锻炼，以后就不会害怕了。孩子听到这样的话，就不怕了吗？恐怕没有那么容易！那么，怎么消除杂技演员的恐惧心理呢？她的父母需要让她系上安全绳，然后从最简单的动作开始练习，感觉到安全绳的可靠性，只有这样她才能逐渐消除恐惧感。

小娟也一样，她之所以对恋爱婚姻产生巨大的恐惧感，就是因为她进入青春期的时候她的父母千遍万遍地告诉她男人是不可靠的。若当时父母这样讲："我们不希望你早恋，是因为早恋有可能给你造成很大的伤害。不过你不用担心，万一你真因早恋受了伤害，我们会帮助你的。"这样，小娟就会觉得很有安全感。那么，现在该怎么办？解铃还需系铃人！既然她的父母都认为王军是个很不错的男孩子，那就先和王军长谈，然后告诉女儿："我们和王军谈了很多，觉得他是一个不错的男人。他会对你负责。你们两个人之间若有什么问题，可以来找我们，我们会帮助你们解决。只要两个人之间没有大冲突，就不会出现情感波折。就算他真做对不起你的事情，我们也会帮助你再找一个合适的人。"这就是父母给小娟的"安全绳"，也是小娟父母对小娟的补偿。小娟虽然现在已经23岁了，但是她毕竟还没有出嫁，父母有义务关照女儿的婚事。在婚姻问题上，若连父母都不能帮助子女，那么谁还能帮子女获得幸福呢？若小娟对未来很有信心（无论这个信心是否健康），她就不需要父母的帮助，就算父母要帮助她，还得看看小娟愿不愿意接受帮助。但是现在小娟缺乏对未来的安全感，所以她特别需要父母的帮助。小娟可以怀疑王军，但是她不会怀疑父母对自己的爱，并且父母的婚姻比较幸福，她可以相信父母有能力帮助他们。

也就是说，王军可以先让小娟的父母相信自己，然后让他们说出上面的话。小娟父母的婚姻比较幸福，而且他们没有受像小娟那样的长时间的负面影响，所以王军让小娟的父母相信自己肯定比直接让小娟相信自己容易。

还有一点很重要，那就是王军要有相信小娟一定会变好的信心。无论王军和小娟怎样改变现在的状况，这样的信心是改变的基础。若没有这样的信心，事情或许会变成这样：他们坚持了半年、一年或者两年，但是小娟的怀疑症并没有明显的好转，那么王军会认为“江山易改，本性难移”，然后放弃所有的努力。这也是很多人劝王军趁早分手的原因。

那么，王军怎么建立这样的信心呢？王军需要知道的是：小娟的怀疑症不是与生俱来的，是可以改变的。我国一位著名的建筑工程师说过，以目前人类的技术来说，人类想盖多高的楼就可以盖多高的楼。人类之所以不盖1000米的摩天大楼，是因为没有必要，而不是因为没有技术。解决小娟问题的“技术”就是小娟的父母遵照上述方式给她提供安全感。有了这项技术，消除小娟恐惧感只是时间问题。王军若有这样的信心就不会放弃和小娟的爱情；同样小娟若理解上述原理，也会产生这样的信心，认真经营他们的爱情！

关于信心和方法之间的关系，我们举一个不太恰当的比喻来说明。孙子说：“胜者先胜而后求战，败者先战而后求胜”。还没有开战怎么能先胜呢？这里的“胜”不是结果，而是心态，“战”不是盲目开战，而是充分研究具体的战术之后再开战。毛主席还说过，战略上藐视敌人，战术上重视敌人。战略上藐视敌人，就是从心理上先胜敌人。在解放战争中，国共双方都有必胜的信念。但是，共产党充分重视了国民党；而国民党没有充分重视共产党，认为不费吹灰之力就可以消灭共产党，最后的结果我们就不用多说了。

王军要有“小娟一定会消除恐惧感”的信心(这就是孙子所说的“先胜”，也是毛主席所说的“战略上藐视敌人”)，通过小娟的父母等方式给予小娟安全感，这样才能达到让小娟变好的目标(就是孙子所说的“求战”，也是毛主席所说的“战术上重视敌人”)。反之，若王军认为“小娟不一定好转，但是我可以试一试”，那么这就是孙子所说的“先战而后求胜”，也是“战略上重视敌人”。在具体的“求战”或“战术问题”上，若王军只认为告诉小娟一些信息、道理就可以，那么就会犯“战术上轻视敌人”的错误。在这件事情上，能帮助小娟的人（能让小娟感到安全感的人）越多，最后的胜算的可能性就越大。

6. 曹杰的“花心”

曹杰和夏雪是上大学期间在网上认识的，并且谈了半年恋爱。有一天，曹杰给笔者来了电话。

曹杰：老师您好。男人就是喜欢漂亮的女人，对吗？

笔者：（不假思索地）是啊。谁不喜欢漂亮的女人？

曹杰：老师，我现在觉得我女朋友不够漂亮，怎么办？

笔者：哦？能说得详细一点吗？

曹杰：我在网上认识了另一个女孩子，看她的照片，觉得她比我女朋友漂亮多了。我很想跟她多聊一会儿，甚至幻想和她一起生活。我知道我这样想很对不起我女朋友，可是我又控制不住。所以我才怀疑，是不是男人都喜欢漂亮的女人。

笔者：男人喜欢漂亮的女人，这是很正常的。但是你想到这个地步，就不正常了。我想，你和你女朋友之间是不是有一些矛盾？

曹杰：绝对没有。我很爱她，她对我很好。若我碰到什么困难，她会安慰我，鼓励我。但我就是觉得她不够漂亮，我很想和漂亮的女人生活在一起。

笔者：你真对她没有任何不满？

曹杰：真的没有。

听到这里，读者心里作何感想？是曹杰花心吗？还是所有的男人都是这样？我们应该责备他花心，还是给予支持？

请接着看完这段对话。

笔者：若你和你女朋友现在刚认识，那么我可以认为她不够漂亮是让你动摇的原因。但是，你们已经谈了两年恋爱，她又不是突然变了样，怎么可能因为她不够漂亮就想到分手呢？

曹杰：那我为什么会出现这样的想法？是不是因为男人就是喜欢漂亮的女人？

笔者：你可以再想一想。三天以后我们再聊聊。那个时候你还是认为你对你女朋友没有什么不满的话，也许我会承认男人就是喜欢漂亮的女人。

过了三天，曹杰给我来了电话。

曹杰：老师，你说得对。我确实发现了我们之间的问题。

笔者：哦？是什么问题？

曹杰：她望夫成龙，给我定了死规定，每周必须看一本励志类或者管理类的书，这让我感到很累。我知道她这样要求我是因为爱我，而且我自己也知道应该多看书。但是，每周看一本书确实很难做到。她虽然嘴上不说，但是我可以看出她失望的心情。这样，我就更难受。恰好这个时候我在网上认识了一个比她漂亮的女孩，让我觉得我喜欢漂亮的女孩。

笔者：你的分析有道理。

曹杰：可是，我该怎么办？我不希望让她失望，但也看不了那么多的书。

笔者：其实方法很简单。你可以对她说："我现在特别忙，没有完成看书的任务。你能不能帮我？"

曹杰：她怎么帮我？

笔者：她可以看书，给你讲述书的内容嘛！这样两个人的感情不就更深了吗？

曹杰：好主意！

笔者：其实，你觉得她失望，也许是因为你“做贼心虚”，而不是她真的失望。到底是她真失望，还是你“做贼心虚”，你和她聊聊就知道了。

过了几天，曹杰再次给我来了电话，说他和女朋友好好地谈了一次，问题都解决了。

笔者深信一句话：天生的不会伤害人，伤害人的不会是天生的。无论是男人还是女人，其相貌是天生的，它绝对不会成为伤害两个人感情的根本原因。若两个人的感情出现了危机，绝对不会是因为某一方的外貌，而是在于心灵的沟通。若世人都知道这个观点，在情感发生危机的时候就不会出现“误诊”，就能找出正确的解决方法。

7. 婆媳关系 老题新解

据统计，夫妻矛盾的40%源自婆媳关系，40%源自孩子教育方式上的分歧，其余20%为经济、朋友、事业等方面的问题。

很多女人都会问自己的男友或丈夫这个问题：若我和你妈妈同时掉进水里，你先救谁？有人回答：哪个近，先救哪个；有人回答：这样的事情不会发生；也有人回答：聪明的女人不提这样的问题；更有人干脆直截了当地回答：先救妈妈，因为妈妈只有一个，女朋友（妻子）还可以再找。前几天网上就报道了李先生因无法忍受他妻子和母亲关系不和而出家为僧的事例。总之，婆媳关系是最让男人头疼的事。

我们在回答这个问题之前需要提出一个疑问：为什么只有女人问这个问题，而男人不问类似的问题呢？这是因为妈妈和妻子两个女人都在心理上对同一个男人有依赖感。那么，怎么解决这个问题呢？请看下面笔者一家三口的对话：

笔者：以后你娶了老婆，老婆和妈妈谁更重要？

儿子：（毫不犹豫地）当然是妈妈更重要，这还用说吗？

笔者：不对，应该是你老婆更重要。

儿子：（很惊讶地）为什么？你这不是叫我不孝嘛！妈妈养我多不容易啊！

笔者：我们爷俩各管各的，你看重你老婆，我看重我老婆，不就行了吗？老婆，你说对不对？

妻子：若你真那么爱我，我当然不会和儿媳妇计较了。我爱她还来不及呢！

儿子：哦……言之有理！不过我说一句大不敬的话，万一有一天你去世了，那我该怎么办？

笔者：也一样，你先照顾好你老婆再说。一个男人，首先要让自己的老婆感到幸福，这是上天赐给一个男人的最大使命。孝敬父母不是你一个人的事情，你和你老婆过得幸福，就是对父母最大的孝敬。而且，你若让老婆感到幸福，她就会真心真意地孝敬你妈。是不是？

儿子：听起来，你这些话从理论上看没有问题。可是实际上，妈妈心里能接受吗？

笔者：若我在，当然没有问题；若我不在，就算是我留给你们母子俩的遗言，你妈妈会理解你的。而且，我离开这个世界以前会好好待你妈妈。

妻子：没错。你爸爸当着我的面，对你奶奶说了这样的话：老婆比妈妈重要。你以后这样想，我心里也能接受。因为你爸爸就是这么想的。

笔者的父亲早年去世，后来有了继父。当时笔者就对两位老人及继父的子女说："对我而言，妻子比您两位更重要；对您两位而言，互相都比自己的孩子更重要。只有这样，您两位才可以和睦地过日子。这也是我们作为子女最大的希望。”

对女人来说，丈夫的爱比儿子的孝心更重要。女人若得不到丈夫的爱，那么儿子的孝心再大又有什么用呢？婆婆之所以和儿媳妇抢一个男人，就是因为她没有充分得到丈夫的爱。其实，子女的孝敬永远无法取代丈夫的爱，妈妈需要儿子孝敬的要求很容易成为无底洞，以致于破坏儿子的婚姻。上述内容可用下图表示：

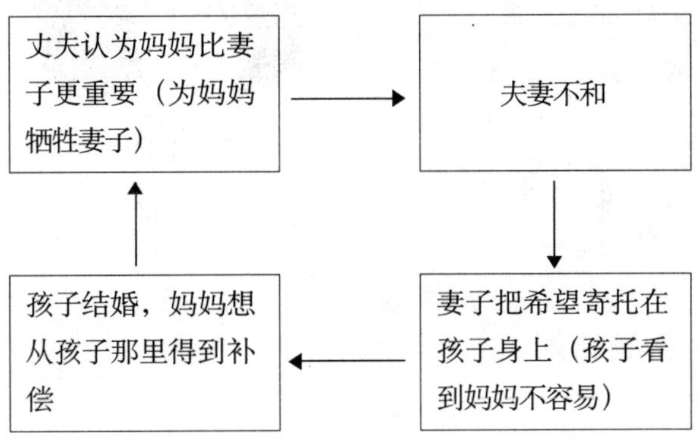

现在有了上述黄金思维，就可以打破上图的恶性循环，将其转换成如下图的良性循环。

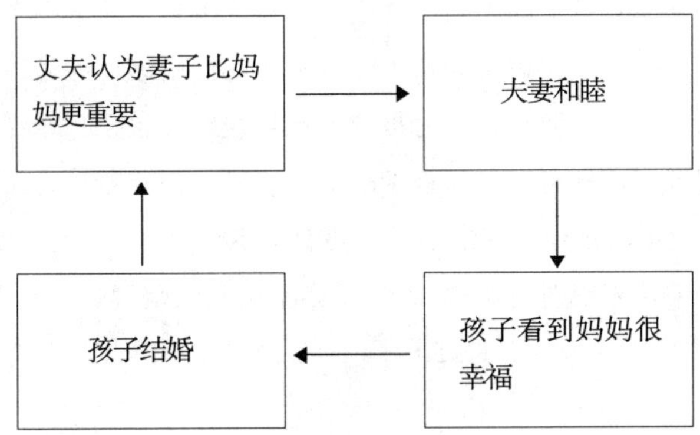

现在，读者可以理直气壮地回答那个古老的问题：若老婆和妈妈都掉进水里，就先救老婆。当男人有这样的心态时，妻子（女朋友）会感到很高兴，妈妈也可能感到高兴；即使妈妈感到不高兴，也不会受太大的伤害，而是很可能从她的误区里走出来：我还是谋求夫妻和睦为好，这个儿子“靠不住”！

若父亲听到儿子这样说，他也会深思：我首先要让老婆感到幸福。这是我帮助儿子婚姻幸福的最好办法！

8. 子女教育 新题新解

在孩子教育方法上的意见分歧是造成夫妻不和的另一个重要因素。尤其是我国实行独生子女政策以后，父母对孩子的关注度甚至超过了对自己配偶的关注度。

现在很多父母读过大学，对孩子的教育也略知一二。这样，更容易造成夫妻双方对子女教育意见的不同，这就像《盲人摸象》里的两个盲人因为大象的模样而吵架一样。妈妈认为孩子应该上数学、物理的课外班，因为考大学要看这些课的成绩；而爸爸认为报课外班是花钱给孩子买罪受。妈妈认为儿子应该学钢琴，这样可以提高孩子的文化修养；而爸爸认为文化修养不能当饭吃，儿子应该踢足球，这样不仅有利于身体健康，而且有利于朋友交往。在这样的争论中，爸爸对妈妈说一句："你不懂就别瞎管孩子的事。"妈妈就奋力反击："你以前从来没有管过孩子，现在怎么这么来劲？"然后就演变成一场夫妻大战……

这是在很多家庭里常见的情景。可是，父母双方却忘记了一个常理："皮之不存，毛将焉附？"所有重心在孩子，父母为了孩子而吵架，孩子会感到更大的恐惧。如果孩子的心理因此受到伤害，那还谈什么教育呢？所以，父母不能为了孩子而引发夫妻间的"战争"。那么，孩子的教育问题，应该怎么处理呢？

在这里，笔者送给天下父母们两句金言：父母吵架对孩子造成的伤害远大于不妥的教育方法对孩子造成的伤害。父母的和睦完全可以弥补不妥的教育方法对孩子造成的伤害。也就是说，夫妻和睦是对孩子最好的教育。在此基础上，夫妻双方可以讨论更好的方法。

若双方意见不统一，一方（最好是丈夫一方）可以让步。若不恰当的教育方法给孩子造成了伤害，作出让步的一方可以对孩子这样说："我很心疼你，可是爸爸（或妈妈）这样做也是为了你好。我以后会给你弥补，好吗？"这样，孩子就不会受更大的伤害了。

我儿子从四岁开始学电子琴，更确切地说，应该是我妻子在儿子四岁的时候给他报了电子琴班。刚开始孩子学不好，经常摁错键，自己也觉得不耐烦，就不想练琴。我在媒体上经常看到父母"逼子成龙"的负面报道，所以主张孩子不想弹就不要逼他弹。但是我妻子坚决不同意，坚持让儿子继续练琴，弹错了就用铅笔打他弹错的手指。孩子在妈妈 "武力"的逼迫下，一边哭一边练琴，每次我看得都很心疼，埋怨妻子让孩子受苦。一次儿子练完琴之后，发生了一件我和妻子都意想不到的事情！儿子手里拿着铅笔，让我弹琴，弹错了就打我手指，就像他妈妈打他一样。当时我对"代替承担"（替别人承担犯错误的代价，详细内容在后面介绍）的研究开始成形，所以我就决定试一试，看这样对儿子学琴有没有帮助。我按照孩子的要求弹琴、挨打。大约过了一个月，我儿子弹琴开始熟练了，挨打的次数也减少了，自然也就不需要再打我了。虽然现在他偶尔也会偷懒，我妻子也还是会采用一些强硬措施让他练琴（比如不练琴就不让看电视等），但他从心里是喜欢弹钢琴的。有一天我问他要不要把钢琴退掉，他坚决不同意。

我们在前面强调的观点是"老婆比妈妈重要"。现在，我们要强调的是"老婆比孩子重要"。若一个男人具有这样的想法，那么他的家庭幸福可以保证80%。

9. 妻之错夫之过

读者看到"妻之错夫之过"这个标题是不是感到疑惑：这是什么意思？这句话的意思是，即使妻子做错了事情，也是丈夫的责任。

男人非常看重面子，尤其是在朋友面前，非常希望妻子（或女友）帮自己树立一个好形象。请读者试想一下这样的情景：丈夫邀请几个朋友到家里吃饭，结果妻子很不高兴，而且在朋友面前板着脸，每说一句话都带着刺……

是不是会让男人很难堪？

在这一件事情上，的确是妻子太过分了。但是，造成这个局面的根本原因在于丈夫平时没有好好对待妻子。这就是“妻之错夫之过”。那么，这位丈夫应该如何向自己的朋友交代呢？

1）我老婆脾气不好，你们不要介意！

2）我老婆今天心情不好，你们不要介意！

3）对不起，可能我有些对不住她的地方。你们不要介意！等我解决了我们之间的问题，我们再请你们吃饭。

若是第一种说法，他的朋友们可能会同情这位丈夫：他真可怜，怎么娶了这么个老婆！但是，他们觉得无法帮助这位丈夫！

若是第二种说法，他的朋友们可能会这样想：我们真倒霉，怎么他老婆偏偏今天心情不好！

若是第三种说法，他的朋友们可能会这样想：虽然我们今天倒了点霉，但是这个朋友确实不错！他敢作敢当！

等朋友们回去之后，这位丈夫可以向妻子发脾气。但是他若明白“妻之错夫之过”这句话的含义，那么他在发脾气之后会反省自己，积极地寻找解决问题的方法。

若丈夫有这样的想法，那么妻子会感到很幸福！若妻子做错了什么，丈夫应该告诉妻子她错在哪里，但是不能让妻子独自承担后果。

笔者有一位大学师弟叫许亮，他的妻子也是笔者的大学同系师妹。他们夫妻在2000年一起出国了。最近他的妻子回国，特意约笔者见面。她说：“谢谢师兄以前给他灌输‘家庭的所有责任应该由男人承担，就算我做错了，也是他的责任’的观念。他牢牢记住了‘妻之错夫之过’这句话。在我们的生活中，就算我做错什么，他也很少责怪我，就算他再生气，也只是对我发发脾气而已，事后还是说这件事由他来解决，他从来不会说这件事情是你惹出来的，你自己解决吧，而是主动地去承担相应的责任，这让我很有安全感。所以我们一直都很幸福。而且，我们也在用这个原理去帮助其他的家庭，大家都觉得很有效。”笔者听了这番话感到很高兴，觉得很有成就感。

那么，我是怎么让我师弟牢牢记住这个原理的呢？那时笔者对他说：“结婚后，你要承担有关两个人的所有责任，就算她做错了，也是你的责任，你得承担她犯错的代价。只有这样，你们才能过幸福的日子。”

师弟不解，问为什么。笔者说："你想得到你妻子的尊重吗？"他说："是啊！哪个男人不希望得到妻子的尊重？我当然也不例外。"笔者说："那你一定明白权利和义务是对等的，对吗？"他说："是啊！这个我明白。"笔者说："如果仅仅是你的错误你来承担，而她的错误还要她来承担，那么，她为什么要尊重你呢？"师弟觉得豁然开朗，说："对啊！我怎么没有想到呢？"

古人说"子不教父之过"，黄金思维说"妻之错夫之过"。老婆比妈妈重要，老婆比孩子重要，老婆比朋友重要。若一个男人具备了这样的想法，那么他一定可以家庭幸福。

10. 亲人要求并不高

亲人之间或者恋人之间的关系是很甜蜜也很微妙的。也许同样一件事，我们的说法不一样，产生的效果也会大不一样。笔者和儿子是关系相处得非常好的父子，但是自从笔者开始研究工作以后，工作时间越来越长，和儿子见面的时间也就越来越少。每天笔者都很晚才回家，到家后儿子多半已经进入梦乡，而早上儿子上幼儿园的时候笔者还没醒，所以有时候一个星期也很难见儿子一面。有时候会在家里赶一些稿子，这时候儿子总是兴奋地吵着要笔者和他一起玩，笔者总是很不耐烦地说："去去，忙着呢。"儿子只好悻悻地走开。

有一次，笔者很晚才回到家里，刚打开门，儿子就从房间里跑出来要把笔者推出去，说："出去，我不要你！"笔者很意外，一向乖顺的儿子为何今天有这么大反应？后来在家借宿的兄弟告诉笔者，儿子那天等了笔者很久才睡的，哪知道笔者那么晚才回来，那位兄弟说了一句让笔者印象深刻的话："没见过你这么当父亲的，一星期也不见儿子一面。"

这件事给笔者的触动很大，让笔者感到对儿子的关心是那么不够，所以心里总是充满了歉意。其实，不是说要像对待客户那样对待儿子，但是我们也不能以为自己赚了钱就了不起！不要以为，给了孩子钱，他就会幸福。亲情，需要像经营事业一样，精心呵护。后来，儿子又来找笔者玩，那时笔者正在忙着赶稿子，如果是以前儿子肯定会被喝斥一番。但是由于心里的歉意一直压抑着，所以笔者说："儿子，爸爸现在很忙，陪你玩三分钟怎么样？"儿子一听爸爸肯陪他玩，来了兴致，说："不行，五分钟。"笔者说："好。"其实笔者还是把注意力放在书上，和儿子玩了不到两分钟，儿子就自己走开了。

以后笔者经常确认自己是否给儿子造成了伤害，笔者会问儿子："你觉得爸爸爱你吗？"儿子说："爱。""爸爸陪你玩得多不多啊？"儿子回答说："不多，但是够了。"原来儿子不是对笔者陪他玩得少有意见，而是对笔者拒绝他的那种方式感到不满。现在的孩子比我们想象的要懂事得多，我们的一言一行他都会记在心里，然后在你意想不到的时候表露出来。所以说孩子是父母的影子，我们在孩子面前要时刻注意自己的形象，千万不能因为自己的心情不好而影响了孩子。

在我们的婚姻或者恋爱关系中，也许问题并不能像对待儿子那样哄哄就解决了，但是我们解决问题的方向是一致的。很多时候，恋人或者家人对我们的要求是很低的，他们也不会要求你做什么很难的事情，只是要你有那颗关心他们、爱护他们的心。当我们做得不够时，心里就会充满歉意。在与家人说话时，语气与神态都会传达出关心他们的信息，而这就是他们想要得到的。家人是我们事业的基础。一个幸福的家，可以帮我们洗去工作与生活中无限的烦恼与苦闷。当我们在事业上受挫、情感上受伤时，谁来给我们重生的力量？所以不要找任何借口或理由来作为不关心家人的支点，更不要把工作中的情绪带到恋人或者家人面前。

其实，在工作中也是如此。同事之间的要求并不高，往往只需要一句诚恳的表述而已。

11. 重视孩子的意见

不少孩子有这样的看法："每当我和爸爸的意见不一致时，他都以势压人，不让我说话，有的批评根本不是那么回事。"家长不允许孩子发表自己的意见，也不调查问题的来龙去脉，就一味地大发脾气，严格地说，这种做法是违背教育宗旨的。

现在就讲一件笔者和儿子的事。儿子上小学时，有一次笔者原来的老板要到外地分公司去当经理，他邀请笔者前去。笔者考虑到孩子在北京上学，自己也已经在北京安顿下来，所以就回绝了老板。那天回家后，笔者忽然想知道儿子对这件事的看法。儿子听完问："给多少钱？"看来现在的孩子都非常地现实，笔者就说了一个还过得去的报酬。他又问："多长时间回来一次？"由于那个地方离北京很远，笔者实话实说："最多一个月回来一次。"儿子听完立即就说："不行。"笔者知道儿子是嫌太远了，就笑着说："说得不错，就按儿子说的办吧。”儿子听完非常高兴。那天妻子回来儿子就迎上去与妈妈分享他的喜悦，说“爸爸都听我的”。

有位心理学家说过：“父母应该重视并尊重孩子的意见，即使父母和子女发生矛盾，作为长者，也应该让孩子把意见说完，并且要耐心地倾听。如果不等孩子讲完话，家长就主观臆断地下结论，必然会带来一系列的消极后果。尤其是，孩子的逆反心理将会表现得十分强烈。”每个人都希望别人尊重自己，孩子也不例外。父母只有尊重孩子，所说的话才会有影响力，何况在许多争论中，往往是孩子站在真理一边。

其实笔者早就自己决定不去了，但是笔者想让儿子知道爸爸很重视他的意见。后来，笔者把这件事告诉了儿子，儿子很调皮地说：“那你干吗还问我，真虚伪！”笔者告诉儿子：“首先爸爸想让你知道爸爸很重视你的意见；其次，虽然爸爸已经作出了决定，但是这个决定有可能改变，如果你支持爸爸去外地，爸爸就有可能改变自己的决定。”儿子听了，想了一会，笑着说：“你说得有道理。”

重视孩子的意见和尊重孩子的意见是不一样的。从词义上讲，重视孩子的意见重在过程，而不在于结果。父母需要重视孩子的每一个意见，同时也可以否决所有的意见。相比之下，尊重孩子的意见重在结果，而不在于过程。父母完全可以不去理解孩子的想法，也可以让孩子按照自己的想法去做。

在恋爱婚姻中也容易出现类似的问题。一般来说，男人重视结果，而女人重视过程。男人很容易想当然地认为女人会认同自己的意见，而忽略征求对方意见。若是这样，即使女人认同男人的意见，也会觉得男人忽略自己、不重视自己。

在工作中，上司追求结果，而员工则是希望自己的意见得到上司的重视。员工对上司重视自己意见的期待没有女人对男人重视自己意见的期待那么强烈，这是因为员工不敢有这样的奢望。若上司能重视员工的意见，那么员工会感到极大的满足。电视剧《突出重围》中的方司令员曾讲述了他的一个故事，他在给华野副司令员粟裕当警卫员时，在一次突围中，副司令员问他应该如何突围，年纪轻轻的他，就毫无顾忌地对当时的情况大加分析，副司令员听完就夸奖他：“很有想法嘛。”后来华野内部都在传方警卫员竟然给副司令员出谋划策。但是，他说：“其实粟司令早就有自己的想法了，但这并不妨碍他听听战士们的意见。”

很多员工（尤其是男员工）可能迫切地希望自己的意见被采纳，而碰到这样的情况就有可能生气，认为上司虚伪。但若是不这样，上司就无法向员工表示对他们意见的重视了。

12. 父母的知情权VS孩子的隐私权

孩子的隐私权和父母的知情权之间的矛盾是现代家庭的重要冲突之一。随着社会的发展，青少年的隐私权问题也受到越来越多的关注。不少教育学家都认为孩子虽然小，但也有自己的隐私，《未成年人保护法》也保护孩子的隐私权。但是，孩子在父母面前强调自己的隐私权。会让父母感觉不舒服。人们都知道，权利与义务的对等是人与人之间和睦相处的基础，父母与子女之间也不例外。如果孩子过分强调自己的隐私权，就会造成父母权利与义务的不对等，必然影响父母与子女的关系。作为孩子的监护人，父母要为孩子的行为负责，如果父母连孩子做了些什么都不知道，却要承担孩子行为带来的后果，这岂不是“哑巴吃黄连”吗？

笔者的孩子在上小学五年级时（2006年），有一次他写了一篇作文，不给笔者看，还说这是他的隐私。这让笔者感到非常意外，觉得孩子长大了。孩子出去的时候还特意嘱咐：“不许看我的作文！”笔者随口就答应了。过了一会儿，笔者感到非常好奇，于是不顾“绝不看”的承诺，看了孩子的作文，但是里面也没什么特别的内容。孩子回来后发现他作为记号放在稿纸之间的头发没有了，就知道爸爸偷看了他的作文。但他并没有生气，只是调皮地说爸爸说话不算数。笔者向孩子道了歉，告诉他爸爸实在想看，孩子也就没再说什么。过了些日子，笔者觉得这不是小事，于是和孩子交流了以下内容。

笔者：爸爸知道你有隐私权，但你知不知道爸爸也有知情权？

孩子：（愣了一下）什么是知情权？

笔者：你现在还小，爸爸要对你的一切行为负责。比如，你在外面打碎了别人的玻璃，爸爸就要赔偿。所以，爸爸有权知道你的一切，这就是爸爸的知情权。

孩子：哦……（点点头）也有道理。

笔者：你的隐私权是针对别人的，不是针对爸爸妈妈的。在爸爸妈妈面前你没有隐私权，你同意吗？

孩子：这是什么意思？

笔者：假如你病了，大夫问你吃了什么，你会不会告诉他？

孩子：当然要告诉他了，要不然怎么治病？

笔者：对。这就是说，患者在大夫前面是没有隐私权的。但是，大夫不能把你的情况告诉其他人。这就是说，患者的隐私权是针对别人的，而不是针对大夫的。明白了吗？

孩子：（点头）明白了。

现在最大的问题是，父母和孩子都只知道孩子的隐私权，而不知道父母的知情权。若父母给孩子按照上述原理晓之以理，孩子就算嘴上不承认，心里也会理解的。

从法律的角度讲，孩子对任何人都有隐私权，在父母面前也不例外。但是从比法律更高一层的道德的角度讲，父母唯有了解孩子的所想所为，才能更好地引导孩子成才。若父母不知道孩子的情况，法律不会责问父母，但是道德（亲戚、邻居）会责问父母：你们是怎么当父母的？

孩子在父母面前没有隐私权，这并不意味着父母可以不尊重孩子。父母为了在必要的情况下行使知情权，需要平时给孩子留下“父母很关心我、尊重我”的印象。笔者平时经常问孩子：“爸爸爱你吗？”孩子知道父母爱自己，就不会强烈地主张自己的隐私权。如果孩子实在有些小秘密不愿意告诉父母，父母与其采取强硬的方式获取孩子的秘密，不如耐心地等待孩子自己开口。这种等待会让孩子感受到父母对自己的尊重，从内心深处产生一种感激，自然就会放下自己的隐私权，心甘情愿地与父母分享自己的秘密。反过来，若孩子认为自己有隐私权，那么父母过问孩子的事情就会成为“罪”，更谈不上父母对孩子的关心，孩子也就无从感受父母对自己的尊重了。

如果父母强烈主张知情权，并采用强硬方法逼孩子开口，那么孩子可以对父母这样说：“我理解你们想了解我一切事情的心情，也知道我应该告诉你们一切事情。但是，我现在不想说，能不能过一段时间，我再告诉你们？”这样父母就看到了希望，不会再采取强硬措施，而是等待孩子自己开口。

现在，笔者的孩子已经进入中学阶段，到了认知自我的时候。有一次，笔者检查孩子的手机短信，发现有一条同学之间转来转去的短信，内容不太好，就把它删了（短信内容：“若你把这条短信发给十个人，就会得到爱情；若不转发，就会天天做噩梦”)。孩子知道后很严肃地对笔者说：“爸爸，你可以看我的短信，但是不要删它。好不好？”笔者很乐意地同意了。现在想起孩子的话，心里都想笑。笔者觉得对孩子的教育算是成功的。

最近，孩子在政治课上学到从2007年6月1日开始施行的《未成年人保护法》明确规定家长不得拆开、查阅孩子的日记和信件。于是，父子俩又有了下面的对话。

孩子：爸爸，你以后再偷看我的日记，你就违法了。

笔者：爸爸不是偷看，而是光明正大地看。爸爸有知情权，你忘了吗？

孩子：我不想给你看，你怎么办？

笔者：既然爸爸有知情权，那么爸爸想看的时候，你就得给我看。《未成年人保护法》只是规定家长不能偷看，而没有规定家长不要（能）看，也没有规定孩子应该（可以）拒绝父母的要求吧？

接下来的对话，读者想想就可以知道。

13. 恋人之间的知情权和隐私权

恋人、夫妻之间同样有隐私权和知情权的问题。若这个问题处理不好，很容易给爱情造成伤害。

在北京读研的贺强同时认识了两个女孩，一个是在北京读研的周丹，另一个是在上海工作的牛萍。经过半年多的交流，他最终选择了北京的周丹，自己也在北京找了工作。但是贺强并没有马上和上海的牛萍断绝来往，因为他们以前就是以普通朋友的身份交流的。贺强还为牛萍的工作提了一些建议。

又过了半年，周丹在贺强的电脑上发现了贺强和上海牛萍的聊天记录。周丹知道贺强的为人很正直，所以当时她也没在意。第二天，她产生了强烈的好奇心，很想知道贺强和其他女孩子到底说了什么话，于是她再次打开贺强的电脑找那一份聊天记录，但是已经找不着了。她非常生气，觉得贺强和那个女孩子肯定有暧昧关系。贺强一方面觉得有口难辩，另一方面觉得周丹太过分，不尊重自己的隐私权。于是，他找到了笔者询问应该怎么处理这件事情。

贺强：老师，恋人之间不应该尊重对方的隐私吗？

笔者：你希望她和你一起度过一生吗？

贺强：我希望！

笔者：那么你在她面前就没有隐私权。

贺强：那是为什么呢？

笔者：恋人，是未来的夫妻。无论两个人碰到什么问题，都需要共同面对，而不是一个人面对。你主张自己的隐私权，就等于把周丹拒之门外。

贺强：这我没有想到。

笔者：患者的隐私权是针对别人的，而不是针对大夫的。同样，你的隐私权是针对别人的，而不是针对周丹的。周丹有权利知道你的一切，但是她不能告诉别人，这就是你的隐私权。

贺强：明白了。不过，在我们的聊天记录里虽然没有什么过分的内容，但是我还是说过一些赞美她的话，她也说了很多暧昧的话。周丹看了之后会生气，我也很难解释。这怎么办？

笔者：所以你就删了文件？这样不让周丹更怀疑吗？

贺强：现在就是这样。所以我来求助你。

笔者：既然她知道那个聊天记录的存在，就让她看吧。你做好她生气的准备，不用多作解释。过几天，她就会理解你。

贺强：会这么简单吗？

笔者：不会那么复杂。若过了几天她还生气，我们一起再想别的办法。

贺强：好的。还有一个问题，我觉得上海的那个女孩子还是需要我的帮助，我该怎么办？我们之间不能有友情吗？

笔者：若周丹同意你和她继续交流，那就没有问题。但是，我觉得周丹不会那么大度。你最好是让周丹去帮助她。这样就不会有问题。这样你们就可以成为好朋友。

14. 先置死地而后生

苏建刚结婚不久，他的妻子就已有八个月身孕了，两人都沉浸在新婚和期待宝贝的欢乐中。苏建是一名基督教徒，在婚姻上的观念很保守，他可以和其他女性保持正常的来往或交流，但是从来不说过火的话，也不开暧昧的玩笑。

那时候，苏建被提拔到另一个部门去当经理。苏建赴任第一天就发现一位女同事特别漂亮，以致他几乎没心思干活，一有机会就偷看她。第一天就这样过去了。

苏建晚上回家以后，满脑子还是那位女同事的漂亮形象。他自己都无法理解自己为什么会这样。看到怀上自己孩子的妻子，他感到非常内疚、自责。他很想摆脱脑海里女同事的形象，但是越想摆脱，却越摆脱不了。他觉得自己已经束手无策了。

但是苏建信奉一条很保守的规则，那就是：无论遇到什么问题，夫妻双方都需要沟通。于是，在睡觉之前，他鼓起勇气和妻子说了白天和晚上的情况。结果可想而知，他的妻子暴跳如雷，又哭又闹，又打又骂……苏建那晚虽然很不好过，但他觉得完全可以理解妻子的行为。而奇妙的是，他说出心中的秘密之后，女同事的形象就完全从他的脑海里消失了，就像从来没有见过她这个人一样。这是苏建万万没有想到的结果。第二天，苏建虽然觉得那位女同事还是那么漂亮，但是已不能再吸引他的眼球了。到了第五天，苏建的妻子也恢复了平静，对丈夫表示了理解，一场危机就这样过去了

过了两年，苏建的婚姻出现了严重危机，若没有孩子，他们早就离婚了。那个时候，苏建发现自己的眼神在有意无意地注意身边的女孩子，心里幻想“若换一个女人会不会更好”。苏建察觉到这个现象以后马上和他妻子说了。他的妻子本来心情不好，听到苏建的话以后更生气，觉得很受打击。尽管如此，一段时间之后，他们的婚姻却奇妙地渡过了危机。原来有些看似很难解决的问题，通过夫妻俩及时的沟通，竟产生了如此奇妙的结果。虽然沟通的当时妻子很生气，反应很强烈，但是只要把问题说清楚了，只要两人相互信任，就会共同谋求解决问题的方法。

又过了几年，苏建在一次朋友聚会上认识了一个女孩子 W。W 有事没事总给苏建打电话，甚至找一些理由让苏建帮自己的忙。苏建的妻子靠女人特有的敏感察觉 W 对苏建的态度很暧昧，于是问苏建到底怎么回事。苏建回答说：“我不知道她怎么想，但是我对她没有别的意思。我只是把她当做一个像妹妹一样的普通朋友。”苏建的妻子听了之后说：“若你这么想，我就放心了。”后来，苏建的妻子主动去找 W，真诚地希望她理解自己，并且要求她和苏建保持距离。W 表示了理解，再也没有找苏建。

后来，苏建和他的朋友们谈起自己的经历。有些朋友说他太傻，有些朋

友骂他太“残忍”，有些朋友则很佩服他。苏建对他们说：“我傻也好，残忍也罢，但我解决了婚姻危机。”

在现代社会里，男人面对的诱惑很多。当某种欲念在心底悄悄萌发的时候，若是保持沉默，它就很有可能在心里慢慢发展壮大；若是坦率地与妻子言明，萌芽仅仅是萌芽，说出来才会发现不过是这么回事，怎么抵得上相濡以沫的夫妻感情？

在上面的例子里，苏建觉得“束手无策”了，这种时候应该与妻子积极沟通。面对这种情况若是能自己解决，那自然是保持沉默的好，因为多一事不如少一事嘛。有句话说，把快乐与人分享，快乐会增倍；把痛苦与人分担，痛苦会减半。与这个道理类似，当丈夫遇到难以解决的威胁夫妻感情的事情的时候，若是能拉起妻子的手，共同面对，那么绝大部分的难题都会很容易解决。俗话说得好，夫妻同心，其利断金。

假如，当时苏建没有把自己心中的秘密告诉妻子，那么现在的结局会怎么样？请读者想一想。

15. 值得嫁的男人

27 岁的漂亮女孩陈莉在学习 TOFEL 期间认识了英俊潇洒的刘罡。刘罡比陈莉大五岁，在一家知名跨国企业的技术部门工作。两个人都觉得很谈得来，虽然没有正式提到婚嫁的事情，但是两个人心里都明白互相喜欢对方。一年后，陈莉被一所美国大学录取，留学签证都下来了。刘罡英语不好，而且已经在国内有了让很多人羡慕的工作，让他出国就像让老虎下海捕鱼一样，所以刘罡不可能和陈莉一起去留学或者陪读。而陈莉若出国留学，至少需要3～5年，已经33岁的刘罡等不起陈莉。陈莉也知道自己年龄不小了，而且觉得刘罡是很不错的人生伴侣，她不想错过这么好的男人，但是又觉得获得出国的机会不容易，怕自己以后会后悔。陈莉感到很矛盾，就把自己矛盾的心理告诉了刘罡，问他自己该怎么办。刘罡也很矛盾，既想留住陈莉，又想让她圆多年的留学梦。刘罡考虑了三天，最终决定让陈莉自己选择："我希望你留下来，但是你自己决定吧，我尊重你的选择！"最后，女孩子带着无限的留恋出国了。

陈莉出国以后的情况我不得而知，但是刘罡对这段恋情感到非常惋惜。他安慰自己：这是陈莉自己的决定，我无能为力。他觉得是自己没有和这个女人在一起的福气。

那么，他真的没有这个"福气"吗？不是的。其实他完全可以留住陈莉，只是他的做法给陈莉传达了错误的信息，才会造成后来的结果。我们来分析一下刘罡的话。

刘罡说："我希望你留下来，但是你自己决定吧，我尊重你的选择！"请问，陈莉听到这样的回答以后会怎么想？她会觉得刘罡很尊重自己吗？不会！她会觉得刘罡把"球"踢回来！正如前文所讲到的"说得对但是没有用"。她对刘罡的回答很可能这样理解："我也不知道你（我）该怎么办。我帮不了你。"她会觉得自己在刘罡心里的分量不够重。事实上刘罡想表达的是他很重视陈莉，在他心里陈莉占着很重要的位置。他的话原意是："我不希望勉强你，我应该尊重你本人的意愿。我希望你自己作出留下来的决定。"但是陈莉没有理解到这样的信息。

刘罡不知道的是，在恋爱中，重要的决定（即使是关于女孩自己的事）也应该由男孩子作出。尤其在这样的大事上，女孩子总是希望男友为自己拿主意，这是由女孩子的天性决定的。在一次笔者给世界知名企业员工的讲课中，有些男学员曾提出过这样的问题，"这样的男人是否太霸道太过大男子主义了？"但是在场的女学员的反应并不是如此，她们觉得在这样的大事上应该由男人作决定，但是也不能忽视女人的意见。这时候如果男人拿不定主意（尤其在未来存在较多不确定因素的时候），她们会觉得这样的男人无能。所以说，大男子主义和在大事上男人拿主意是两回事。那么，男人怎样既尊重女人的意见，又能自己作出决定呢？请看下面这段对话：

陈莉：我现在感到很矛盾，我已经拿到通知书了，你说我该不该走？

刘罡：我现在郑重地向你求婚，你别走！

陈莉：那我的留学通知书怎么办？

刘罡：让它见证我们的幸福吧。

陈莉：你能让我幸福吗？

刘罡：当然！我没有把握，能向你求婚吗？

陈莉：万一我以后后悔没有留学怎么办？

刘罡：留下之后如果很幸福的话，你还会后悔吗？

陈莉：我不知道。

刘罡：我保证你不会后悔。

陈莉：你怎么保证啊？如果你将来觉得我们不合适怎么办？

刘罡：既然上天让我们走在一起了，就没有合不合适的问题。以后就是怎么解决冲突的问题了，无论是什么样的冲突，我都有办法解决。

陈莉：你真的有这个把握？

刘罡：有。

陈莉：凭什么？

刘罡：不幸的家庭各有各的不幸，而幸福的家庭都有共同的特点，那就是老婆比妈妈重要，老婆比孩子重要，老婆比朋友重要，老婆比什么都重要。还有，我深信“妻之错夫之过”这句话。

陈莉：哦？什么意思？

刘罡：……（解释前面的内容）这样，你还有什么不放心的？

陈莉：我脾气不是很好，你受得了吗？

刘罡：和你相处一年多的时间，我还不知道你的脾气？我相信你和我在一起，脾气一定会变好的。

陈莉：江山易改，本性难移。万一我的脾气变不好怎么办？

刘罡：你是女人，永远都是女人，这才是“本性”。你的脾气是在后天的生活过程中形成的，怎么可能变不好呢？

陈莉：你真相信我的脾气那么容易变好吗？

刘罡：我没说你的脾气很容易变好，而是说你的脾气一定能变好。若你的脾气那么容易变好，怎么能显出我对你的爱，对不对？

陈莉：这倒也是。若我很长时间坏脾气没有改善，你不会对我产生厌倦吗？

刘罡：既然我相信你一定能变好，就不会产生厌倦。但我也是凡人，你耍脾气的时候我可能生气，希望你能理解我。这可以吧？

陈莉：若我不理解怎么办？

刘罡：那我可以找你父母诉苦。诉完苦之后，还是回来爱你。

陈莉：你真的那么爱我吗？

刘罡：你放心，我会让你幸福。

陈莉：大家都说爱情的感觉最多能维持两年，最短的都不到两个月，甚至在蜜月的时候都离婚。你不会这样吗？

刘罡：那我就更有说的了……（讲解前述内容）

如果刘罡这么回答陈莉，那最后的结果是不是会很不一样呢？这样的对话，刘罡既考虑到了陈莉的意见，又替陈莉在重大问题上作出了决定，对未来生活表现了充分的自信，而且这个自信是有根有据的。在工作中，我们和别人合作研发某项目时确实需要提醒对方："这个项目也许前景很好，最后获利颇丰；也许失败，给大家带来巨大损失。因为世界上没有100%的保证。"但是，在婚姻关系中，这种看似替对方着想的"顾虑"是绝对不能有的，男人必须百分之百地保证，没有任何万一的情况，我和你在一起是天造地设的。

刘罡能否让陈莉心服口服地相信自己，不能光靠三寸不烂之舌，同时也要看他是否真那么想，他需要彻底理解本书的内容。若他自己不那么想，即使说出了上面的话，也不会让陈莉觉得心里踏实。这样的黄金思维不是一朝一夕培养出来的，而是需要很长时间的点滴积累。

刘罡这样说，陈莉就一定能留下来吗？不一定。因为，陈莉能不能相信刘罡的话不仅取决于刘罡说了什么，而且受她的教育背景、成长经历等各种因素的影响，就像前述例子中怀疑男友的小娟一样。但是从刘罡本人的角度来说，他该做的都已经做了，这才是最重要的。

在这里我们顺便说一件事情：绝大多数女人会把家庭放在首位，幸福的家庭是女人最大的愿望。假如把美满幸福的家庭生活与成绩卓著的工作位置让一个女人选择的话，即便是成绩卓著的女强人也会选择前者的。

16. 帮助朋友教育孩子

张雷是笔者的铁哥们儿。张雷和他的妻子因为工作需要，把刚出生的儿子源源寄养在父母家里，直到儿子 7 岁时才接回来。虽然他们以前经常去看孩子，但是和孩子相处的时间毕竟不多，所以张雷把孩子接回来以后，他们父子之间出现了很多问题。一次，张雷和笔者一起带着孩子去打网球，源源在一旁不甘寂寞，吵着要和大人们打球，张雷软硬兼施、连哄带吓都不管用。相比之下，笔者的孩子就没有那么闹。张雷对孩子逐渐失去耐心，冲儿子大声喊叫的次数越来越多，父子之间也经常为了一些小事产生冲突。

张雷十分担心孩子以后不听话，不好管。笔者对张雷说："就这一件事情来说，确实是孩子不听你的话，但这是由你们俩以前没有和孩子生活在一起，孩子没有充分体会到你们的爱造成的。以后他感觉到了你们的爱，就会听话的，你不用担心。"

有一次，张雷一家和笔者一家聚会。在聚会上，张雷的儿子又不听他爸爸的话，气得张雷差点儿动手打儿子。等到事情平息之后，笔者对张雷的儿子说："源源，以后你爸爸若冲你说什么或冲你喊什么，就算你觉得委屈，你也要先听爸爸的话，然后告诉叔叔，叔叔再好好和你爸爸谈，好吗？"源源听了笔者的话后得到了很大的安慰，向笔者点了点头，脸上的表情就像找到了靠山一样。过了一会儿，源源很认真地对笔者说："叔叔，你能告诉我你的电话吗？"笔者也很认真地告诉了他。

张雷听到笔者和他儿子的谈话以后深受触动。这件事情之后，笔者明显地感觉到张雷对孩子的脾气小了很多。源源从来没有向笔者告过他爸爸的状。现在张雷和他儿子的关系非常融洽。

孩子不听父母的话，不能简单地认为这是由于孩子不乖造成的。大多数情况下，由于父母教育孩子的方式不合适，孩子因为感觉不到父母的爱才会表现出那些不乖的行为。当孩子不听父母话的时候，不能采用简单、粗糙的教育方式，而应该拥抱孩子、亲吻孩子，告诉孩子"我爱你"。这样孩子就会觉得父母是爱自己、重视自己的，当然就愿意听父母的话了。

父子之间的矛盾达到一定程度以后，想要解决问题可能需要第三方的介入。实际上，第三方不一定能起到实质性的作用，但是他可以起到很重要的作用。在解决家庭问题上，绝大部分人一生也许都不会去一次法院，但是若没有法院，绝大部分问题就得不到妥善的解决。笔者在张雷父子之间起到了这样的作用。

17. 信子成龙

鲍春先生的孩子读小学四年级，学习很不用功，因此成绩很一般。他干什么都喜欢拖拖拉拉，就算是学习，也是三分钟倒一次水，五分钟去一趟厕所。鲍春先生和妻子望子成龙心切，对孩子连哄带骂，想尽了一切办法都无济于事。下面是笔者和鲍春先生的对话。

笔者：孩子不好好学习可能有很多原因，其中最重要的原因应该是孩子没有信心。

鲍春：什么信心？

笔者：就是“我若现在用功学习，就能学好”的信心。请你想一想：若孩子认为无论自己怎么学习都不可能学好，那么孩子会用功学习吗？请你站在孩子的立场上想一想。

鲍春：（想了一会儿）这不容易。

笔者：反过来，若孩子认为用功学习就能学好，也就是说孩子认为自己的投入可以获得回报，那么他就会用功学习。对不对？

鲍春：对。那怎么让孩子有这样的信心？

笔者：孩子的信心，多半来自父母。换一句话说，你若相信孩子能学好，孩子就会认为自己能学好。

鲍春：孩子现在都成这个样子了，我怎么相信他能学好？

笔者：正是因为孩子现在成这个样子了，所以才需要父亲的信任。若他已经都学好了，还需要你相信他吗？

鲍春：（想了一会儿）言之有理！

笔者：别人相信你的孩子能学好，是因为看到了你孩子的学习成绩；而你作为他的父亲，也是看到孩子学好了才相信他能学好，那么你这位父亲和别人有什么区别？

鲍春：那我该怎么相信他？

笔者：你要相信他现在能学好，就算现在学不好，上了初中、高中以后也能学好。

鲍春：他小学没有学好，怎么可能在初中、高中学好呢？

笔者：我针对清华、北大的学生做了小规模的调查。约有30%的人，在小学、初中时期学习成绩并不怎么好。

鲍春：你说得也有道理。其实我自己在小学的成绩也不怎么样（鲍春自己毕业于我国某重点大学）。

笔者：很多家长误以为小学、初中的基础决定高中成绩，若真是小学、初中的基础那么重要，那岂不是小学、初中就几乎决定了一个人的一生吗？其实决定初中、高中学生成绩的关键因素是信心，而不是小学、初中的基础。

鲍春：我从来没有这么想过。

笔者：你现在能认识这一点，就为你相信孩子以后能学好奠定了重要的基础。

鲍春：我认识这一点就可以吗？万一孩子还是不努力学习怎么办？

笔者：你问得很好。万一孩子不努力学习，你就陪孩子玩玩，玩的时候对孩子说爸爸相信你能学好。这样就可以。

鲍春：就这么简单吗？

笔者：你若从心里相信孩子能学好，那么在看到孩子想玩的时候就不会显得那么着急，你的孩子会从你的语气和表情中感知你对他的信心。过一段时间，你的孩子会建立信心。

鲍春：我的孩子建立这样的信心大概需要多长时间？

笔者：我估计不会超过一年。即使一年以后孩子没有建立这样的信心而想放弃的时候，你也不能放弃。这样，再坚持一两年就可以解决问题了。从理论上讲，你要做好一辈子这样相信孩子的准备。因为无论孩子有没有这样的问题，都需要父母的信任。

鲍春：我能理解你的意思。

笔者：若你以后对孩子缺乏信心，就不要折腾孩子，而是来找我。我会帮助你建立对孩子的信心。

鲍春：谢谢！

大约过了半年，鲍春的孩子基本上建立了对学习的信心，成绩也明显地提高了。笔者认为，“信子成龙”的方法不仅适用于小学生，而且适用于初中生和高中生，甚至对大学生和大学毕业之后的青年也有重要的作用。

教育可以分为知识和人格（人际关系、自信、责任感等）两个部分。作为教育的实施主体，学校可以在传授学生知识方面发挥重要作用，而在培养人格方面所能起到的作用就非常有限了。这是因为，学校的培养模式针对的是学生整体，所运用的教学手段不可能针对某一个体的学生。而人格的培养需要对每一位学生进行长期、点滴的渗透式、模范式培养，只有父母才能承担这个义务。

然而，可惜的是很多父母还不知道对子女人格培养的重要性，而且由于目前仍然以高考来决定学生能否进入理想的高校学习，造成大部分父母只知道学习成绩的重要性。于是，若孩子学习成绩较好，很多父母就认为是万事大吉了，很少主动关注孩子的人格培养；若孩子的成绩不理想，父母大多会走两个极端：其一是逼孩子学习；其二是放弃，不奢望孩子能学好。前者的结局是，不仅孩子的学习成绩没有提高，而且造成亲子不和，阻碍孩子人格健康成长；后者结局是，虽然亲子关系没有恶化，但是孩子的学习能力受到很大限制，若孩子没有其他特长，就很难培养孩子的自信和挑战精神，对孩子的人格成长很不利。

即使一部分父母明白人格培养的重要性，但是由于欠缺培养孩子人格的知识和方法，而将人格培养这个本属于自己的责任推给学校和社会。

笔者深信，“信子成龙、信女成凤”的教育方法可以一箭双雕，既可以提高孩子的成绩，又可以培养孩子健康的人格。健康的人格表现在如何正确处理人际关系上，而在人际关系中最重要的是信任，孩子若在父母的信任中成长，那么他的人格一定会很健康。

我们在第一章（工作中的黄金思维）中提到了具钰作为组长带领团队的故事。具钰需要的黄金思维就是相信组员能做好工作（因为他和其他组员可以帮助这位组员），即使他做不好现在的工作，以后可以做好其他工作。若具钰从小在父母的信任中成长，那么让他相信自己的组员会是一件很容易的事情。

最后，笔者想谈谈孩子学习成绩的重要性。“重要”一词不是绝对的，而是相对的。也就是说，成绩对一些东西是很重要的，而对另一些东西是不重要的。具体地说，孩子的学习成绩对未来生活不是很重要，但是它可以看成孩子的“工作”结果，这时它是很重要的。就像一名员工接受了一项工作，无论这个工作对未来产生什么影响，他都要出色地完成任务一样。所以，黄金思维不仅不否认孩子学习成绩的重要性，而且主张通过“信子成龙、信女成凤”的方法提高孩子的成绩。

18. 让爸爸成为你的朋友

无疑，父母对我们每一个人都是十分重要的人。父母之所以重要，不仅因为他们给了我们生命，更因为他们对我们的心灵成长起着极其重要的作用。

国外一家专业机构针对部分大学生做了一次问卷调查，让他们写出对自己伤害最大的人。结果80%的人认为自己的父母对自己造成的伤害最大。这让人感到很意外，不过这似乎也在情理之中。

伤害我们的人，往往都是离我们最近的人，因为离我们很远的人是无法伤害我们的。父母是离我们最近的人，所以他们伤害我们的可能性最大。

父母做了很多不该做的事情（比如打骂）。以前的父母不知道“信子成龙”，只知道“棍棒底下出孝子”，很多父母望子成龙，却演变成“逼子造反”……让有些年轻人和父母之间产生很大的矛盾。

还有很多父母，很多该做的事没有做。比如，对孩子说“我爱你”，也没有用其他方式表达自己的爱。很多年轻人和父母之间虽然没有什么很大的矛盾，但是却无话可说，这就说明虽然他们心里爱父母，但是不会表达，这就是情商不高的表现。在朋友交往、恋爱婚姻家庭、工作中的同事关系中也有可能出现同样的问题。

黄金思维的重要思路，就是改善与父母之间的关系，学会表达情感，提高情商。为了实践这个思路，笔者找了几位在校大学生志愿者，实践上述思路，杨健就是其中的一位。

下面是笔者和杨健的对话。

笔者：你和你父母的关系怎么样？

杨健：还可以，没有什么矛盾，但是和爸爸没有什么话可说。我每次跟他通电话，都只能是互相问问好，然后就找不到话讲了。

笔者：为什么不讲讲你的学习你的生活，还有你和女朋友分手，可以问问爸爸的意见嘛！

杨健：我爸爸不了解我，我讲不下去……就算我说了，他也帮不了我。

笔者：你不讲，他更不了解你；你不说，他也更帮不了你。这不是恶性循环吗？

杨健：是啊。可是我有什么办法？

笔者：这是人生一大遗憾。若一定要打破这个恶性循环，那么你觉得应该谁主动？是你先和你父母讲，还是你父母先理解你？

杨健：那只能是我先讲了。可是有时候他说的话让我很不舒服，比如我说我最近学习没状态是因为情绪不太好，他就直接说我找借口。

笔者：我觉得，你跟他谈事情之前先交流感情更好。有了感情基础，谈事情就会更容易。

杨健：怎么交流感情？

笔者：你爸爸对你说过"我爱你"吗？

杨健：从来没有。这都是西方人的习惯，中国人哪有这个习惯？

笔者：说"我爱你"是交流感情的基础。你是现代大学生，可以带动你爸爸学会交流感情。你能对你爸爸说"我爱你"吗？

杨健：太别扭了。

笔者：那你先发短信，可以吗？

杨健：这倒是可以。然后呢？

笔者：你爸爸会有反应。

杨健：我很难想象我爸爸作出什么反应。

笔者：你爸爸也许说"我也爱你"，也许觉得很奇怪。但是，我同样作为一名父亲可以告诉你，你爸爸会感到很高兴。

杨健：若他什么反应都没有呢？

笔者：那你就对爸爸说："我也想听你的心里话。"

杨健：若我爸爸说，爱在心里，不用说呢？

笔者：你可以说，爱是需要说出来的。我现在很想听，这对我的成长很重要。你这样说，你爸爸还会不说吗？你可以这样慢慢引导你爸爸。

杨健：这很重要吗？

笔者：当然很重要。表达自己的情感是情商的重要内容。你说重要不重要？

杨健：可以理解。

笔者：还有一点很重要，若你和爸爸可以这样交流感情，那么你工作以后就不会怕你的上司，尤其是和你父亲年龄差不多的上司。

杨健：有点意思。

笔者：你跟你爸爸诚恳地谈谈，告诉他你需要他的体谅，告诉他你在谈恋爱、找工作等事情上碰到困难的时候需要他的理解、支持和帮助。你爸爸那么爱你，他会认真对待你的话。

杨健：万一他说你已经长大了，需要自己处理呢？

笔者：你可以回答，我有能力自己处理，若有你的帮助，就会更有信心，更有能力。这两者并不矛盾。

杨健：好。我回去一定跟我爸爸谈谈。

笔者：除此之外，你还可以跟爸爸谈很多内容，比如信子成龙、如何看待个人在婚姻家庭中的责任……很多很多。这样还怕没有什么交流的内容吗？这样，你就可以和爸爸成为朋友了！

杨健：明白了。

笔者：若你和你爸爸沟通的时候有什么问题，随时可以找我。我们一起想办法。

年轻一代有时候容易过度关注自己，而很少想到自己的长辈。若是年轻一代有什么问题，都能够主动跟长辈交流，比如信子成龙、如何看待个人在婚姻家庭中的责任之类的话题，既能让长辈觉得被重视，又会因为感觉到孩子长大成熟而无比欣慰。而年轻一代既能从与父母交流感情中感受到温暖，又可以听到好的经验和建议。

这样的做法，对于上下两代人，是双赢的结果，何乐而不为呢？

其实，在夫妻之间也有缺乏交流内容的问题，尤其是结婚多年的老夫老妻，正如前述例子中的郑涛和文蕊一样。父母和孩子之间的交流内容，同样可以成为夫妻之间的交流内容。

■总结

恋爱婚姻家庭幸福是生活幸福的真谛，它是一个人灵魂和肉体的安息之处，而工作和朋友交往则是外在的风光。

无论是男人还是女人，都不是完整的一个人，他们只是“半成品”，只有和另一半结合在一起，才能成为完整的一个人。

恋爱婚姻家庭幸福不是从天上掉下来的，也不像“互相理解、互相迁就”那么简单就能得到的。它也有自己的科学规律。这规律就是“相信自己和对方（配偶、子女）都会变得越来越好”。只有我们掌握好这些规律，才能实现恋爱婚姻家庭的幸福。

有一位读者提出了这样的疑问：这里的故事和黄金思维都是以男人为主，这是为什么？原因很简单，因为女人可以依靠男人，而男人需要自己想办法解决问题。

恋爱婚姻家庭不仅是工作的大后方，而且是培养工作能力的重要平台。若在恋爱婚姻家庭中能培养“相信亲人”的思维方式，那也会对工作产生非常重要的积极影响。

第三章 人际交往中的黄金思维

人际交往是生活中必不可少的一部分。多一个朋友多一条路，这是人人都知道的道理。人际交往能力是团队合作能力的重要基础。

每个人都有过帮助朋友的经历。对于朋友的帮助，有些人不仅表示感谢，而且想方设法给予更大的回报；有些人嘴上表示感谢，心里却不想回报；有些人不仅不想回报，而且连感谢都没有，把朋友的帮助当做应该的；有些人不仅没有感谢，甚至以恶报恩，伤害帮助过自己的朋友。在上述四种情况中，除了第一种情况能使人际交往更加牢固之外，其余三种情况都会伤害人际关系。可悲的是，从大家的亲身体验来看，出现后三种情况的现象远远比第一种情况多。

另外，每个人都有过接受别人帮助的经历。有些施助者给受助者提出过分的要求，使受助者深感“吃人家的嘴短，拿人家的手软”。

所以，人们虽然知道“多一个朋友多一条路”这个道理，却不敢轻易地帮助别人，也不敢轻易地接受别人的帮助。

下面我们讲一些例子说明朋友交往中的黄金思维。

1. 亲身说法

1993 年，笔者刚大学毕业不到一年，对生活充满了热情，崇尚互相帮助的人生观。在一次朋友聚会上认识了刚到北京做小本生意的李山，并成为朋友。大约过了半年，李山在进一批货物时资金周转出现了困难，就向笔者借了 10000 元。因为笔者崇尚助人为乐的人生观，所以毫不犹豫地答应帮助他。但笔者自己没钱，于是向其他好朋友借了 10000 元给了李山。过了一个月，李山因为笔者另一个朋友的过错而赔本，无力偿还笔者的钱。后来，李山没有留下一句话就离开北京，之后就杳无音讯。

在当时，10000 元对笔者来说不是小数目。笔者没有想到李山会赔本，更没有想到李山会不辞而别、无影无踪。笔者可以理解李山没钱还债，但是希望李山堂堂正正地说一句："对不起，我现在无法还钱。但是你放心，我以后挣了钱会还给你。"若是这样，笔者心里就会好受一点儿，还有个盼头。很可惜，李山没有这么做！

读者可以想象当时笔者的心情吧！笔者骂李山没有良心，恨自己帮了一个不值得帮的人（坏人），埋怨让李山赔本的朋友，后悔自己太天真，最后只能安慰自己就算是花 10000 元买了一次宝贵的教训。但是，每当笔者想起这件事情就有说不出的滋味。毕竟在当时，10000 元的代价对笔者来说太大了！

其实，这件事情给笔者的损失远不止是 10000 元。一朝被蛇咬，十年怕井绳。经历了这件事情之后，笔者有意无意地在琢磨其他人是不是好人、是不是值得帮助的人。结果，笔者几乎找不到让人放心的好人和值得帮助的人，因为笔者不可能对他们知根知底。

笔者考虑过"害人之心不可有，防人之心不可无"。防谁呢？我们不需要防备那些不认识的人，因为他们没有机会伤害我们。我们需要防备的就是我们周围认识的人。但这样会给周围的人什么感觉？有些人说朋友不能不信，也不能全信，要掌握好"度"。但是，这个"度"就像立鸡蛋一样，只有理论上的可能性，没有实际可操作性。

这样，笔者原来崇尚的互相帮助的人生观在不知不觉中进入了混乱状态。1995 年笔者开始从事自由职业，利用业余时间阅读大量书籍，深入研究人际关系。1997 年，《圣经》里的几句话引起了笔者的注意："立志行善由得我，只是行出来由不得我。""我所愿意的善，我反不做。我所不愿意的恶，我倒去做。""我之所以不能行善，不是因为我自己不愿意行善，而是因为罪借着诫命引诱我，让我继续犯罪。”按照常理说，人们做坏事，是因为他不想做好事，是因为他内心邪恶，喜欢做坏事。而按照上述《圣经》的内容来说，人们做坏事，不是因为他愿意做坏事，而是因为罪借着诫命引诱他做坏事。笔者怎么也想不明白这句话到底是什么意思。这些似懂非懂的话，让笔者深感人性的玄奥。

＊ 原则的副作用

1999年，笔者在一次偶然的机会中，突然明白了上述话的意思。举例来说，有一位饿汉进入一个居民楼进行偷窃，被这家主人发现，饿汉随手拿起菜刀乱舞，无意中砍死了主人。等他清醒过来，发现屋里还有一个小孩子在看着自己，心里想：“杀一个是死，杀两个也是死……”于是，他又去杀了那个孩子。这样他就走上了一条不归路，成为了杀人恶魔。他杀一个人是因为饥饿引起的失误，但是杀第二个人却是因为知道自己逃脱不了法律的制裁，而不是因为他愿意杀人。

我们再举一个生活中比较常见的例子说明上述观点。一个人因为种种原因撒谎，就会被人们认为是“骗子”，人们也往往不愿意和这样的“骗子”来往。这个人受到这样的惩罚之后，就会想：“反正我已经是‘这样的人（骗子）’了，多一次不多，少一次不少。” 即便别人都不知道他骗了人，他的良心也会给自己一个定性结论——我就是一个骗子。心理学称这种定性结论为“标签”。人们给自己贴上这样的标签之后，会在以后没有必要撒谎的时候也撒谎。若别人问起他为什么撒谎，他可以给别人一个“非常合理”的理由——我本来就是骗子。

现在我们再看“人们做坏事，不是因为他愿意做坏事，而是因为罪借着诫命引诱他做坏事”这句话。上述两个例子中的杀人犯和骗子都不愿意继续杀人和骗人，但是他们已经犯下的杀人罪和欺骗罪，借着“杀人偿命”和“骗人者应该受罚（人们称他为骗子，不愿意和他来往）”的诫命引诱他，给他贴上“杀人犯（骗子）”的标签，对他说：“你已经是杀人犯（骗子）了，多一个（次）不多，少一个（次）不少。”所以，他们就继续杀人、骗人。

人们制定杀人偿命的法律，目的是为了遏制杀人；人们崇尚诚实的道德标准，目的是为了遏制骗人。法律和道德对还没有犯错误的人有威慑和预防的作用，但是对已经犯了错误的人却有促使他继续犯错误（无法行善）的副作用。除了法律和道德之外，人与人之间的约定、良心等一切行为规范都可以统称为原则，这些原则都有这样的副作用，笔者给这个现象取名为“原则的副作用”，给“我所愿意的善”取名为“美好心愿”。也就是说，人人都有美好心愿，但是原则的副作用阻碍人们实现美好心愿。“原则的副作用”最终表现在给自己贴上的“标签”——“我就是这样的人”。

按照上面的解释，连杀人犯和骗子都有美好心愿，那么李山和笔者周围的其他朋友就更不用说了。李山虽然不打一声招呼就变得杳无音讯，不是因为他不想还钱，而是因为他想既然没能力还钱，那么打不打招呼都一样（笔者当时想，若李山打了招呼就会心里好受一点儿；可是若李山真打了招呼，也有可能在笔者心中还钱才是最重要的）。若他以后有了钱也不还，那很可能是因为他以后又向很多人借钱而都没有能力还，人们都骂他是骗子，这样对他来说少一个债务不少，多一个债务不多，他愿意还债的美好心愿就会被遮蔽。笔者想到“李山愿意还钱”之后对他的怨恨少了许多，想起这件事情以后的心痛感觉也小多了！

“原则的副作用”充分地解释了人人都有美好心愿（立志行善由得我）却不容易实现（行出来却由不得我）的原因。那么，有没有办法克服“原则的副作用”，帮助人们实现“美好心愿”呢？若没有这样的方法，那么上面的一切分析没有任何意义！这就像大夫花了很长时间和很大力气向患者解释了他的病因，却最后告诉他没有药物可以治疗一样。果真如此吗？绝对不是！“原则的副作用”是可以克服的，人们的美好心愿是可以实现的。

＊ 基于代替承担的新标签

那么用什么方法克服“原则的副作用”呢？人们最容易想到的方法可能是：既然原则有副作用，那么就应该废除它，这样不就克服了“原则的副作用”吗？显然不能！没有规矩不成方圆，若没有原则，这个世界必然陷入混乱！若没有杀人偿命的法律，人们就可以随意杀人！若没有诚实的道德，人们就可以随意撒谎。所以，原则是不可动摇的。

克服“原则的副作用”的方法应该是“基于‘代替承担’的新标签”——由另一个人代替违背原则的人接受违背原则的惩罚，然后告诉他“你不是这样的人”。我们还是举前述一人到处撒谎行骗的例子解释这句话。假如此人的父亲有足够的钱替此人赔偿受害者的损失，然后对受害者说：“无论我儿子给你们造成多大的损失，我都会加倍地给你们赔偿，希望你们不要再把他当做骗子来看，并且要鼓励他以后做个诚实的人。”那么，周围的人就会按照这位父亲的话去鼓励他。然后，父亲再告诉他：“你现在不是骗子，而是一个正常的人。就算世界上所有的人都把你看成骗子，你可以堂堂正正地告诉他们，你已经给他们加倍地赔偿了损失，他们没有理由再把你看成骗子。”此时，他原来的“旧标签”和现在的“新标签”之间会发生激烈的冲突，经过反复较量以后，“新标签”最终会战胜“旧标签”。他以后不会再行骗，因为他有不愿意行骗的“美好心愿”。这就是“基于‘代替承担’的新标签”克服“原则的副作用”的原理。

从现实的角度来讲，这样的父亲是不存在的，上述原理只是理论模型而已。但是它可以给我们提供克服“原则的副作用”的思路。也就是说，若有足够的资源、足够的时间，那么任何人都可以实现“美好心愿”。上述内容可用下图表示：

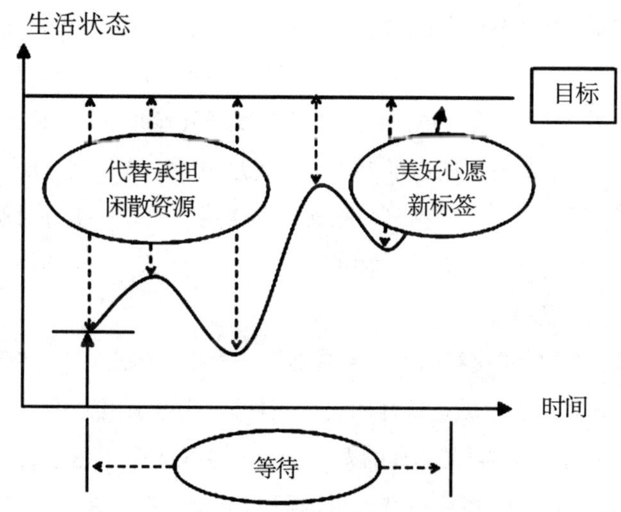

那么怎么在实际生活中应用上述原理克服“原则的副作用”呢？在实际生活中，充当上述父亲角色的人可以是行骗者的亲人、朋友、受害者等，这些人的力量结合起来就可以起到上述父亲的作用。亲人和朋友的资源是有限的，在大部分情况下不太可能给受害者加倍的赔偿，甚至只能赔偿一部分。此时，行骗者的亲人和朋友对受害者可以这样说：我现在只能赔偿你这么多，以后有了钱再加倍地偿还你。希望你不要记仇，帮助我的孩子（或朋友）。此时，若受害者的损失不是很大，那么受害者会愿意帮助行骗者，因为他也有“美好心愿”。这样，亲人、朋友和受害者可以一起给行骗者一个新标签——你不是骗子。只要行骗者获得了这样的新标签，他就会逐渐改掉行骗的坏毛病，成为一个新人。

有时候，受害者一个人也可以充当上述父亲的角色。比如，世界名著《悲惨世界》里讲述了这样的故事。冉·阿让因为两次偷窃在牢狱里度过了十九年，出狱之后没有人肯留宿他过夜。因此，他仇视法律，不再相信任何人，并要对社会进行报复，性格也变得凶狠而孤僻。他去找当地主教，告诉他自己的情况。主教和他一同吃了晚餐，并且给他安排了舒适的床。夜里醒来，冉·阿让看到在月光下闪闪发光的银器就生了邪念，于是他轻轻地下床偷了古银器逃跑了。可是，他没跑多远，便被警察逮住。警察知道这些银器是主教家里的，就把他带到主教家里。主教却对警察说那些银器是他送给冉·阿让的，他还拿出一对银烛台递给冉·阿让，说他忘带了。警察离开之后，主教对冉·阿让说："不要忘记，你拿了这些银子，是为了去做一个诚实人用的。"冉·阿让离开主教后，心情很不平静。但在路上，他又犯了另一个过失。一个叫瑞尔威的小孩，在玩一个值40铜元的银币，冉·阿让夺了他的硬币，并把小瑞尔威吓跑了。事后，他感到十分懊恼，在心里暗暗骂自己是个无赖。他想起了主教对他说的话，便下决心洗心革面，立誓做个改恶从善的好人。后来他改名为马德兰，开工厂成了富翁，还当了市长。这就是主教对冉·阿让的"代替承担"和"新标签"帮助冉·阿让克服"原则的副作用"实现"美好心愿"的例子。

若受害者不给施害者提供代替承担怎么办？那么，只有亲人和朋友为施害者代替承担才可以。

"旧标签"（我就是这样的人）的基础是 "原则的副作用"。因为有"原则的副作用"，所以人们"就是这样的人"；引进"代替承担"就可以克服"原则的副作用"，人们不再"就是这样的人"，所以"新标签"的基础是"代替承担"。

无论是什么外因，最终只有通过内因才能起作用。在克服"原则的副作用"实现"美好心愿"的道路上更是如此。我们要努力把亲人、朋友、受害者的"代替承担"和"新标签"转换成自己对自己的"新标签"，以实现"美好心愿"。

在学习、看书等不是明显的、特定的受害者的时候，"代替承担"就不会那么明显。此时从"旧标签"到"新标签"的转换是这样实现的：

旧标签：因为我不能认真学习、看书，所以我不是学习、看书的料（我就是这样的人）。

新标签：虽然我过去没有学习、看书，但是我现在和以后可以学习、看书，所以我是学习、看书的料（我不是那样的人）。

＊ 闲散资源

笔者总结以上原理之后，为了使上述理论更具实际操作性，提出了“闲散资源”的概念。利用闲散资源帮助别人（为别人代替承担），也争取别人的闲散资源帮助自己（让别人为自己代替承担），这样就可以使自己和别人把人际交往中的风险降到最低程度。充分利用闲散资源，是上述原理在实际生活中的应用。

闲散资源是指对自己可有可无的资源。闲散，是对自己而言的；资源，是对别人而言的。在日常生活中，人们需要的帮助大部分是别人的闲散资源，而不是血本资源或者生命的代价。父亲放下手中的工作腾出三分钟陪儿子玩游戏，员工放下手中的工作腾出一点儿时间帮助其他同事，这都是利用闲散资源帮助别人的例子。

闲散资源可以分为以下几种：第一，可有可无的资源。1 元、10 元、100 元、1000 元、10000 元都有可能成为闲散资源。第二，已经花出去而无法按照主观愿望回收的资源，或者不得不使用的资源。比如，笔者借给李山的 10000 元，这不是笔者想回收就能回收的；无论员工工作业绩好不好，老板都要支付基本工资。笔者的 10000 元和老板要付给员工的基本工资都是闲散资源。在很多时候，时间是不能积蓄的，即使我们在某一段时间内不做任何事情，时间还是会流逝。从这个意义上说，时间是最常见的闲散资源。除此之外可能还有其他类型的闲散资源，我们在此不一一列举。

世界上没有一个人穷到一点儿闲散资源都没有，也没有一个人富裕到一点儿也不需要别人的帮助。若我们认为别人没有美好心愿，或者无论如何也不能实现美好心愿，那么即使我们拥有再多的闲散资源也不会帮助别人。反之，若我们认为人人都有美好心愿，而且人们可以实现美好心愿，那么我们将愿意拿出更多的闲散资源去帮助别人。

笔者问了很多人这样的问题：你若碰到乞丐会不会给钱？绝大部分人回答说：不给或者偶尔会给。笔者再问：若你的 1000 元能改变乞丐的命运，那么你会给他 1000 元吗？几乎所有的人都回答说：会给。这就是说，我们平时不给乞丐施舍，是因为他即使得到再多的施舍，以后还是乞丐（不能实现他的美好心愿）；但是若乞丐能借助别人的帮助改变命运（可以实现美好心愿），人们就愿意付出更多的代价来帮助他们。这就是笔者在此费尽苦心讲解美好心愿、原则的副作用、旧标签和新标签等原理的原因。

按照上述原理，即使李山离开笔者之后又欠了很多人的钱，原则的副作用非常严重，但是如果笔者作为李山的受害者将已经借出去的10000元作为闲散资源加以充分利用，给李山贴上“你不是骗子”的新标签，李山认同这个新标签之后，他只要有钱（其实，10000元也不是天大的数字），就算一时还不了所有人的钱，也一定会还笔者的钱，笔者有了这样的想法以后，对李山的埋怨情绪也就没有了。

那么，什么是朋友交往中的黄金思维呢？下面我们借着一位名人的故事介绍朋友交往中的黄金思维。

*** 解开洛克菲勒难题**

很早以前，笔者在《读者文摘》（现在的《读者》）上看到了这样的故事。美国石油大王约翰·洛克菲勒让自己七岁的孙子站在一米多高的桌子上，自己则站在离桌子稍远的地方，伸出双手，面带笑容对孙子说：“跳下来吧，爷爷会接住你的。”孙子看着笑容可掬的爷爷，毫不犹豫地跳了下去。可爷爷并没有接住孙子，而是一闪身躲开了。小洛克菲勒重重地摔在地上，哇哇大哭。爷爷抱起孙子，对他说：**“以后不要相信任何人，包括你的爷爷。”**过了一段时间，洛克菲勒又让孙子站在桌子上，再次对他说：“宝贝，跳下来，爷爷会接住你的。”小洛克菲勒还记得上次重重的一摔，因而不敢跳。但是爷爷的笑容是那么和蔼，那么慈祥，多值得信任啊！孙子犹豫了很长时间，最后还是跳了下去。这一次，爷爷没有食言，接住了孙子，语重心长地对他说：**“你连你爷爷都不相信，那还能相信谁呢？”**

我们没有必要考证这个故事的真实性，但是它确实可以给我们一个很大的启发。大众的想法是朋友不可不信，也不可全信，要掌握好“度”，但是这个“度”就像立鸡蛋一样，只有理论上的可能性。在故事中，洛克菲勒超越了大众的想法，提出了一个崭新的思路——既不要相信爷爷，又要相信爷爷。也就是说，洛克菲勒提出的思路不是“相信爷爷”和“不相信爷爷”各占50%的平衡（度），而是各占100%的完美结合！这可能吗？

其实，“不相信”和“相信”不一定是矛盾的。我们一起看看下面两个句子：

① 我相信他会帮助我。

② 我不相信他不帮助我。

仔细读一读，这两个句子虽然一个用的是“相信”，另一个是“不相信”，可是句子的含义并没有差别。由此可见，“相信爷爷”与“不相信爷爷”不是在所有场合都是矛盾对立的。所以，我们只需要在“不要相信”和“要相信”后面添加某些词句，把这两句话补充完整，矛盾就解决了。那么，在“相信”和“不相信”的后面补什么呢？

按照前述的原理，我们可以这样理解洛克菲勒的话：不要相信人们一定会遵守各种行为准则，但是要相信人人都有愿意遵守各种行为准则的美好心愿。所以，若别人向我们借钱，我们可以做好对方可能不能还的准备，就当是利用自己的闲散资源帮助他，这样他即使不还钱，我们也不会受伤害，可以心平气和地等待他还钱。

笔者总结出上述原理之后，对笔者的朋友交往产生了非常积极的影响。至于人们不一定遵守各种行为准则的原因，我们在这个故事中列举了两个方面的原因。第一，李山确实没有钱还债；第二，李山有可能因为原则的副作用而不还债。除此之外的其他方面原因，我们将在后面的章节中做出更详细的解释。

* 十年后的惊喜

笔者完整地总结出上述原理大约是在2002年。此后，笔者几乎忘记了李山的事情。

2006年的某一天，笔者的同事很偶然地进入了笔者的博客，看到了李山给笔者的留言，只说了两句：自己的姓名和联系地址。这纯粹是偶然事件，因为笔者半年之前开通博客之后只写了两篇文章，然后再也没有进入过自己的博客。李山一直想找笔者，但是十三年前没有手机、E-mail，通信地址也变了很多次，因此他联系不上笔者。他偶然想到现在网络这么发达，没准能在网络上找到笔者。于是他搜索了笔者的名字，果然搜到笔者的博客。他从博客的内容可以看出博客的主人就是笔者，于是留下了自己的电话。

说实话，笔者看到李山的留言之后，首先想到的是“他会不会给我带来更多的麻烦”。经过一番思考之后，笔者觉得自己不会再失去什么（顶多失去一些闲散资源），于是拨通了李山的电话。他说：“你跟我说实话，你恨不恨我？”笔者说：“若我说没有恨过你是假的，但是现在我已经不恨你了。因为你，我开始研究人性，收获颇丰。”他说：“果然是当年的你，没有变！”然后他问我需不需要帮助，他现在可以帮我。笔者当时急需40000元，他帮了我20000元。

这是笔者相信李山的美好心愿，做好他再给笔者带来麻烦的准备，充分利用自己的闲散资源改善笔者和李山的关系，争取李山利用闲散资源帮助自己的好例子。之后，笔者更深信人人都有美好心愿，借助代替承担的新标签理论可以帮助人们实现美好心愿！

黄金思维最大的特点是把工作顺利、恋爱婚姻家庭幸福、朋友交往都整合在一起。我们在朋友交往中发生这样的事情都能相信朋友，那么在工作中相信同事和上司就更容易了！

【“美好心愿”与“性本善”】

还有一个疑问，“美好心愿”和“人之初性本‘善’”有什么区别呢？《圣经》也不是说“我所愿意的‘善’”吗？为什么一定要弄出一个新名词——“美好心愿”呢？

首先，“人之初性本善”里的“善”，往往是指人际关系上的“善”，而“美好心愿”里的“善”，不仅仅是人际关系上的善，还可以包括个人奋斗和努力。比如，一个人为实现成为一名科学家的梦想而努力学习各种知识。人们一般不说这种情况为“人之初性本善”，但是可以说是他有想成为科学家的“美好心愿”。

其次，“人之初性本善”里的“善”，往往是指对弱者的善行，比如恻隐之心、一个富翁帮助一些穷人等，它不是两个人之间的双赢，而是单赢，它有点儿脱离了我们的实际生活。而“美好心愿”的“善”，是指所有的善行，比如父母对子女的爱、子女对父母的孝敬、朋友之间的互相帮助等。一位有钱的企业老板看到一个贫困学生很聪明，就出于以后让他到自己的公司来上班的目的而资助这位学生。这种情况下，一般人不会想起这位老板“人之初性本善”，但是我们可以认为这位老板有“美好心愿”。由此可见，“美好心愿”包括单赢和双赢，它的范围比“人之初性本善”更广，它适合于所有人的实际生活。

2. 变废为宝

几年前，家境并不富裕的方向借给了初中同学过海 5000 元钱。过了两年，方向家里急需 5000 元，于是让过海还钱，但是过海说自己当时还没有能力还。无奈之下，方向就向其他朋友借钱，东拼西凑很不容易地渡过了难关。后来方向知道过海每月工资 2000 多元，而且谈恋爱花费也不少，所以他觉得心里很不平衡，就对过海说：“你不要想攒 5000 元以后再还钱。若是这样，你猴年马月才能还？从现在开始，你每月还 500 元就可以，或者 300 元也可以。”过海听了之后点头同意，但是并没有履行每月还钱的承诺。方向很难理解过海为什么这样，觉得过海是一个很没有诚信的人。

过海不还钱和上述李山的情况有所不同。李山是因为生意赔本，确实没有钱，可称为“绝对缺乏”。而过海与之不同，他是把钱花在另一个重要的地方——谈恋爱上，这种情况可称为“相对缺乏”。

在现实生活中，因相对缺乏引起的违约情况也很多。笔者就有这样的经历。如前所述，笔者借给李山的钱不是笔者自己的，而是笔者从另外一个朋友那里借来的。最后李山已经给笔者 20000 元，而笔者还没有还那位朋友的 10000 元。2003 年以前，笔者确实没有钱还债（在这期间笔者给孩子买了一台价值 9000 元的钢琴），而到了 2004 年以后，笔者又准备创业，所以还是没有还钱。更重要的是，笔者的朋友知道笔者一直研究人的思维、情感等，他知道笔者的研究和创业对个人、对社会都有很重要的意义，所以他不仅不向笔者催债，而且又借给了笔者 50000 元帮助笔者研究和创业。

这两个故事，既有共同点又有不同点。共同点是，笔者和过海都是处于相对缺乏的状态，都是在有能力还钱的情况下没有还钱；最大的不同点是，笔者的朋友还没有出现紧急需要 10000 元的情况而向笔者催债，而方向因为家里急需 5000 元而向过海催债。其次，笔者的研究具有重要价值，若笔者创业成功就可以获得巨大的社会效益和经济效益，而过海不具备这样的条件。

总而言之，笔者可以理解过海，也能理解方向。从美好心愿的角度来说，过海肯定愿意还钱，甚至双倍还钱，但是从原则的副作用的角度来说，方向对过海说了“你猴年马月才能还钱”的言语后，过海有可能认为反正方向已经把自己看成这样的人了，早还钱晚还钱都一样，甚至认为还不还钱都一样。这样，方向不仅失去了5000元，还失去了一个朋友。

那么，这件事情最好的结局是什么呢？对方向而言，这5000元是已经借出去的钱，不是他想拿回来就能拿回来的，属于闲散资源。而且，方向还年轻，他不仅需要这5000元，还需要为未来作准备。我们在前面说过，为未来作准备最重要的是培养软实力。方向可以借这个机会培养自己和过海的软实力，实现两个人的双赢。那具体怎么操作呢？

首先，方向若明白上述笔者的故事，就会理解过海。但是，理解过海不等于认可过海的做法是正确的。过海需要还钱天经地义，与此同时，过海也需要爱情。但爱情不是花钱买来的，而是在同甘共苦中慢慢产生的。过海应该向女朋友说明自己欠债的事实，请求她谅解自己在一段时间内需要节俭，并表示将来会给她幸福。这样，过海的女朋友会理解并相信未来，他们的爱情会更加坚固。这么做，过海不仅能够得到真爱，而且能培养自信，这会对过海以后的发展起到非常重要的作用。若过海的女朋友无法理解和相信过海，那么过海需要认真考虑这位女朋友是否可以和自己同甘共苦。方向可以和过海谈这样的内容，并且表现出对他的信心，然后继续要求过海一年以后还钱(或者每月还钱)。等到过海还钱之后，方向可以给他们买一个比较珍贵的礼物，以此表示对他们的祝贺。这样，方向可以亲身体验美好心愿、原则的副作用（旧标签）、闲散资源、代替承担（新标签）、等待的全部过程。即使过海不配合、不还钱，这对方向未来的事业也会起到非常重要的作用。

3. 着眼于未来

龙云是一家中小企业的老板，通过一位远房亲戚认识了他现在的好朋友晓勇。晓勇正准备创业，龙云知道创业不容易，决定让晓勇暂时免费使用自己公司的一个房间。过了几个月，龙云需要晓勇一起去见一位客户，这位客户对龙云很重要，若晓勇一起去会对龙云有很大帮助。但是晓勇告诉龙云自己已经约了一个朋友，不能和龙云一起去见客户。龙云问晓勇是否一定要在那个时间见那个朋友，晓勇回答说那个朋友不是非见不可，但是自己不能违约。无论怎么请求，晓勇都不肯帮助龙云。此时，龙云的感受会怎么样？晓勇的感受又会怎么样呢？龙云可能觉得晓勇只顾自己，晓勇可能觉得龙云强人所难，总而言之，两个人的感受都不会很好。

对这样的情况，《大学生心理素质教程》（北京出版社，中共北京市委教育工作委员会组织编写，2002 年出版）说，龙云认为“我帮助了他，他就应该帮助我”的理念是不合理的，建议龙云将“应该”改成“希望”，改变对这件事情的认识：“我的朋友遇到困难时，我帮了他，是我主动而且愿意的，并且我也希望当我遇到困难时，他同样会帮助我。但后来当我真遇到困难时，他却没有帮我，我为此感到遗憾，我虽然不高兴，但我不会生气。”

这是很普遍的想法，看似很好。但是龙云若真这么想，那么他会继续热情地帮助晓勇吗？若其他朋友还需要龙云的帮助，龙云还会热情地帮助他们吗？笔者问了很多人，没有一人回答“会”。这就说明，这样的想法对以后的朋友交往不利。那么黄金思维是什么呢？

首先，人们之间都应该互相帮助，这是不可动摇的社会道德。何况龙云帮过晓勇，那么晓勇就更应该帮助他。黄金思维不主张以“帮助了别人不应该求报答”来安慰自己，这很容易造成掩耳盗铃、抹杀自己真实感情的结果。

其次，晓勇没有帮助龙云，是因为晓勇的那个朋友可能对晓勇太重要了，晓勇不想给他留下一丁点儿不好的印象，而不是因为不愿意帮龙云。我们在前面提到人人都有美好心愿，何况晓勇得到了龙云的帮助，那他岂不是更愿意帮助龙云吗？

再次，龙云相信晓勇以后会帮助他，那么龙云以后还会利用自己的闲散资源帮助晓勇。

在晓勇婉拒龙云要求时，若说龙云一点儿不生气是不太可能的。但是，因为龙云有了上述想法，他就可以比较容易地控制自己的情绪，继续和晓勇保持较好的关系，为他们以后互相帮助奠定基础。

从晓勇的角度来说，什么是黄金思维呢？相信龙云会理解自己，并且相信自己以后可以帮助龙云做更重要的事情。这样，他就不会感到压力，也不会觉得龙云强人所难。其次，他相信即使龙云违约，龙云的朋友会理解龙云，就像龙云可以理解自己一样。若他有这样的信心，以后就可以帮助龙云。

＊ 小插曲

互相帮助和互相利用有什么不同？首先，它们之间最重要的区别是：互相帮助是褒义的，而互相利用是贬义的。人们希望自己和别人是互相帮助，而不是互相利用。其次，绝大部分人认为，互相帮助是为人，而互相利用是为己。可是，连父母养育孩子都图一个子女孝敬父母的回报，其他人之间互相帮助怎么可能不为自己着想呢？每年9－10月间，在大学开学的时候，报纸经常报道受助的学生因为不给资助人写信而被取消受助资格的事情。有人赞同这样的做法，有人反对这样的做法，反对的理由就是“资助学生应该是无条件的，不应该企求任何回报”。但资助人可以不求物质上的回报，不可能连情感上的回报——听一句“谢谢”的话都不需要吧？若按照前述观点，这些希望听到受助人说一声“谢谢”的人都是在“利用”这些学生！这是不可能的！

还有一点很重要，若资助者不图回报，那就不是互相帮助，而是单向帮助。若受助人最终没有回报资助人，也不是互相帮助，而是单向帮助。这不仅对资助者不公平，并且会给受助者自己造成较大的心理压力！

笔者认为，互相帮助是因心中有爱，而互相利用是因心中有“利”。比如，资助人出于对贫困学生的关心而帮助贫困的学生，贫困的学生通过各种方式（比如说“谢谢，我以后给社会作出贡献，以后回报你”）回报资助人，那么这可以说是互相帮助。相比之下，互相利用是因心中有“利”。假如，受助人没有对资助人的感谢之心，却利用一声“谢谢”继续得到资助，那么他就是利用资助人。若资助人帮助贫困生是为了自己的名誉而不是出于对他们的关心，那么资助人就是利用贫困生。若这样的资助人和受助人碰到一起，那就是互相利用！朋友之间、恋人之间也是如此！

4. 搭建桥梁

毕维和林飞、黑平分别是多年的朋友。毕维觉得林飞和黑平在生意上有可能合作，就创造了一次机会让他们互相认识。林飞和黑平很快进入实质性合作阶段，但是一年后黑平的很多承诺没有兑现，给林飞造成了较大的损失。林飞虽然没有直接埋怨毕维，但是他和别人说这件事情时，在语气和字里行间里表露出这次损失是毕维间接地给自己造成的。毕维感到很郁闷，觉得自己好心没有好报，心里想：以后可不能轻易地介绍朋友与其他朋友认识。

在这件事情上我们判断谁对谁错并不困难。首先是黑平错了，他没有兑现他的承诺；其次是林飞失误，他没有想到黑平会食言，也不应该埋怨毕维；最后，毕维没有尽提醒林飞的责任——黑平有可能违约。这不是因为黑平本人会有问题，而是因为他不是上帝，而是一个普通的人，他有可能因为某种原因而违约，所以需要提醒。我们可以举一个不太恰当的比喻来说明毕维的这个责任。在电影中我们经常看到警察审问犯罪嫌疑人时说的一句话：从现在开始，你可以保持沉默。你说的每一句话都可能成为法庭证词。这是人人都知道的常识，但是警察还是要说一次，这就是司法程序。在朋友交往中也有类似的程序，但它不是明文规定，而是人们心里的期待。

现在，毕维的黄金思维不是“以后不轻易地介绍别人互相认识”，而是“以后介绍别人互相认识时需要提醒他们黄金思维”。这样就可以预防类似的事情再次发生。毕维还可以采取亡羊补牢的措施，给林飞赠送“黄金思维”作为礼物，毕维为林飞的过错提供代替承担（此时的代替承担不是物质上的，而是心理上的），然后相信林飞会理解自己。这样，毕维和林飞会和好如初。这样，毕维就可以充分激活自己的各种闲散资源。

5. 改善脾气

程琦小时候比较淘气，在学校里经常惹事。他父亲脾气很暴躁，每次程琦惹事后就用拳头教训他一顿。程琦长大之后脾气很像父亲，经常因为别人的一句话或一个举动而怒火冲天，等他清醒时，拳头早就打在了对方的身上。在上大学期间，有一次同学跟他开玩笑，用手拍了拍他的脑袋，程琦感到很没面子，于是向同学发火，并且动手打了他。大学四年级时，他在父亲朋友的帮助下找到了一家实习单位。工作不到一个月，在一次例会上，他的主管因为他没有做好一项会议记录而说他没有脑子、猪脑子、弱智之类的话。程琦一气之下从椅子上蹦起来，把主管打翻在地，还踢了几脚。当他走出单位大门时就清醒过来了，感到很后悔。事后，还是由他的父亲出面化解此事。他每次冲动发脾气、打人之后都懊悔不已，十分自责。他觉得自己的脾气越来越暴躁，这对他的工作和朋友交往都是很大的障碍。

专家给他提出了这样的建议：程琦是一个冲动型的人，脾气一来就控制不住。这和他自身分泌的激素有关。所以他要尽量回避冲突，因为一发生冲突，他就会失控。他要找到一个节点，只要超过这个节点，他就要快速地将自己的不高兴表达出来，不能忍着。这个时候他的情绪还没有那么大，不会失去控制。然后，他最好是离开此地，给自己降温。专家还对程琦周围的人提出了建议：碰到像程琦这样冲动型的人，不能随便开玩笑，不让他有产生误解的机会。

笔者认为，专家这样的建议只能治标，不能治本。其实，专家在这个建议中给程琦强化了“旧标签” ——程琦是一个冲动型的人，这样的标签只能使程琦的冲动型脾气越来越恶化，而不可能好转。程琦若想避免和别人的冲突，那么他只有一个办法——到深山里面去当和尚。可这是很不现实的。

专家虽然知道“标签理论”，但是在解决这个问题的时候不仅完全忽略了它，反而强化了程琦的旧标签，为什么会这样呢？是因为这位专家水平不够吗？不是！因为目前心理学界还没有人知道“基于代替承担的新标签”理论。“基于代替承担的新标签”是黄金思维的独创理论，以后专家们知道了这个理论，就不会提出像上面那样治标不治本的建议了。

现在我们利用“基于代替承担的新标签”理论给程琦提出新的建议。程琦相信受害者有美好心愿——他们愿意原谅自己（原谅，意味着他承认自己做错），相信他们愿意为自己代替承担（此时他们已经受的伤害就可以成为闲散资源）。这样他就不会对人际关系感到恐惧，不会强化自己的“旧标签”——我是一个冲动型的人，并且会给自己贴上新标签——我不是冲动型的人，我的脾气以后会变好。他建立这样的信心之后，去找那些受害者并请求原谅。渐渐地，他以后就不会再那么冲动。在这里我们需要强调的是，他是在建立了对自己新标签的信心之后再去找那些受害者的。当然还要做好这样的思想准备：他们愿意原谅我（他们有美好心愿），但是他们也有可能不能原谅我。

程琦给自己贴上新标签之后，还可以找父亲深谈，让父亲知道自己的脾气受父亲太大的影响，然后说："爸爸，我知道你很爱我。但是你简单、粗鲁的教育方式对我产生了不利的影响。我仔细想了，若您向我道歉，就会非常有利于我的脾气好转。"即使程琦不说这样的话，他的父亲也肯定早就知道程琦的脾气随自己，只是从来没有想过向孩子道歉。父亲向孩子道歉，这在我们中国文化背景里很难想象，但是因为程琦的父亲爱程琦，最终还是会向程琦道歉。这样，程琦就更容易向受害者道歉，改善自己的脾气。

程琦对自己改善脾气有了信心之后，就可以相信其他脾气不好的人也可以改善脾气，这样对他和朋友、同事的交往会起到更积极的作用。

6. 功德无量

许亮是笔者的大学师弟，比笔者小五岁。他刚考上大学的时候，笔者已经进入大五，我们之间几乎没有什么交流。笔者大学毕业之后，在一次校友聚会上和许亮聊起一些事情，交往开始多了起来。

许亮从大学四年级开始追一个女孩子，追了三年，但是女孩子始终既不拒绝，也不接受他的爱，这让他很苦恼。周围所有的朋友、同学都认为那个女孩子不喜欢许亮，她不明确地表示拒绝是因为不想伤害许亮的自尊心。许亮想放弃，但又觉得那个女孩子非常好，实在放不下；想接着追，又担心最后没有结果，自己受太大的伤害。

有一天，许亮跟笔者谈了这事，问笔者他该怎么办。下面是我们的对话。

许亮：大哥，你看我该怎么办？

笔者：既然你问我这个问题，那你肯定放弃不了。

许亮：你这是什么意思？

笔者：若你能放弃，就不会问我。所以，我认为你放弃不了。

许亮：她的态度一直这么暧昧，我还有什么希望？

笔者：不用说她的态度暧昧，就算她明确地表示拒绝，你也可以追啊！更何况她现在还没有明确地拒绝，你为什么要放弃？

许亮：现在其他人都劝我放弃，只有你鼓励我继续努力，这是为什么？

笔者：首先，在别人都劝你放弃的情况下还问我，这说明你心里没有彻底死心。既然你没有彻底死心，那就接着追。否则，你会后悔一辈子。

许亮：真是这样吗？

笔者：是啊。在这方面，我有亲身体验。我追我的初恋情人，就是追到我彻底死心为止。我最后放弃，就是因为我彻底死心了。无论和妻子怎么吵架（那个时候笔者已经结了婚，还有孩子），也不会想起以前的女友。所以我建议你继续追。

许亮：那你没有受伤害吗？

笔者：当然受了伤害。但是这个伤害是可以治疗的。

许亮：怎么治疗？

笔者：我结婚两年多，孩子都快一岁的时候，一想起以前的女友还是很心疼。这就是以前的伤害。后来，我相信这个伤害是可以治疗的，就好了。

许亮：哦？会那么简单吗？

笔者：是的。你只要相信你的伤害可以治疗，就可以治疗。所以我才敢建议你继续追她。

许亮：那你认为我追到她的可能性有多大？

笔者：我认为她还是喜欢你。就算她不喜欢你，也没有达到非得明确表达的地步。她再考虑你的面子，也不会轻易地为此付出被你骚扰的代价。对不对？所以我认为你追到她的可能性很大。

许亮：你说的有道理。

这样，许亮决定不放弃，继续追她。过了些日子，许亮给笔者来了电话，说他还是担心追不到她，会受很大的伤害。此时再给他讲以前说过的话就没有意义了。笔者灵机一动，就说了一句："你不用担心。万一你真追不上，那我嫁给你好了。"许亮哈哈大笑，说："你想嫁给我，我也不要你啊！"

又过了一年多，许亮终于娶到了她，现在过着很幸福的生活。后来，许亮的妻子问笔者："你当时真有那么大的把握我会嫁给许亮吗？"笔者回答说："当然！我这个人很实在，不会给许亮演一场空城计。"笔者之所以能这样大胆地鼓励许亮，就是因为在黄金思维的基础上对恋爱婚姻家庭进行了较深的研究。

后来，笔者在创业路上最艰难的时候，许亮和他的妻子给了笔者雪中送炭般的帮助。他们虽然不知道笔者创业项目的具体内容，但是他们知道它的社会价值。

7. 成败乃人生常事

2001 年 1 月，笔者通过一位好朋友结识了一家外资企业的总经理。他们拥有一项非常先进的技术和相关产品，但是要让这项技术和相关产品在中国市场销售，就需要得到我国权威科研机构的认可。因此，这家公司在华总代理 A 公司的李总决定与笔者的母校××大学合作，并委托笔者作为公司与母校之间的联系人。

当时笔者没有正式工作，但是生活已经有了基本保障。这就意味着笔者拥有很重要的闲散资源——时间，所以很乐意地答应帮助李总。笔者认为当时这个项目还没有眉目，谈合作条件为期过早，就没有提出任何报酬方面的具体要求，只是提出了一个希望——李总成功之后支持笔者的研究。

通过笔者的奔走联络，李总和××大学的合作很快进入了实质性阶段。按合同规定，在李总支付一半的实验经费以后，××大学才会开始做实验。不过，××大学还没拿到经费就已经开始了实验。初步的实验结果表明这项技术确实非常好，于是李总开始寻找样板工程。有一家公司愿意为李总提供样板工程，但所提条件非常苛刻。××大学知道这个情况之后，就无条件提供了一个国家重点项目作为该技术的样板工程。

第二年，李总正式提出希望笔者成为 A 公司的员工。因为以前的合作很愉快，笔者自然很乐意地接受了李总的邀请。李总说公司没有太多的资金，不能给笔者支付较高的薪酬，但是可以提供较高的销售提成。笔者觉得他和 A 公司、××大学合作的氛围非常好，而且对产品销售很有信心，就没有计较眼前的待遇。笔者希望加快和××大学的合作，尽快获得正规的实验报告，尽早开始销售产品。但是李总的话让笔者感到很意外；以后若没有特殊的事情就不要见学校的老师，实验进展也不用加快。这让笔者感到很郁闷："李总让我拿提成，却不尽快拿出实验数据，我怎么销售啊？"

不久，A 公司要搬迁。一个候选地离××大学稍微远一点儿（车程约20分钟），租金合适（中档），面积也比较适合 A 公司的规模；另一个候选地就在××大学旁边，租金很贵（高档），而且面积很大。李总最终决定住进很贵的那个写字楼。

于是，笔者认为李总不给笔者应有的待遇不是因为没钱，而是因为李总不认可笔者的价值。笔者马上给李总发了电子邮件，提出了在开始销售之前提高待遇的要求。李总回信告诉笔者："你没有资格干涉公司选办公地点等一切经营活动。其实你的作用根本就不大，××大学愿意跟我们合作是因为我们的技术太好了。"笔者看了之后很受打击，很快给李总发了邮件："公司若给我丰厚的待遇，那么我不会干涉公司的经营。但是，公司现在以资金短缺为由没有满足我的要求，而且也没有给我创造任何销售条件，所以我现在得不到销售提成。这不是糊弄我吗？学校之所以那么热情地支持您，除了您的技术确实很好以外，还有一个重要原因，那就是我在您公司工作。若您在二十四小时内不收回您的观点，我就给母校的老师发信。这样就可以知道我的作用到底有多大。"李总没有给笔者任何回音，笔者通知了学校自己辞职的事情，并且建议学校在谈妥一切事情之后再继续合作，以免李总过河拆桥。过了几天，李总找到介绍笔者的那位朋友说明了情况，但是那位朋友也没有拿出积极的补救措施。

后来，××大学不再像以前那样相信 A 公司，因而要求 A 公司支付很高的实验经费来换取正规的实验报告。A 公司没钱支付这笔实验经费，无法获取正规的实验报告，无法销售产品，最后只能破产。

很多朋友都认为笔者吃这个亏是因为心眼太好，笔者不应该一开始就那么相信李总，而是应该谈好条件，并且形成文字以后再和李总合作。笔者对这些朋友表示感谢，但是不同意他们的观点。笔者和李总的合作失败，并不是因为事先没有说清楚利益分配问题，而是因为李总没有认清笔者的价值，忽略了利益分配的重要性。再好的项目，若利益分配的前景不明朗，无论是内部员工还是外部合作伙伴，都会对它持怀疑态度！

笔者还有一点感受：当时笔者和李总都有情绪上的对立，这是我们合作失败的重要原因之一。也就是说，笔者和李总都缺乏“为了挣钱可以放下自尊心”的心态。因此，谁都没有让步。这件事情之后笔者深切地感到挣钱多么不容易！以前笔者的一位前辈说：“一个人若想创业，就要做好和仇人也能合作的准备。”我们希望人们靠黄金思维化敌为友，为个人、为社会挣更多的钱！

笔者把这件事情看成一次投资失败。哪有从来不失败的投资？胜败乃是兵家常事！而且，笔者在这一件事情中并没有遭受很大的损失，只是没有挣到本该挣到的钱而已。笔者不会因为这件事情而失去对他人的信任。的确，笔者在以后很多项目上还是采用了同样的做法。但是，这些项目都没有 A 公司的项目好。

这件事情，最后没有一方是赢家！若笔者现在处理这件事情，就会给李总更多的时间认真考虑。

8. 友情不衰

很多人有这样的感受：现在通信工具、交通工具越来越发达，朋友之间的物理距离变得越来越小，但是心理距离不仅没有变小，反而越来越远。这是为什么呢？人们在帮助别人之后得不到回报，甚至受到伤害，是人情越来越淡漠的主要原因，但这不是全部原因。下面请看大三学生诸葛和笔者的对话。

诸葛：老师，我感到和以前（高中）好朋友的关系越来越淡漠了，感到很沮丧。

笔者：你想过原因吗？

诸葛：可能是大家都忙，无法经常联系，就算是联系了，大家的生活环境不同，也没有什么话可说。

笔者：若你和你男朋友的关系出现了矛盾，你会不会跟好朋友讲？

诸葛：也许会，也许不会。

笔者：爱情是人类社会永恒的话题，为什么不能谈谈呢？

诸葛：就算我和朋友谈了，朋友也帮不了我。

笔者：没错，你帮不了朋友，朋友也帮不了你，所以朋友之间没什么好谈的。这就是友情越来越淡化的重要原因。

诸葛：那我能帮他们什么呢?

笔者：我正在写一本书（本书），这本书里有很多有关工作、恋爱婚姻家庭、朋友交往等生活各个领域的例子和崭新的观点，你可以看看。然后我们再谈这个问题，好吗?

诸葛：好的。

过了几天，诸葛看完本书以后来找笔者。

诸葛：老师，我看完了。觉得有很多新颖的观点，对我帮助很大。

笔者：你认为，这本书对你的朋友会不会有帮助?

诸葛：我想会的。

笔者：那么，你可以给你的朋友推荐这本书。我们会把它做成电子版，免费提供给大学生和企业员工。你可以和你的朋友交流这本书上的内容，这样不就有可聊的东西了吗?

诸葛：没错。

笔者：以后你可以让你的朋友，从女生的角度和你的男朋友交流，这样你的男朋友也会理解你了。你也可以和她的男友交流。这样，你们的友情不仅不会淡漠，而且会越来越深。

总而言之，现在朋友之间缺少的是交流内容，而不是交流工具或交流环境。本书内容是父母和子女、朋友之间加深交流的很好内容。

■总结

在人际交往中受伤害是难免的，但如果我们怕受伤害而不敢和别人交流，那就是因噎废食了。

表面上，别人对我们的伤害主要表现在物质上，事实上，对我们影响更大的是心灵上的伤害。李山给笔者造成了10000元的损失，过海借了方向的5000元不还，这些钱虽然都不是小数目，但是笔者和方向没有这些钱照样可以生活得很好。比这些钱更大的损失是受害者心灵上所受的伤害。这样的伤害表现为这样的一句话："我帮了一个不值得帮的人（坏人）！"

若把龙云给晓勇借用办公室的帮助换算成资金，也不会超过10000元，而且这10000元也不是龙云额外支出的，而是已经花出去的闲散资源。但是，当晓勇不帮助龙云的时候，龙云还是受到很大伤害。这也符合上面所说的话“我帮了一个不值得帮助的人（坏人）”。

从毕维和林飞的关系上看，毕维不一定指望林飞会给自己回报。他受的伤害是自己的好心没有好报，还是可以总结为“我帮了一个不值得帮的人（坏人）”！

在一般的情况下，若别人因为受客观条件的限制而无法做出善行（不能实现美好心愿），那么绝大部分人对此是可以理解的。但是，我们很难给“客观条件”作出一个客观的标准。比如在前述事例中，就算李山因为生意失败而没有钱还债是客观条件，那么他不辞而别是不是受客观条件的限制？过海因为谈恋爱花销比较大而无法还方向的钱，这是不是受客观条件的限制？晓勇因为自己“不能违约”而不能帮助龙云，算不算客观条件的限制？林飞表露出埋怨毕维的语气，是因为他受了损失，这算不算客观条件的限制？这都是没有客观标准的“客观条件”。所以，人们很难判断别人伤害自己是因为受客观条件的限制，还是出于故意。此时，人们往往更倾向于认为对方是故意的，而不是因为受客观条件所限。这就是受害者认为施害者是“不值得帮助的人（坏人）”的主要原因。

在这样的情况下，我们若相信人人都有美好心愿，理解缺乏资源（绝对缺乏、相对缺乏）、原则的副作用及旧标签、代替承担及新标签、闲散资源、等待等关键词，就可以使自己受伤的心灵得到医治，利用闲散资源多交朋友。

【防人之心不可有】

我们理解了上述内容之后就可以重新考虑“防人之心不可无”这句话。我们需要减少损失，但是要对事不对人。所以，我们需要防备的不是人（陌生人和周围的熟人），而是事。也就是说，我们相信别人都有美好心愿，这意味着我们的心灵对别人永远都是敞开的，我们只是用闲散资源控制风险就可以。

笔者之所以能和师弟、师妹、师兄建立比较亲密的关系，就是因为很好地理解了上述内容。朋友之间若能在恋爱婚姻家庭问题上互相帮助，那么关系就会很亲密了。

黄金思维认为，每个人应该结交不同年龄、不同性别、不同专业、不同背景的各类朋友，这样对自己的恋爱婚姻家庭和工作会有很大的帮助。详情请看下篇总结中的“黄金思维朋友指标”。

在这里需要强调的是，人们理解了上述五个关键词不等于人们就不会再受到伤害，而是人们可以具备受伤害之后自愈（或治愈）的能力。关于上述五个关键词，在这里只是介绍了基础知识。更多内容，我们将在下篇更详细地介绍。

第四章　看待和解决社会问题的黄金思维

现在的人们都很务实，不愿意过多地参与或谈论社会问题，但这并不意味着人们对社会问题没有看法。人们的思维方式会对如何看待社会问题产生直接的影响。我们每个人都关心自己的利益，而我们的利益离不开社会大环境。假如，我们的社会是尔虞我诈的社会，我们的政府不是为大众谋利的政府，那么我们的利益怎么能得到保证呢？

企业（或工作单位）是一个浓缩的小社会。人们对社会的看法和态度，往往直接反映在人们对企业的看法和态度上。我们需要在这里探讨人们看待社会现象解决社会问题的黄金思维。

1. 做“现代雷锋”有方

几年前，报纸曾经报道了这样一则新闻：一位青年在楼道里碰到一位手里拿着没有包装的电饭锅的老太太上楼梯，就热情地帮她拿电饭锅。很不巧，这位青年在楼梯上摔了一跤，电饭锅掉下楼梯，完全摔坏了。老太太要求这位青年赔偿，最后告到法院，法院判决这位青年赔偿老太太的损失。

《扬子晚报》也曾报道一则新闻：南京的小伙子（彭某）看到一位老太太倒在公交车站，于是就送她去了医院。这一送却惹出了大麻烦。老太太认定是这小伙撞了她，还把小伙告上了法庭，索赔 13 万余元。南京市鼓楼区法院作出一审判决，法院认为：小伙子的见义勇为一说缺乏事实证据，不予采信。依据公平原则，判决小伙赔偿老太太各项损失 45876.36 元。判决一出，舆论为之哗然。人们看到这样的报道后，自然就会想到即便看到陌生老人摔倒在街头也不能轻易去扶，否则就有可能引火上身。这是很多人言语相传的“人生体验”，当然，这里面包含着太多主观臆断的成分。至此，我们也不难理解为何越来越多的人不愿助人为乐。事情的真相到底是什么，我们也许永远无法知道，但是这样的故事给人们留下了这样的印象：好心没有好报，还是少管闲事为好，所以就又有了《扬子晚报》的这则新闻：江苏一名94岁的老太太在买菜途中不慎滑倒在积雪上不能动弹。周围群众害怕救助会惹出麻烦，导致老太太一直躺在那里。扬州一位老太太不小心摔了一跤，一位小伙见状赶紧上前搀扶，但小伙的伙伴却嚷道："你赶紧松手，老太太要是说是你撞倒的，麻烦可就大了！"小伙马上松手跑掉了，老太太再次摔到地上，导致伤势加重。

那么法院为什么这样判决呢？法律保证的是人们最基本的权利。也就是说，法律要保证每个人的利益不能比原来的减少，但不能强制要求人们一定要帮助老人。帮助老人，属于道德的范畴。法院这样的判决，会阻碍人们去帮助老人，但是可以预防人们以"帮助"的名义伤害老人。

这样，道德和法律是不是互相矛盾呢？不是！首先，这样"恩将仇报"的人毕竟是少数。我们在前面说过，人人都有美好心愿。这些人之所以这样"恩将仇报"，是因为他们确实有难处！其次，人们履行道德上的义务之后若受了损失，那么会通过其他方式得到补偿，就像前述物流员工的例子那样。

所以，在这样的情况下，我们作为社会一员的黄金思维是：相信自己帮助别人之后会得到相应的补偿。比如，第一则新闻里的青年虽然损失了几百元，但是他并不认为以后不能帮助老人，因此他的朋友、同事们会认为他是一个很好的人。若获得朋友、同事的认可，那么它的价值绝对不只是几百元。还有，他换工作时可以给面试官讲自己的经历，表达对老人的理解和自己以后还是会利用闲散资源帮助老人的想法，那么他有可能获得更好的工作。若我们有这样的思维方式，那么在马路上帮助一个老人就不是那么难的事情了。

彭某的情况比较特殊，但黄金思维还是以不变应万变：相信自己的损失会得到弥补，并且通过各种机会积极地争取自己的利益。这种情况损失较大，按照常规的方法，损失得到弥补的时间可能会比较长，这就需要耐心地等待。正如古人所说，恶有恶报，善有善报。无论是恶行还是善举，不是不报，只是时候未到。我们在前面"朋友交往的黄金思维"中提到了"等待"一词。在这里，同样需要等待。这里的等待，可能比朋友交往中的等待需要更长的时间。

下面我们谈一个"以牙还牙"的思路。既然彭某没有撞老太太，而且他的钱也有限，那么他可以根据自己的实际情况，在自己日常生活不受太大影响的情况下，每月支付一定费用，比如300元、500元。若老人知道自己冤枉了彭某，那她不会责怪彭某；即使老人坚持认为是彭某撞了她，老人也确实没有其他的办法。若人们能这样想，那么帮助陌生老人的概率还是会提高很多。虽然这样的想法不是很光彩，但是比埋怨社会并且以后不再帮助别人要好得多！

还有一点需要提醒大家，若真碰到这样的情况，可以先找找证人，给自己系上一个安全绳，然后再帮助老人。或者，给110打电话。总之，不能因为害怕“引火烧身”就不去帮助真正需要帮助的老人！

最后，我们再谈一谈宗教信仰在这种情况下对人们思维方式的影响力。所有宗教（邪教除外）都劝信徒行善，并且承诺以后的补偿。这个补偿往往是死后（或轮回）的补偿。这样的“补偿”尽管是死后的，但总比没有的好。若有100名宗教信徒和100名无宗教信仰的人碰到像彭某一样的情况，那么宗教信徒帮助老人的比例不会低于没有任何宗教信仰的人。韩国一个电视节目专门做过实际调查，结果表明：在马路上乐意帮助别人的人群中，有宗教信仰的人确实比没有宗教信仰的人多。从这个意义上说，宗教对人们的善行和社会和谐会起到积极作用。

那么，宗教能不能把补偿时间提前一点呢？完全有可能！我们在前面强调，若彭某有其他朋友知道彭某的事情和想法，那么他得到补偿的可能性就会提高。也就是说，宗教可以帮助人们结识朋友，以此让人们的善行提前得到补偿。

2. 银行霸道吗

银行规定，顾客取钱离开柜台之后，若发现钱多拿了，顾客应该把多余的钱返还给柜台；若发现钱少拿了，银行概不负责。

读者看到银行这样的规定，是否觉得银行太霸道？是否觉得这都是国有银行垄断的表现？是否怀疑天下没有公道？

从权责对等的层面上说，上述规定确实有霸道的嫌疑。我们可以理解，若银行因为失误多给了钱，顾客发现之后该返还给银行。比如，我们在商场买东西，因为收银员失误而多找了零钱，那么我们应该把多余的钱还给收银员。这是社会道德的基本准则。

那么，假如银行规定，顾客取钱离开柜台之后发现钱少了，可以来银行重新查款并弥补损失会怎么样呢？银行为了万无一失，只能增加前台工作人员数量并反复数点取款金额。这样不仅增加了工作人员，而且要扩大营业面积。甚至可能会有不少顾客故意隐藏一些钱，然后回来找银行要求重新对账，鉴于此，银行还需要增加人力和营业面积接待这样的顾客，还很有可能发生说不清、道不明的扯皮……总之，这样会大幅增加银行成本，银行也只能通过降低存款利息和提高贷款利息的方式弥补这个成本，最终受害者还是老百姓。也就是说，不是银行不愿意弥补顾客的损失，而是实在弥补不起！相比之下，若顾客承担校对取款金额的义务，是顾客和银行双赢的事情。那我们何乐而不为呢？

银行还有其他类似的规定，读者可以按照上述原理自己分析其中的原因。

3. “非典”VS“麦莎”

2002 年 11 月，广东五城市相继发现非典型性肺炎，到了 12 月，在其中一个城市引起恐慌——河源 7 名医务人员被感染。但是，河源在 2003 年 1 月 3 日登出了来自当地卫生部门的消息，“河源没有流行病传播，咳嗽、发烧等症状是由天气变冷造成的”。这是中国媒体关于“非典”疫情的第一篇报道。2003 年，一场无声无息的劫难悄然袭来，随后蔓延到了其他国家，很多人还不知道发生了什么，就被这次劫难夺去了宝贵的生命，一场起源于 2002 年 11 月的“非典”防御战也爆发了。

“非典”是全球众多国家和地区共同面临的一场疫病危机，其中中国内地是重灾区。根据世界卫生组织的统计，日内瓦时间 2002 年 11 月 1 日至 2003

年6月9日下午2时，席卷30余个国家和地区的SARS疫情，已经导致全球累计临床报告病例8421例。

抗击“非典”胜利后，网络、报纸等各类媒体纷纷报道说钟南山等科学家曾多次提出警告，但是没有引起政府足够的重视，反而隐瞒“非典”患者人数，才导致了“非典”蔓延。于是，网上充斥着各种对政府隐瞒事情真相的口诛笔伐。

无独有偶，我们再来看另外一个例子。

2005年8月6日凌晨，台风“麦莎”从浙江登陆，气势汹汹，横扫浙、沪、皖、苏、鲁、津，直扑北京。一时间，京城如临大敌。京郊4万人待命转移，17座水库空库迎汛，1000辆公交救援客车紧急待命，地铁做好了临时封站、短时停运的准备，卫生部门也紧急发布汛期水污染预警……此外，北京市还专门成立了72个防汛指挥部，全市动员防汛抢险队伍30万人，其中驻京部队3.5万人，专业抢险队伍100多支。然而，就在北京全城严阵以待之时，“麦莎”却迟迟未至，遂成强弩之末。8月15日，北京气象台再次发布大范围降雨警告，北京市有关部门当晚再度启动紧急应对机制，但当晚仍未遭遇大雨，又被“忽悠”了一次。面对两次代价不菲的准备，网友们又发出了各种各样的议论。有些人说，“麦莎”之所以没有来，是因为它没有办进京证；还有人说，是因为它没有办暂住证。很多市民这样抱怨道：“为什么政府天天都在全国人民面前说这些假话，说了这么多年，小谎也就得了，为什么要不知羞耻地说这样的大谎话？难道和谐社会就是用谎话堆积起来的？难道诚信社会就是这样构筑的？难道政府单位就可以这样忽悠我们这些小老百姓？”

现在读者有什么感想？假如，当时政府赶紧采取了强有力的措施，及时、有效地控制了“非典”，老百姓会说什么呢？老百姓会认为，因为政府采取了果断措施，所以及时、有效地控制了“非典”吗？还是政府小题大做，让我们虚惊一场呢？

笔者对流行病一窍不通，也不知道判断一项疾病是否为传染病需要经过什么程序，但是可以肯定的是，它不是靠几名科学家和政府官员就能判断的。更何况，“非典”病毒不是医学界已经掌握的旧病毒，而是新出现的病毒，谁能知道它的影响力到底有多大？即使是钟南山先生，也没有像“周老虎”事件中的几位专家那样做出这样的保证：“我可以拿人头作保证，这个病毒非常可怕。”他只是向政府提交了报告，说这个病毒很特别，希望引起有关部门的重视。

其实，在国外，也有很多有征兆却没有引起政府重视而造成巨大灾难的例子。2004 年年底的印尼海啸之前，美国有关机构曾向印尼发出了警告，但是没有引起印尼政府的重视，导致四十多万人死亡。对这样的结果，连发出警告的美国机构也没有料想到！ 2005 年 9 月，美国新奥尔良地区“卡特里娜飓风”也有事先的警告，但还是造成了死亡两万多人的大灾难。

“非典”让人们产生的心理恐惧远比“麦莎”、海啸、“卡特里娜”大。因为“非典”病毒眼睛看不见手摸不着，政府一旦发出警告，即使它没有那么厉害而解除警告，也不容易消除人们对它的恐惧心理。所以我们的政府才需要更慎重地考虑。

笔者这样说，绝对不是说政府一点儿过错都没有，而是说面对政府的过错，我们需要多一分理解。

4. 社会捐赠中的经济学原理

“5.12”汶川地震之后，我们在 2008 年 5 月 15–19 日期间做了一个问卷调查。作为调查对象的 100 名学生（中央财经大学 10 人，首都师范大学 90 人）中，80 名学生收到中国移动和联通发出的捐款短信，其中 60 人捐款（22 人捐 1 元，38 人捐 2 元），没有收到捐款短信的 20 人中，10 人表示若收到捐款短信就会捐款（4 人愿意捐 2 元，6 人愿意捐 1 元）。由此可见，100 名受访者中约有 7～8 成学生愿意捐款。

在已经捐款或愿意捐款的70人中，11人没有考虑过捐款是否一定能到达灾区；30人认为捐款一定能到达灾区；29人认为即使捐款可能流失，捐款也是自己应尽的义务。

在没有捐款或者不愿意捐款的30人中，6人表示原因是经济困难，20人是因为捐款不一定能到达灾区，4人因为其他原因而没有捐。

最后，问卷提出这样的观点："捐不捐，是我们尽不尽义务的问题；钱能不能到达灾区，是别人的问题。反正一两元钱也不是巨额资金，我们不能因为别人有可能犯错误而不尽自己的义务。" 在100名受访者中，62人同意上述观点（其中43人为已经捐款的人，占70%），38人表示不同意（其中14人为已经捐款的人，占30%）。在已经捐款的60人中，80%同意上述观点，20%不同意上述观点；在没有捐款的40人中，只有40%的人同意上述观点，高达60%的人不同意上述观点。

那么，同样捐款的人，或者同样没有捐款的人，为什么会出现这样的不同呢？这是因为他们没有注意到义务的不同层次。义务的标准至少可以分为三个层次：法律规定的义务、道德规定的义务以及我们的良心赋予自己的义务。

无论是什么层次的义务，它最终表现都是对违背义务者的惩罚。若一个人违背了法律规定的义务，那么法律会给予他惩罚；若一个人违背了道德赋予的义务，那么道德就会谴责他。在此次赈灾捐款活动中，万科房地产公司开始只捐了200万元，而且万科的董事长王石说慈善捐助不能成为企业的负担，还要求员工捐助金额不要超过10元。这些话并没有违背法律规定但违背了道德赋予企业、公民的义务，为此万科房地产公司和王石本人付出了惨重的代价。人们不能用法律惩罚王石，但是可以用人民币惩罚万科，不购买万科开发的房地产。还有"范跑跑"也是很好的例子。他的言行并没有触犯法律，但是没有尽道德赋予老师的义务，所以他也付出了惨重的代价，被学校辞退！

相比之下，没有捐赠的个人大部分不会付出很大的代价，原因有以下两点：首先，不是因为捐赠不是义务，而是因为大部分的网民并不知道某一个人有没有捐赠，或者某一个人是否认可道德赋予的义务。这就像警察看着小偷不抓，不是因为偷东西不犯法，而是因为警察并不知道他偷了东西。其次，是因为社会理解部分老百姓的生活艰难。这样的理解，并不等于捐款不是义务。

很多人（已经捐款的人中，超过20%的人；在没有捐款的人中，高达60%的人）只注意到法律规定的义务而没有意识到道德、良心赋予的义务，因为法律有明文规定，而道德没有明文规定。按照这样的逻辑进行思维的人，在企业里、工作中，很容易认为自己只要令行禁止就可以，就像遵守法律规定一样。企业需要的人才，不是只知道令行禁止的人，而是主动将企业、老板、同事、顾客的所有需求都当做自己义务的人。

在社会捐赠中还有很重要的经济学原理往往被人们忽略。社会捐赠也是需要成本的，比如从事慈善工作的人员工资和奖金、办公费用等，这些成本可以称为“传递成本”。捐赠规模的大小对传递成本的影响很大，就像一个产品的生产规模对它的成本影响很大一样。假设我们捐赠1亿元，那么慈善机构也许需要花5000万元传递其余5000万元捐款，传递成本为50%，大部分捐款人确实很难接受这样的数据。假设我们捐赠10亿元，那么慈善机构也许只需要1亿元传递其余9亿元捐款，传递成本只有10%，大部分捐款人可以接受这样的数据。

笔者在研究黄金思维的过程中从事过慈善工作，所以对慈善工作有深刻的体会。从事慈善工作的人们也是上有老、下有小，他们也需要正常的待遇。他们的待遇，只能从捐款中来。

综合上述内容，我们的黄金思维是让更多的人理解自己的捐赠义务，扩大捐赠规模，以此降低捐款传递成本，而不是因为传递成本过高而不参与捐赠。

5. 帮助贫困学生的新思路

在20世纪80年代之前，我国搞平均主义，大家都差不多，社会矛盾也没有那么尖锐。80年代以后，我国为了经济发展需要引进外资，若想引进外资，就要给外方提供衣食住行和医疗等各方面的条件，所以国家集中资源改善城市（尤其是大城市和东部沿海城市）的基础设施。在过去二十年时间里，国外直接投资一直是带动我国经济发展的重要动力，只是到最近才逐渐摆脱对外资的依赖。东部城市在国家大力支持下，引进了巨额外资，发展了经济，实现了富裕的梦想。但是农村地区从国家得到的支持较少，西部大开发也只有十几年，而且国家投资的大部分项目由中央直属企业承担，对当地的帮助没有人们想象的那么大。

另外，我国在改革开放的初期提出了“让一部分人先富起来”的政策，2002年，我国采取了取消农业税等一些具体的措施，目的在于让“另一部分人”也富起来。

但是，缩小贫富差距不是光靠政府就能完成的。那还需要什么呢？笔者认为，缩小贫富差距还需要富裕群体的个人和弱势群体的个人之间的紧密配合和合作。

我们可以举一个生活中的例子探讨这个问题。有一位父亲生了五个儿子，虽然生活很穷，但是可以过和睦的日子。有一天，这位父亲想“在和睦的基础上过富裕的日子不是更好吗”？于是，他把每个儿子交过来的钱整合到一起交给大儿子办厂。大儿子经过几年的艰苦努力挣了不少钱，其收入远高于其他兄弟。从此以后，原来很平静的家庭几乎没有安宁的日子了。老大觉得自己是靠自己的双手挣的钱，在帮助兄弟方面非常吝啬；老二埋怨父亲偏袒哥哥，和父亲过不去；老三看不惯哥哥那副唯钱是认的样子，经常鸡蛋里挑骨头，找大哥的毛病和他争吵；老四经常到大哥那里软磨硬泡，要大哥照顾自己的生活；老五一见大哥就抬不起头，总觉得低人一等，即使得到了大哥的帮助也不愿意接近他……

于是这位父亲把五个儿子都召集起来，开了一个会议。首先对老二说，我当时只有那么点儿钱，如果没有先让你大哥富起来，那么我们现在都还在过穷日子。现在你哥哥有一定的基础了，就可以带领你们一起致富。现在和当年不一样，不是给你们兄弟筹一些钱就可以成功。更重要的是你们的能力，无论像你们大哥那样创业，还是打工，都需要较高的素质。所以你们想一想如何提高自身的素质。

其次，对老三说，你大哥在帮助你们的事情上是吝啬了点儿。但是，你责怪他就能解决问题吗？你有没有想过，你大哥需要什么？你怎么帮他？如果认为你大哥有钱，就不会有别的需求，那么你自己岂不是也主张“金钱万能”、“唯钱是认”吗？如果认为你大哥还有别的需要，却不去想如何帮助他，只是要求他无条件地帮你，那么你岂不是成了强盗吗？世界上没有一个人富裕到一点儿不需要别人的帮助。如果你能帮他，他能不帮你吗？

然后对老四说：你大哥不是你爹，他没有养活你的义务，你有事情来找我。你也要考虑你大哥需要什么，你怎么帮他。世界上没有一个人贫穷到一点儿也帮不了别人。

接着对老五说，你现在不如你大哥，不是因为你低他一等，而是因为我考虑全局，把资源都集中给他而已。你大哥现在帮助你是在尽他的义务，何况你以后还可以帮助大哥呢！这是你和大哥的双赢！若你以后也像现在一样缺乏自信，躲避你大哥，那以后你大哥想帮你也帮不了！

最后对老大说，你挣钱是靠你的双手，但若没有兄弟们集中给你钱，你能有今天吗？我先让你富起来的目的，不是让你一个人享受富裕的生活，而是要你富起来以后带领弟弟们一起富起来。我不要求你养活你的兄弟们，但是你要帮助他们一起致富，这是你义不容辞的责任。

笔者想通过这个故事传递这样的信息：富人没有义务无条件地帮助弱势群体，对他们没有“授之以鱼”的责任，但是要承担“授之以渔”的责任。这个“渔”就是教育。如何保证弱势群体的子女接受较好的教育是缩小贫富差距的重要环节。

那么，在这个问题上有没有具体的操作方法呢？有！美国Lumni公司和My Rich Uncle公司、德国的Career Concept等公司开辟了新的业务，就像给眼前缺乏资金却有未来前景的公司投资一样，给生活困难但很有潜力的学生投资。这些公司和学生签订“人才资本协议”(Human Capital Contract)，给学生提供学费、生活费等，等这些学生毕业有收入以后，在约定期限内收取若干比例的费用，以此回收投资。若他们毕业之后还没有收入，就无法收回投资，这就是人才资本（Human Capital）和银行贷款的不同。美国Lumni公司主要以智利、墨西哥等国家留美学生作为投资对象，提供他们读硕士两年期间的费用，他们硕士毕业以后收取他们收入的5%～15%，收取费用的期间为24～

72个月。Lumni公司已经给100名学生投资，德国的Career Concept资金规模达到3000万欧元，已经给2500名学生投资，以后还要增加2000人。这种运营方式必然伴有一定的风险，比如受助者突然死亡，或者没有收入，或者故意转移收入等。对此，“人才资本协议”都作了相应的规定，尽量降低、避开风险。

其实，上述运营方式就相当于一种风险投资基金，每一位学生就是一个项目。人才资本（Human Capital）就是一种风险投资。若把这种模式扩展为富裕群体的个人和弱势群体的大学生个人之间的风险投资，那么它既可以让富人尽“授之以渔”的义务，又可以享受“授之以渔”的利益，是名副其实的一箭双雕。

普及上述“人才资本（Human Capital)”的关键在于被投资的学生成功的概率。若此概率提高到一定程度，绝大部分富裕群体的个人会愿意帮助弱势群体的大学生。笔者深信，黄金思维理论和培训体系会有力地提高人才资本（Human Capital）的成功概率。被投资的学生若彻底理解黄金思维的原理，那么他可以找到更好的工作，而且会使投资人更快、更多地回收投资。这样，投资人可以寻找其他贫困生继续投资，而且被投资者本人也可以成为新的投资人。我们可以期待在不久的将来把贫富差距缩小到合理的范围内！

6. 读书助理

简单地说，读书助理就是给你读书的人。可是，书能让别人帮忙读吗？能。

最初有这样一种想法，是因为笔者在研究过程中，突然发现心理学的知识很重要，可是心理学不是笔者的专业，所以笔者对它了解有限。若笔者自己来学需要花费太多的时间和精力，而且也没有这个必要，笔者只是了解一些心理学的常识就可以。更重要的是，笔者读书的速度很慢，为了一些背景材料花费那么多的时间实在是得不偿失。在这种情况下，笔者想到了招聘一位心理学专业的大学生做笔者的研究助理。学生自己若有不懂的专业问题，还可以问他的同学和老师。就这样，笔者找到了一个和心理学有关专业的学生，她是我的第一个读书（研究）助理。她查到了马斯洛理论的详细内容，收集了高校面向非心理学专业学生开设的心理学课程的教材和资料。她读完这些资料以后，简要地讲述给笔者听，笔者从中选取有用的内容。

很快，笔者发现这是一种很好的合作模式。对现在的上班族而言，除了做文字工作，大部分人都很少有时间去读书。因为工作需要不得不补充一些新的知识的时候，也会因为时间有限而显得非常窘迫，更不用说有计划地读书了。还有些人则像我一样，书读得很慢，在这样一个高效率的社会，如果所有问题都通过自己读书去解决，那显然会跟不上时代的步伐。

而大学生是一个吸收知识非常快的群体，他们能在最短的时间内接受最新的知识，他们知识的专业性与广博性比例恰好适当。所以，上班族可以根据自己的读书需要，聘用在校大学生作为自己的读书助理，再从自己的工资中拿出一部分作为他们的报酬。这样，上班族解决了自己读书难的问题，大学生也可以在不影响自己学业前提下获得一部分经济支持。

对企业员工而言，读书助理活动有以下三个好处：第一，员工可以花很少的代价（2～3 个人一起雇用一位助理）体会老板的感觉，奠定事业成功的心理基础。很多员工不满老板的想法经常变来变去，甚至有时候想法变了也不通知员工，导致员工重复劳动或做一些无用功。还有些时候，老板来不及制订好计划，让员工感到比较茫然。员工招聘读书助理之后，在尚未想好读书计划或者要改变计划的时候，就可以充分地体会老板的上述处境。在读书助理活动中，两个人之间可能会产生一些问题，员工和学生可以尝试利用黄金思维理论来解决这些问题，必要时还可以寻找双方共同信任的朋友——黄金思维俱乐部的其他会员。这样，员工可以学会更好地与老板合作。当员工换工作时，在简历上出现“通过读书助理活动体验了做老板的感觉，理解老板的苦衷，因此能与老板更好地合作”这样的句子时，就会显得与众不同，自然更容易获得面试的机会。第二，员工可以获得长期发展所需要的人脉资源。“读书助理”活动可以帮助员工提高能力，而且在解决问题的过程中建立深厚的友谊，将来碰到问题，哪怕与读的书没有关系，也可以找读书助理甚至他（她）的老师、同学帮助解决。另外，我们拥有黄金思维俱乐部这个实践平台，解决问题的概率当然更高。第三，员工可以获得知识。在这个知识更新如此迅速的时代，很难有人能够成为各方面都胜任的全才，但我们需要广阔的知识面，需要了解各方面的基础知识，这样才能更好地与一些专业人才合作，更好地经营自己的事业。“读书助理”恰好可以解决这个问题。对上班族而言，每月二三百元算是闲散资源；对大学生而言，课余的时间也是闲散资源。如果把彼此的闲散资源提供给对方，双方恰好各取所需。

对大学生来说，这种思路与大学生家教有点类似，但比家教更有意义。大学生给高中初中或者小学的孩子做家教，用的主要是自己高中及以前的知识，与自己在大学期间所学的知识并没有很多联系。而且，家教多是针对考试，并不利于能力的提高。读书助理却不一样，读书助理更多的是依靠大学的专业或者特长，与大学期间的学习联系更加紧密，这种实践性的活动，必将促使大学生对自己的专业领域进行更深的探索。更重要的是，读书助理更像是一种合作模式。大学生与企业员工之间的关系是平等的，维系两人之间关系的，除了知识与报酬这种简单的经济关系之外，还有由于共同的兴趣所形成的感情。大学生帮助企业员工读书，企业员工除了为大学生提供报酬外，还可以给他（她）介绍一些工作和社会经验，由于两人是平等的关系，更容易在交流中形成一种良好的合作和友谊。这样，“读书助理”的简历也可以和别人不一样，更容易获得面试机会，得到企业认可的可能性也更高。

在“读书助理”活动中，员工虽然不能直接获得经济回报，但是可以获得提高自己能力的间接回报，因此它也可以看成“人才资本（Human Capital）”。

7. 春节一票难求的解决方案

每年春节一票难求的根本原因是我国铁路运力不足。正是因为运力不足，才会出现票贩子和铁道部内部人员相互勾结的现象。铁道部新闻发言人表示，为防止“内外勾结”问题的发生，铁路部门将严肃售票纪律，要求售票员当班时严格遵守“四不准”作业纪律，即不准代卖代买车票、不准抢票占票、不准带现金和手机上岗、不准在售票桌内存放个人物品。违反规定的售票人员将被调离岗位，以票谋私的人员将被严厉查处、绝不姑息，并追究有关领导的责任。“往年春运中，我们就曾严肃处理过个别职工以票谋私的行为。”①

铁道部不仅要严惩“内外勾结”的现象，而且向全国人民郑重地承诺，到了 2012 年，我国铁路运力会得到大力提升，春节将不再一票难求。

那我们是不是可以什么都不用做，就等着铁路运力的提高呢？完全可以！但是，笔者想借此现象和大家一起探讨解决这个问题的“黄金思维”。

现在我们假设，若 2012 年以后春运需求和铁路运力同比例增长，铁路运

①http://news.xinhuanet.com/politics/2008-12/12/content_10492057.htm

力还是不够，就像首都国际机场第二航站楼原来是为迎接2008年奥运会设计的，但是提前2~3年达到了饱和状态一样。那如何消除铁路部门“内外勾结”的现象呢？

铁道部光“严肃处理”内外勾结人员，肯定不足以威慑内外勾结的人员。铁道部每年都发表类似的声明，但春节倒票屡禁不止的现实就足以证明它效力有限。

虽然铁道部一再强调严肃处理“内外勾结”，但是铁路部门内部人员倒票毕竟没有触犯刑法，其“严肃”是有限的。这和他可能获得的利益相比，受罚的代价太小。而且，无论是铁道部还是公安部，都不可能像侦破命案那样投入大量人力物力去调查相关责任人。所以，只靠“严肃处理”起不到威慑作用。

严格地讲，一票难求不是铁道部的责任，因为倒票的根源在于运力不足，在于倒票行为的巨大利益。这是由市场规律所决定的。比如说，有一个较为有钱的人（可称为“投资人”）在春节前拿出100万元，通过各种方法，购买3000张票（平均票面价格为300多元），然后在几天之内“批发”给一级代理，一级代理又“批发”给二级代理，二级代理再找一些“黄牛”倒卖给旅客。警察抓到的只是末端的黄牛，却抓不到二级代理和一级代理，更抓不到“投资人”。抓不到“投资人”的原因，可能是他并没有犯法，也可能是根本抓不到倒票的证据。

从“投资人”的角度来说，他通过铁道部的人脉获得3000张车票之后，几天到十几天之内就可以获得50%以上的利润，世界上哪有比这个更好的投资项目？

也就是说，一票难求有很多原因，比如运力不够、铁路管理跟不上等，但是它最终离不开经济规律。所以，要想解决这个问题，也得遵循经济规律才可以。那怎么解决呢？

铁路部门一年以前就开始销售春运期间（春节前后20天，共40天）的车票，但是只收钱，不定具体时间和车次，只给购票人一个收钱的发票，就像预订机票一样。到时候，个人就凭着发票获得具体车票。这样，上面说的投资者若想倒票，就要把100万元压一年，在一年以后才能获利50%，而且风险很大。比如，公路和铁路运力增加，飞机航班增加，价格下降，私家车增多，有人干脆开车回家……而对个人而言，把1000元压一年、两年是没有问题的。

这个方法，不会增加铁路部门的业务量。但是，有可能出现这样的情况：有人制造假发票。不过，这和制造假车票一样，是直接犯罪，这样的罪犯不会很多。另外，有些人可能会丢失发票，这也和丢失车票一样不可避免，个人的损失也不会很大。若个人最后不想回去，怎么办？那就可以把它转让给自己的朋友。铁道部或者某些个人可以专门运营车票转让网站，便于个人之间转让车票。有位朋友说："那倒票的人专门收购转让的票，高价倒卖，怎么办？这和铁道部内外勾结的结果有什么不同？"没错，只要铁路运力不能满足人们春节回家的需求，就会出现这样的现象。但是，这说明转票是他们通过自己的智慧付出了劳动而得到的，是合理合情合法的。它和铁道部内外勾结的现象相比，性质完全不一样。现在老百姓不是埋怨铁路运力不够，而是有些人利用特权获得不当利益。

铁道部预收的订金在一年时间里将会产生不少利息（年利息至少为3%）。铁道部可以利用这个资金增加运力，或者用于其他便民措施。

或许有人这样说："即便是这个方案完全可行，铁道部也不一定采纳。因为他们不会轻易地放弃自己获得利益的机会。"没错，这是人之常情！但是若没有合理的理由，也不能随便拒绝多数老百姓提出的合理建议！这可能需要媒体的积极参与！

如前所述，本文的首要目的不是解决春节一票难求的问题，而是和大家探讨解决问题的黄金思维。员工向企业提出的大部分建议就像火车票的实名制一样，会大大增加企业的成本。这样的建议，企业是很难接受的。上述方法正视了铁路运力不足的客观因素，从经济规律的角度提出了一个在不增加铁道部成本前提下的解决方法。

■总结

三星大中华区总裁李相铉先生曾说过这样一句话："对社会总有不满的人，对工作也总有不满。"一个人对社会的态度很可能带到自己的工作中，甚至用看社会的眼光来对待企业中的人和事。所以，关注员工和求职者对社会事件的反应也是考察员工能力的一个方面。从黄金思维的角度来说，怎么看待这些社会热点，处理好这些问题在个人头脑中的影响，则是关系到员工在工作、生活中是否有积极态度的大事。

上篇总结 什么是黄金思维

通过前述内容，读者应该对黄金思维有了大体的理解。我们在这里总结黄金思维的概念，给读者建立更系统、更完整的理论体系。

黄金思维是在相信别人、理解别人、帮助别人的基础上解决各类矛盾，实现恋爱婚姻家庭、工作、朋友和社会共赢的思维方式。

下面我们对黄金思维概念的每一部分作出详细的解释。

第一，理解别人。理解别人是指理解别人已经做出或可能要做出的错误行为的原因和思维过程。比如，在“说话不硬做事不软”例子中，小赵理解别人不说谢谢的原因：人们不可能把谢谢总是挂在嘴边上。在“爱的本质”例子中，郑涛对文蕊说：“你到底有没有病？若有病，我们看病去；若没有病，你就好好待着，别老缠着我。”这就说明郑涛没有理解文蕊。在朋友交往中，理解朋友借钱不还的原因有旧标签（我就是这样的人）等。在做“‘现代雷锋’有方”的案例中，那些被救的人恩将仇报，是因为他们实在没有钱治病，等等，都能表现出我们对别人的理解。前面讲的所有的例子都有有关理解的内容，读者可以自己回顾。

第二，相信别人。相信别人有两个层面的含义。其一是相信别人的人品，即相信别人有美好心愿；其二是相信别人的能力。这个能力，在工作中表现为业绩；在恋爱婚姻家庭中表现为尽自己的义务，比如缠着男朋友的文蕊不再缠男朋友，怀疑男友的小娟不再怀疑男友，丈夫爱护妻子，父母相信和鼓励孩子，而不是逼子成龙；在朋友交往中，相信朋友有能力还债；在社会中，相信政府的领导力等。

理解别人可以帮助我们相信别人的人品（美好心愿）；而我们相信别人的人品（美好心愿）是我们相信别人能力的基础。若别人人品不好，那么他再有能力对我们也意义不大。在我们相信别人能力的基础上，美好心愿、原则的副作用引起的旧标签、代替承担带来的新标签、闲散资源、等待等五个概念起着很重要的作用。

第三，帮助别人。我们在相信别人的基础上，帮助亲人、同事、朋友成长。比如，男朋友不仅相信女朋友以后不再缠自己，而且帮助她培养更多的爱好；小组长不仅相信组员以后能胜任工作，而且帮助他培养业务能力；我们相信朋友有能力还债，而且帮助他培养工作能力（尤其是软实力）；我们不仅相信政府的领导力，并且给予积极配合。若是要帮助朋友、同事、配合政府，我们充分利用闲散资源即可；若是帮助亲人，就不仅仅利用闲散资源，有时候需要动用血本资源。

第四，解决各类矛盾。我们在前四章提到的例子中讲到了各种各样的矛盾。人们遇到矛盾容易走两个极端：一是只顾别人，牺牲自己；二是只顾自己，牺牲别人。在解决矛盾时需要创新，使矛盾双方的需求都得到满足，从而达到矛盾双方的共赢。另外，在处理棘手的矛盾时，我们要学会等待，也要懂得用长远的目光看待问题。有些矛盾，短期内让人头疼，让人觉得无法忍受难以解决，但是等待一段时间以后有可能出现转机。某些情况下，我们解决矛盾的方式和正确的态度在以后生活工作中也有可能让我们受益。这就需要我们在面对矛盾时，学会前文说过的理解、信任和帮助。

第五，实现恋爱婚姻家庭、工作、朋友和社会共赢。其实，矛盾和问题的本质都是一样的。人们可以在恋爱婚姻家庭、朋友交往和对待社会的事情上培养黄金思维，将它应用到工作中去，使同事关系更加和睦，提高业绩，争取更好的待遇，这样可以为恋爱婚姻家庭奠定重要的经济基础，也能更有力地帮助朋友，为社会作出更多的贡献。

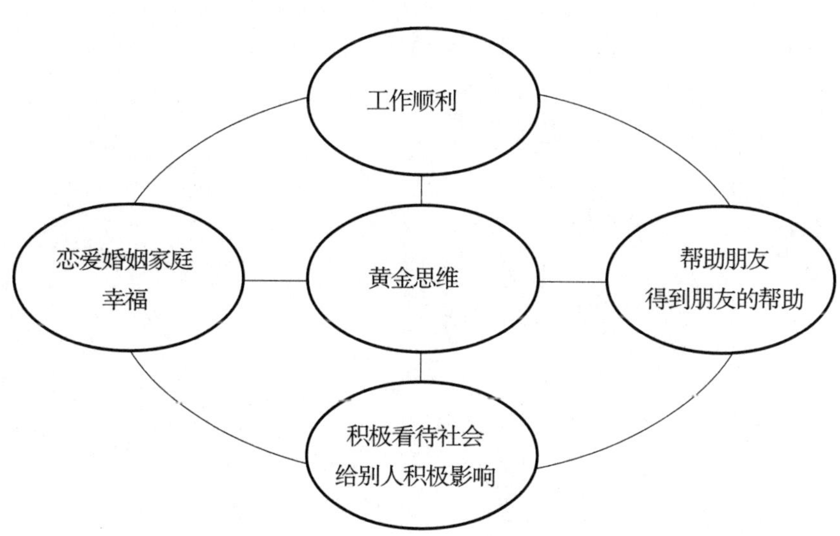

下篇 如何建立黄金思维

资源分为人、财、物资源，人资源是解决问题最重要的资源，每个人所能学到的知识和掌握的财、物资源都是非常有限的，但是我们周围的人资源，是无限的。所以，培养黄金思维的关键是利用激活人资源的知识来激活人资源。

G O L D E N M I N D

概 要

如第四章所述，黄金思维是解决各类矛盾的一种思维方式。当矛盾展现在我们面前的时候，就会成为我们需要解决的问题。比如，在“空运还是陆运”的例子中，公司规定任何情况下都不得空运，而客户要求空运，这个矛盾出现在物流员工面前时，它就成为物流员工需要解决的问题。由此可见，矛盾和问题的本质是一样的。

解决任何问题，都需要人、财、物三大资源并合理利用这些资源的知识。如下图所示。

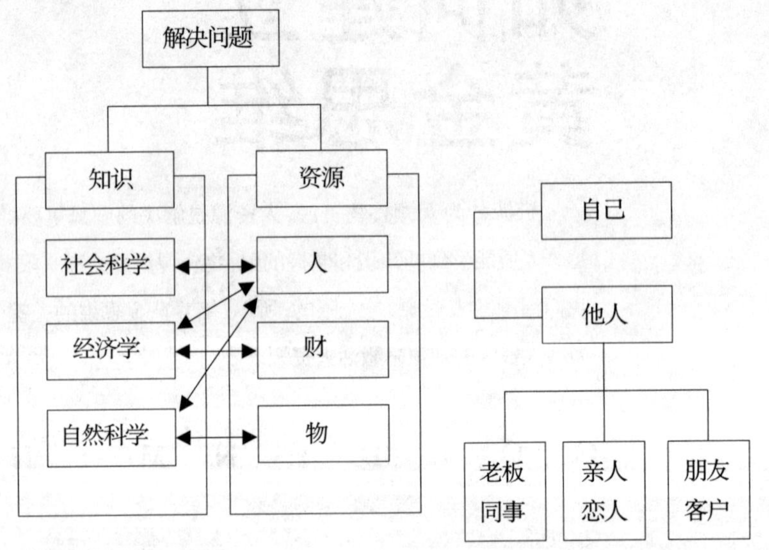

读者若回顾本书上篇的例子，会发现解决所有问题都符合上述原理。我们还是以“空运还是陆运”的例子解释上图。从自然科学的角度，物流员工肯定知道陆运比空运慢，所以他决定空运；从经济学的角度，可以知道若不能按时交货就有可能被退货，会给公司造成更大的损失，所以他认为现在花高额运费是值得的；从社会科学的角度，他相信经理会给自己弥补损失，所以最后决定空运。

资源和知识是相关的。在分析问题（矛盾）、处理问题（矛盾）、解决问题（矛盾）的思维过程中，人们有什么知识，就会利用什么资源；反之，若有什么资源，人们就会学习、研究、掌握什么知识。比如，在解决能源问题上，因为人类掌握了能量守恒定律，所以肯定太阳能可以转化成电能；又因为掌握了阳光照射到硅晶片就可以产生电流的原理，所以制造了太阳能电池，利用太阳能发电。再比如，在20世纪80年代初期，我国废弃了大量煤灰，因为它严重污染环境。于是科学家们研究合理利用煤灰做空心砖的方法，到现在空心砖已逐步代替黏土砖，成为重要的建筑材料。

在经济学和财资源的关系上，人们若知道股票投资原理，就可以用资金购买股票；反之，人们若有多余的资金，就会研究股票、房地产等知识。

社会科学和人资源的关系也是如此。若我们只知道人与人之间互相伤害的事例（知识），那么我们就很难利用周围人的资源；若我们知道美好心愿、代替承担等社会科学知识，就可以利用周围人的资源来解决很多问题。

一般来说，人们把经济学纳入社会科学。但是，资源分为人、财、物资源，而资源和知识是相对应的，所以笔者把经济学从社会科学中分离出来。

由上述内容可知，“黄金思维”是一个非常庞大的体系，它涵盖了所有的知识和资源。从这个意义上说，任何知识都有助于我们的黄金思维。但是，在这三大资源和知识中，人资源是解决问题最重要的资源，因为任何事情的解决，最终都要依靠人去完成。人在解决问题的过程中起到核心作用。每个人所能学到的知识和掌握的财、物资源都是非常有限的，但是我们周围的人资源，是无限的。所以，培养黄金思维的关键是利用激活人资源的知识来激活人资源。

下面我们以激活人资源的知识为主介绍黄金思维所需要的社会科学知识，并且简要地介绍经济学基本原理和自然科学基本原理，帮助读者建立黄金思维所需要的知识体系。

社会科学的范围非常广，在这里要谈的社会科学是和个人的思想、情感、行为有直接关系的社会科学知识。它由以下几个部分组成。

第一，需求。所有的矛盾都可以说是人们需求之间的矛盾。所以，只有明白自己和别人的需求，才能掌握矛盾和问题的本质，找出共赢的解决方法。

第二，原则。人们知道自己和别人的需求及其矛盾之后，就会考虑自己和别人的权利和义务。我们可以将每个人的权利和义务简称为“原则”。

第三，互相理解。人们知道原则之后，就需要理解对方为什么不遵守原则（不尽义务）。理解万岁，这是人人都知道的道理。在这里，读者将理解人们的思维规律、情感规律和行为规律，更全面地理解原则的副作用。这是我们激活周围人资源的基础。

第四，我们光理解别人是不够的，还要相信别人（或自己）能尽该尽的义务。在这里，我们将更全面地理解美好心愿、基于代替承担的新标签、闲散资源等原理和概念。这是我们激活周围人资源的核心知识。

第五，相互沟通、情商、发现和治疗心理疾病的方法、枯树效应、双方共同信任的朋友、健康的自信、责任感、创新思维等其他知识。

我们在上篇提到的例子，基本上都和上述内容有关。除了以上五大内容之外，还有一些其他零散内容，我们会做一些简单的介绍。

第五章 人的需求

同一个人在不同的时间可能有不同的需求，也可能有同样的需求。前者称为短暂需求，后者称为持续需求。不同的人可能有不同的需求，也可能有共同的需求。前者称为个性需求，后者称为共同需求。

“共同”的范围可以很大，也可以很小。全人类，是最大的共同范围。我们也可以按照性别、年龄、职业、国家和地区进行分类，每一类人都可能有他们的共同需求。

在日常生活中，我们需要面对每一位独立的个体。若想了解一个人的个性需求，只有和他接触后，通过语言交流和观察等途径才能知道。而对某一类群体的共同需求，尤其是持续的共同需求，是可以通过学习而了解的。

说到全人类的共同需求，我们不得不提到一位巨人——马斯洛（1908–1970）。1943 年，马斯洛发表了《人类动机理论》，提出了引发人类行为的五个层次需求。

1. 生理需求

生理需求是人最基本的需求，包括衣食住行等物质需求。

2. 安全需求

安全需求原来指对未来生命安全的保证。现在则可以解释为应对未来一切风险的保证。比如，保险可以应对意外死亡、重大疾病、意外财产损失等风险，所以人们愿意购买保险。若父母对进入青春期的孩子经常说：“你小心点，若你惹事，自己酿的苦酒只能自己喝。”那么孩子就会对未来缺乏安全感。在第一章“怀疑之影”的例子中，小娟的妈妈总是对小娟说类似的话，所以小娟对婚姻缺乏安全感。反过来，父母若对孩子说“无论你做错什么，我们都会帮你渡过难关”，那么孩子就会感到很安全。女孩子问男孩子：“你能让我幸福吗？”也是出于她对未来婚姻的安全需求。若男孩子说“这就看我们俩合适不合适”，那么女孩子就会缺乏安全感。反过来，男孩子若说“将来无论发生什么事情，我都会好好保护你”，那么，女孩子就会很有安全感。若丈夫有“妻之错便是夫之过”的思想，那么妻子也会感到很安全。若男人对女人说“万一天塌下来，有我顶着，你不用担心”，那么女人就会更有安全感。在恋人、夫妻关系上，女人的安全感往往建立在男人身上。这不是说女人没有应对风险的能力，而是女人需要男人的呵护。当然男人也需要安全感，但是男人的安全感不是建立在女人身上，而是需要建立在自己的能力上。

3. 爱与归属需求

爱与归属的需求也叫社会需求。我们在前面提到的恋爱婚姻家庭、工作、朋友交往、作为社会一员的言行都属于这一层次的需求。马斯洛之所以把爱与归属放在一起，就是因为若没有爱，就没有归属感。若一个人在家庭里感觉不到亲人的爱，那么他对这个家庭就不会有归属感；若一个人和同事关系不好，那么他对工作就不会有归属感。这一点对企业中高层管理人员也一样。即便是私营企业主，若和其他同事关系不好，那么他只会把企业当做自己谋生的工具，不会有归属感。

我们在第二章“爱的本质”中提到，郑涛对文蕊的爱的本质是郑涛相信文蕊以后会变好。其实，这不仅仅是男女爱情的本质，也是所有人际交往中的爱的本质。比如，在“老板需要的不一定是正确答案”中，在老板误解路经理以后，路经理相信老板以后会理解自己，这就是路经理对老板的爱。上司相信部下能做好自己的本职工作，这就是上司对部下的爱。“信子成龙”更是父母对孩子的爱，这就不多说了。

人们需要对国家、对社会有归属感。若一个人认为自己不属于任何国家、任何社会，那么他会怎么想？会因为自己是“宇宙人”而感到高兴吗？一个人若无法理解社会的做法，就会降低他对社会的归属感。这不仅对社会不利，而且对他本人也没有什么好处。我们在上篇谈到“‘非典’VS‘麦莎’”等社会问题时也讲过，人们若理解这些例子的内容，有助于人们理解社会，提高对社会的归属感。最近我国很多奶制品三聚氢胺含量超标，于是人们觉得我国管理跟不上。可是，几乎在同一时间，日本也闹出“毒米”事件，韩国本土生产、本土销售的很多食品的三聚氢胺也超标。这就说明，食品安全不是我国特有的问题，而是很多发达国家也共有的问题。

一个人若无法理解企业的做法，会降低他对企业的归属感。这对企业和个人双方都不利。在大部分情况下，我们无法改变企业的做法，但是我们可以理解企业的做法，也可以相信企业（老板）以后会改善。这就是员工对企业和老板的爱，它会帮助员工提高对企业的归属感。

我们对某一机构或社会有了强烈的归属感之后就会很难接受其他机构、社会（国家）的人对自己所属机构和社会的批评，就像人们很难接受别人对自己的批评一样。这是归属感的一种很重要的表现，也可以说是归属感的副作用。但若我们相信自己所属机构和社会以后会变好，那么就可以克服这样的副作用。

马斯洛把“爱”分成D型爱和B型爱。其中，D型爱为自私的爱，表现为人们需要从别人那里获得自己需要的东西，它所关注的是获得；B型爱为无私的爱，表现为人们需要为别人付出，人们需要满足别人的需求。最典型的B型爱，是父母对孩子的爱。父母在为孩子付出的过程中得到很大的满足。这不是说，父母对孩子没有D型爱的需求。父母期待孩子长大之后孝顺自己，这就是父母对孩子的D型爱的需求，也是孩子对父母的B型爱的需求。朋友之间也是如此。

助人为乐也是B型爱最重要的表现之一。大家都体会过助人为乐，也明白助人为乐。若人们只有D型爱的需求——只求从别人那里得到，那么这个世界就会变得很冷漠；若人们只有B型爱的需求——只求给与别人，那么这个世界虽然很温暖，但是却没有一个人可以实现自己的愿望。请读者试想一下：若在这个世界上没有一个人愿意接受你的帮助，那么你会幸福吗？我们给朋友和别人一个帮助自己的机会，朋友们会很高兴，因为这样做让他们的B型爱得到了满足。

世界上没有天生的朋友，也没有永远的朋友。若想和别人成为朋友，那么就必须互相满足D型爱的需求和B型爱的需求，因为它是保持友谊的前提。若不是这样，不用说是朋友关系，就算是亲子关系，也会变得淡漠。

B型爱，是前文所提“人人都有美好心愿”的重要基础。但美好心愿的范围要大于B型爱， 它还包括下面的“自我尊重”。

4. 尊重的需求

马斯洛认为，人们不仅需要别人对自己尊重，而且需要自己尊重自己（可以简称为“自重”）。

笔者问过很多人什么时候会感到被别人尊重，绝大部分人回答说“当别人采纳我的意见的时候”，或者“别人聆听我的意见的时候”。笔者接着问他们：“若一位老板有十名员工，十名员工的意见都不一样，老板不可能聆听每一个人的意见，更不能每一个人的意见都采纳，那这位老板应该怎么尊重他的十位员工？”他们都无法回答。

这说明大家对尊重的理解是片面的、不完整的。大家真正想要的尊重是自己对公司贡献的价值得到认可，而不是自己的意见被采纳。在大家意见不同的时候，公司不可能采纳每一个人的意见，但是却可以认可每一个人的作用和贡献。

诺贝尔物理学奖得主丁肇中先生在接受中央电视台采访时说：“我经常问别人的意见，但是我从来不采纳别人的建议。”这句话很好地说明了丁肇中先生对同事的尊重的含义。对丁肇中先生来说，每一位同事对事情的分析思路都是很重要的，但是他们的结论并不重要。

这个原理同样适用于老板、上司等领导。很多领导认为部下不听自己的话或者对自己的意见提出异议就是对自己的不尊重。领导也不是完美的人，他的想法和做法也有可能是错的，部下可以提出异议甚至“唱反调”。只要部下不认为“即使没有这位领导，我们照样可以做得很好（甚至更好）”，那么部下就不是不尊重领导。

在恋爱和婚姻中，男女双方都需要被尊重。女人对男人的尊重，往往表现在“因为有你，所以我感到很安全，我什么都不怕”。男人对女人的尊重，往往表现在重视女人的意见，而不是让女人作出决定。在女人很难作出决定的事情上非要让她作出决定，就像让女人做繁重的体力劳动一样，会让她感到很累很累。正确的做法是，在女人愿意作决定的事情上，尽量让女人作决定，即使女人的决定错了，也由男人承担责任；在女人不愿意作决定的事情上，就由男人作决定，若自己错了，也不能埋怨女人推卸责任。在前述“值得嫁的男人”例子中，若刘罡明白这个尊重原理，就不会在陈莉问自己该怎么办时让陈莉自己作决定，而是先了解陈莉不好作出决定的原因，然后给她安全感，让她留下来。

然而虽然从理论上说，我们尊重一个人和采纳他（她）的意见没有直接的内在逻辑关系，但是采纳别人的意见可以最直接地表明他（她）的价值。第二章“重视孩子的意见”的例子就是出于这样的考虑。

对已经作出贡献、用实际行动证明了自己价值的人，我们很容易表示尊重。那么，对还没有作出贡献的人，怎么表示尊重呢？请看下面的故事。有一位颇有名望的富商在散步时，遇到一个瘦弱的摆地摊卖旧书的年轻人，他缩着身子在寒风中啃着发霉的面包。富商怜悯地将8美元塞到年轻人手中，头也不回地走了。没走多远，富商忽又返回，从地摊上捡起两本旧书，并说：“对不起，我忘了取书。其实，您和我一样也是商人！”两年后，富商应邀参加一个慈善募捐会时，一位年轻书商紧握着他的手，感激地说：“我一直以为我这一生只有摆摊乞讨的命，直到你亲口对我说，我和你一样都是商人，这才使我树立了自尊和自信，从而创造了今天的业绩……”不难想象，没有那一句尊重鼓励的话，即使这位富商当初给年轻人再多的钱，年轻人也不会产生人生的巨变。在这里，富商对年轻人的尊重表现在对他“商人”身份的认可上！这“商人”的身份，就是给年轻人贴上的“新标签”（读者可以想一想他的“旧标签”是什么）。

帮助弱势群体是每一位公民的义务。很多人帮助弱势群体以后对他们说，你不用感谢我，我不需要你的回报，你以后回报别人、回报社会就可以。这句话表面上看起来是非常崇高的，而从其深层意义来看，也可以这样理解：我不需要你的感谢，你和我的差距太大，我想要的，你给不了。所以，弱势群体的人在得到别人帮助之后一方面感到很幸运，而另一方面却感到自己失去了尊严（尊重）。反过来，我们帮助弱势群体的时候，若说“我不是圣人，我也不是完美的人。我也有需要别人帮助的时候。希望你以后能帮我”，那么，接受帮助的人就不会感到自己不被尊重。弱势群体的确需要物质上的帮助，但是物质上的帮助只能代表“1”，后面的那一句话是“0”，只有这两者结合起来才能起到“10”、“100”、“1000”的巨大作用。前述“帮助贫困学生的新思路”就是建立在满足贫困学生尊重需求的基础上。

在尊重需求中，最重要的是自己和亲人、同事、朋友的尊重。因为别人再尊重一个人，也不可能和他一起度过很多时间，而亲人、同事需要天天面对。请读者试想一下这样的情景：一个人因为在事业上很成功，得到很多人的尊重，但是却得不到妻子、孩子和同事的尊重，那么他会感到很幸福吗？

他很可能认为自己是别人为之喝彩的奴隶！从这个意义上讲，自我尊重是最重要的。因为，自己和自己的关系最亲密！

按照前述“投射原理”，一个不尊重自己的人，很容易从别人正常的言行中得出“他们不尊重我”的结论。老板不采纳员工的意见很正常，但是若员工缺乏自我尊重，就很容易认为老板不尊重自己。

自我尊重就是认可自己的价值。一个人认可自己的价值并不难。只要我们细心观察别人的需求，并且利用我们的闲散资源帮助别人，就可以体现自己的价值。

其实，尊重需求和前述B型爱有密切的关系。若一个人不付出，就不会得到别人的尊重，自己也不会尊重自己。1924年11月，美国芝加哥西方电气公司所属霍桑工厂内的研究者，在本厂的继电器车间开展了厂房工作环境与生产效率的相关性研究，这就是在心理学界非常有名的“霍桑实验”，它前后历经八年时间研究工作环境（待遇等软环境）和劳动效率的关系。研究者认为，工作环境越好，工作效率越高；反之，工作环境越差，工作效率越低。于是他们设计了这样的实验：在厂房里先把照明强度（它代表工作环境）由暗变亮，再由亮变暗，观察劳动效率的变化。一开始，照明亮度由暗变亮的时候，工人的劳动效率确实由低变高；但是在下一步照明亮度由亮变暗时，劳动效率却没有降多少，和最高效率相差无几。有两个女工甚至在照明降低到与月光差不多时仍能维持生产的高效率。随后，研究者又试验不同的工资报酬、福利条件、工作与休息的时间比率等对生产效率的影响，但都没有发现预期的相关性。为了解开这个谜团，社会心理学家梅奥等人应邀参与这项工作。1927—1932年，他们以继电器装配组和云母片剥离组女工为被试对象，通过改变或控制一系列福利条件重复了照明实验。结果发现，在不同福利条件下，工人都始终保持了高产量。这是工人实现自我价值（自我尊重）的重要表现。

前不久，中央电视台“大家看法”节目报道了这样一个故事：南京一所名牌大学的学生曹平，四年前顺手牵羊偷走了同学的笔记本电脑，当时无人报案，也无人追查，四年后的某一天，物是人非，他却投案自首。事情的经过是这样的：2001年，因一心想创业发财，当时上大一的曹平办了退学手续。离开学校的那天，他去同学的宿舍道别，发现同学们都去上课了，屋子里空无一人。带上门的那一瞬间，他看到了桌子上的笔记本电脑，于是他又推开门，抱着电脑离开了宿舍。关上门的一刹那，曹平有些迟疑，但是想着自己以后创业需要使用电脑，就头也不回地走了。回家以后，他告诉父母笔记本电脑是自己打工赚钱买的，善良的父母也相信了，但他始终无法逃避自己的罪恶感，一直不敢把那台电脑拿出来用，最后他把电脑送给了表弟，但折磨着他的罪恶感却并没有随之消失。创业不容易，没有大学文凭的曹平吃了很多苦，与此同时，“我是小偷”这四个字一直拷问着他的心灵，沉重的压力让他不堪重负、痛苦万分。在这期间，他看了一部小说《深牢大狱》，书中一个警察偶然犯罪以后在监狱里改造自己的故事，让他的心灵受到了极大的触动，他觉得自己也应该接受改造。2003 年的春天，他决定投案自首，但当时有两个理由让他放弃了，一是怕给还在念高一的弟弟造成不好的影响，二是不敢面对昔日的老师和同学。2005 年 7 月，弟弟高考顺利过关，他在家人的陪同下，到派出所投案自首。说出了心底的秘密后，曹平感到了少有的轻松。2005 年 12 月，法庭判决结果出来，判处他有期徒刑 1 年半缓刑 2 年，并处罚金 5000 元。虽然付出了一些代价，但这让他感到很轻松，因为从此以后他就是一个诚实的人，可以堂堂正正地做他想做的事情了。这个事例也很好地说明了人们自我尊重的需要。

另一个与我们的生活更贴近的例子是关于志愿者的。志愿者源起于西方的社会义工，最近十几年才开始在中国流行起来，从各种各样的运动会，到宣传防治艾滋病常识，再到最为隆重也最让志愿者们向往的 2008 年北京奥运会，所有的大型公益活动都少不了志愿者的身影。志愿者的工作很琐碎，就拿北京奥运会志愿者来说，并不是每个报名参加的人都可以到比赛现场，很多人都是参与打扫街道卫生，维持交通秩序，为小区居民学英语活动授课等工作，这跟很多人想象中的出入各大比赛现场，和各国运动员亲密接触的志愿者有很大区别。北京电视台拍摄的招募志愿者宣传片更加明确，志愿者还要负责体育场馆设施维护，首都机场服务等工作。这些工作事实上并不“风光”，但是为什么还有那么多年轻人踊跃报名呢？为名？没有人会记得他们，人们只会记得一个集体的名称——奥运会志愿者；为利？志愿者是没有报酬的。所以，志愿者渴望从这个活动中得到的东西，唯有 B 型爱和自我尊重的满足感。

5. 自我实现的需求

马斯洛认为，自我实现是要充分发挥个人的潜力和才能，是对自身内在本性的更充分的把握和认可，是朝向个人自身统一、完整和协调的一种倾向。爱因斯坦不求名利只求相对论的发展，“生命诚可贵，爱情价更高，若为自由故，两者皆可抛”，都是最典型的自我实现，但不是适合于大众的自我实现。传统观点认为，人们为了自我实现需要付出很多代价，所以能自我实现的人不多。

那么，适合于大众的自我实现的概念是什么呢？通俗地讲，自我实现关注的不是别人对自己的看法，而是做自己想做的事情，即自由自在的感觉。爱因斯坦不是在别人的强迫下研究相对论，也不是为了得到别人的赞赏和尊重研究相对论，而是做自己想做的事情，这就是他自由自在的感觉。

自我实现的关键在于自己喜欢的事情对别人有贡献。否则他无法挣钱养活自己，也无法得到别人的尊重。理论上，人们若没有特殊的原因就不会喜欢自己不擅长的工作或社会活动。一个不擅长美术的人，也许会喜欢欣赏美术作品，但是不会喜欢美术工作；一个不会弹钢琴的人，也许会欣赏钢琴演奏，但不会在弹钢琴的过程中享受自由。

我们每一个人总能找到一件自己很擅长并且可以满足别人需求的事情。这样，自我实现就离我们不那么遥远了。

■总结

按照马斯洛的解释，人们只有先满足底层需求之后才会追求高一层需求。比如，一个人首先要满足生理需求，吃饱喝足以后才会考虑生命安全和其他安全感，然后考虑和别人的交往，满足爱和归属的需求，和别人交往之后就会寻求别人的尊重和自我尊重，尊重需求得到了满足之后才会考虑自我实现。

然而，现在的人们却不这样想。往往是一个人若得不到别人的尊重和自由，就宁可把自己孤立起来也不愿意和别人交往。若在婚姻中得不到尊重和自由，那么很多人会选择离婚。所以，尊重和自由是现代人最重要的需求。没有尊重和自由的爱，是无法想象的。所以，尊重和自由是爱的最重要表现。

总而言之，现代人的需求可以概括为一个字——爱。爱就是相信。爱自己，是相信自己会工作顺利、家庭美好，相信自己可以帮助朋友，可以为社会作出贡献；爱别人，就是相信别人的美好心愿，相信别人能做好自己的事情（包括工作、学习、家庭、朋友交往和社会贡献等）。

除此之外，人们还有好奇的需求（尤其是对亲人的事情）、被理解的需求。

所以满足别人的好奇心、理解别人都可以视为爱别人的表现。关于被理解的需求，我们在下面的“互相理解”中会更详细地探讨。

最后，人们的需求有客观性和主观性。需求的客观性，是指人们的需求不随其他人的主观意愿而改变。前文所述的各项需求都可以说是人们的客观需求。需求的主观性，是指人们满足需求的程度，随人的主观意愿而改变。人们需要吃饭，这是需求的客观性；而人们要吃什么饭，吃多少，这是需求的主观性。

第六章 权利和义务

人的权利和义务，简称为“原则”。原则是和我们日常生活关系最密切的内容，也是黄金思维的重要组成部分。上篇所述的每一个例子都与人的权利和义务有关。

权利和义务之间的矛盾是我们在日常生活中最常见的矛盾。汶川地震中的“范跑跑”，他作为一名普通公民有权利保护自己的生命，同时他作为一名教师又有义务保护学生的生命安全。在地震这样的特殊情况下，这两者出现了看起来无法协调的矛盾。于是，他只能两者取一，否认后者。

义务之间的矛盾也是很常见的矛盾。在“空运还是陆运”例子中，公司规定任何情况下不得空运，但是物流经理却让员工办理空运。在“人命关天”例子中，医院既要遵守采血规定，又要救患者的生命。面对这样的矛盾，医院院长否认了遵守采血规定的义务。在婚姻家庭中，男人既要孝敬父母，又要照顾妻子的感受。夹在婆媳两个女人中间，很多男人选择不顾妻子的感受。

现在人们越来越主张自己的权利，这是社会的发展。与此同时，人们对自己义务的观念却越来越模糊。这就像掩耳盗铃一样，无法从根本上解决问题。下面阐述有关原则的几个重要观点。

1. 原则的客观性和主观性

原则的客观性，是指原则规定的权利和义务不随我们的主观意愿而改变。原则的主观性，是指权利和义务的具体执行方法和程度受人主观意识的影响。

原则为什么会有客观性？这和制定原则的宗旨有关。我们在前面探讨了人的需求。为了保证每个人的需求，使共同需求和个性需求、短暂需求和持续需求都能得到最大程度的满足，国家和社会用法律、道德等多种形式规定每个人的权利和义务。权利是为满足自己的需求而被赋予的，义务是为了满足别人的需求而被赋予的。因为每个人的需求是客观存在的，所以每个人的权利和义务也是客观存在，这就是原则的客观性。

那么，原则为什么又有主观性呢？这也是因为需求有很大的主观性。也就是说，人们的需求到底应该满足到什么程度，这没有客观的标准，所以原则在其具体执行中带有很大的主观性。

下面我们从原则的客观性和主观性的角度观察最近轰动全国的“许霆案”。许霆在取款机上取钱时，偶然发现自己取1000元钱时取款机只扣1元钱。于是，他利用自己卡里的170多元取出了17万现金。他以为银行会来找自己，可是等了三天银行还没有发现。于是，他辞去原来的工作，带上那17万元踏上了回家的路程。第四天，银行发现问题以后通过他的卡号、身份证号找到他的单位，给他打了电话。但是，许霆已经把原来的手机卡扔掉了。他用那17万元做生意，赔了本，半年以后被抓捕时没剩多少钱。在一审判决时他以盗窃银行罪被判无期徒刑，很多网民认为量刑过重。在二审判决时，他被判了有期徒刑7年。在这个案件上，许霆认为自己没有罪，因为他是看到取款机出了故障所以要取出钱替银行“保管”；很多网民和不少法律专家也认为许霆没有罪，因为取款机诱惑了许霆，而正常的人无法抵制那样的诱惑。果真如此吗？若许霆没有罪，那么我们可以以“保管”的名义拿走别人很多财物。我们若看到邻居家没有锁门，就可以进去留下一张“我替你保管”的纸条之后拿走那些钱财，以免它被偷。若邻居来找，我们还可以告诉他是你犯了错，引诱了我，你也是我的共犯。这岂不是很荒唐吗？所以从法律的客观性来讲，许霆被定罪是必然的。这是为了防止人们以“保管”的名义盗窃别人的钱财。但是到底判无期徒刑还是有期徒刑多少年，这就属于法律的主观性了。因为，在这里并没有一个很客观的标准，说只有判他多少年才能防止别人或他本人重蹈覆辙。

夫妻（恋人可以看成准夫妻）需要共同度过一生，所以夫妻之间有知情权。也就是说，夫妻之间不能隐瞒任何东西，这就是原则的客观性。但是，夫妻双方都受时间、精力等限制，所以不可能什么都知道，双方都只是问自己感兴趣的内容，这就是原则的主观性。所以，夫妻双方需要先告诉对方自己认为重要的内容和对方认为重要的内容，然后回答对方的提问，这样就可以实现夫妻双方知情权的客观性和主观性的完美结合。妻子想知道丈夫在哪一天什么时间和谁在一起，这属于妻子的短暂需求和个性需求，那么丈夫就有义务如实地告诉妻子，不能以“你应该相信我”为理由拒绝妻子的要求。也就是说，妻子相信丈夫和行使她的知情权并不矛盾。

最近某网络媒体报道，河南南阳市民任超奇在婚后第二天，自己的电脑突遭当地网络警察搜查，查到了从网上用BT下载的一段30分钟的“黄片”，也就是“淫秽视频”，引来一张1900元的罚单。绝大部分网友和一些专家认为，他并没有传播淫秽视频，不构成违法。笔者不是法律专家，不能断定他是否违法，但是认为这些网友和专家们的理由不成立。按照他们的说法，一个人隐藏武器、弹药、毒品，若没有给别人造成伤害就不构成犯罪。这和许霆认为自己没有罪一样不合逻辑。若我们国家的相关法律没有改变，那么任超奇的罪名肯定成立，这就是原则的客观性。至于他的行为是否违法，若违法的话要罚1元还是1900元，这是属于原则的主观性的问题。

若我们理解原则的客观性和主观性，会对我们解决各种矛盾有很大的帮助，读者可以自己举一些例子来分析。一般来说，一件事情是不是违背原则，从原则的客观性的角度来说意见分歧不会很大，但是这件事情对别人、对社会产生多大的影响，则可能存在较大的分歧，并且对违背原则的处罚力度也有很大的不同，但这已经不是本质上的分歧了。

2. 日常原则的四个层次

在日常生活（不含工作）中常见的原则有法律、道德、个人之间的约定和良心。这四层原则最大区别在于它们的范畴不同。

法律和道德管辖的是社会大众的权利和义务，其中道德范围比法律更大。法律只对人们部分外在行为和部分言论上的权利和义务作出规定和相关处罚办法。而道德的范围包括人们一切行为、言语、表情、情感、思想上的权利和义务。

个人之间的约定作为法律和道德的补充手段，可以强调法律和道德已经包含的权利和义务，还可以约定具体的量化指标。所以，个人之间的约定应该包括法律和道德的范畴。

良心是最高层次的原则，可以看成自己和自己的约定。《辞海》将其解释为：①人们对自己行为的是非、善恶和应负的责任的自觉意识；②一定的道德认识、道德情感和道德意志在个人意识中的统一；③社会道德内化的结果；④是社会的、具体的历史范畴，由一定的社会关系所规定；⑤其社会作用主要表现在对道德行为的选择和评价上。良心可理解为一个具有自主性的个人和自己的约定，往往受到道德、法律等外部约定的深刻影响。“良心”没有外部约束，是靠自我的力量强制实施的，但正因如此，它也是最难逃避的，人们无论怎样无法无天，神通广大，最终还是躲不过“良心”对自己的惩罚。

良心最重要的标志就是自责。很多时候，我们看不出一个人内心的自责，但这不等于他没有自责。测谎仪为什么有效？就是因为一个人撒谎的时候他的皮肤电压会发生微小的变化。测谎仪灵敏度不够而测不出电压变化，不等于撒谎者的皮肤电压没有变化。

若有些人表现出毫无自责的样子，我们可以骂他没有良心。但骂归骂，事实归事实，他不是没有良心，而是没有表现出良心的作用而已。所以，我们骂完了之后还是想一想如何让他的良心起作用。若我们认定他没有良心，那么前文所述“原则的副作用”就会作怪。

上述内容可用下面两幅图表示。

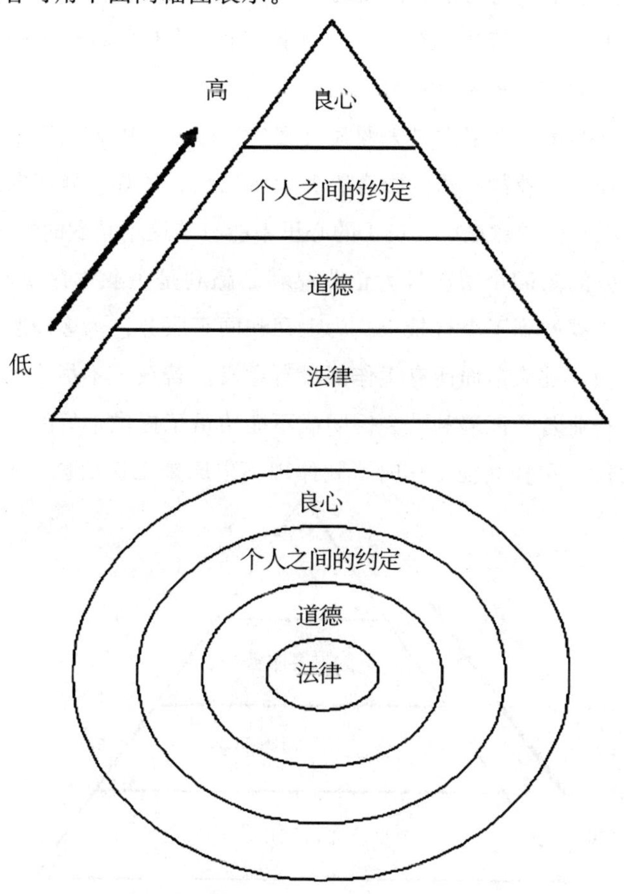

3. 企业员工义务的四个层次

员工义务的第一个层次是令行禁止，这就像法律的明文规定一样。这只是员工最基本的义务。这样的员工很容易被别人替代。

员工义务的第二个层次是为上司和同事服务，尤其是在上司和同事在业务上遇到困难的时候，相互帮助是团队精神的重要标志。在“空运还是陆运”的例子中，物流员工需要用黄金思维弥补物流经理信息不够明确的失误，这是为上司服务的重要表现。

粟卿刚上班时按照经理的意思做了一件事情，没想到老板很不满意，经理却对老板说是粟卿没有按照他的意思做。从原则的角度来说，经理不仅撒了谎，而且把责任推给部下。但是粟卿理解这是经理保护自己的本能，就向经理道了歉，给经理台阶下。从此以后，粟卿和经理的关系非常默契，经理和粟卿在一起感到很大的安全感。这就是粟卿为上司服务的很好表现。

上司和同事不只是为企业工作的人，也是平凡的人，他是家庭成员，为人父母、为人子女。若我们在上司和同事的生活上也能提供一些帮助，那么我们和上司、同事的关系会更好。

员工义务的第三个层次是为顾客（客户）服务。顾客的需求就是企业的义务，员工作为企业的一员为顾客服务理所当然。比如，顾客向某一名员工提出产品、服务上的意见，在员工的心里不能有“这不是我的工作”的思想。

员工义务的第四个层次是为企业谋利。赢利是企业生存和发展的基础，即使所有员工都做到了令行禁止、为上司和同事服务、为客户服务，但是若不能实现赢利，那么前面所有工作都没有意义。若员工不尽这个义务会有什么损失呢？企业若不能赢利就会倒闭或不能给员工提供很好的待遇，员工只能找其他工作。在找其他工作时，就体现不出原来工作给自己带来的优势。

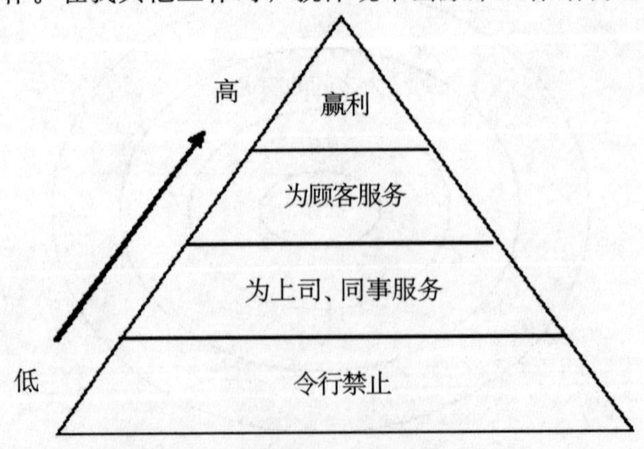

4. 企业义务的四个层次

企业义务的第一个层次是在合法范围内实现赢利。若企业没有赢利，就会失去它存在的价值。

企业义务的第二个层次是给员工提供合理的报酬和休息时间。这是企业最基本的义务，就像令行禁止是员工的义务一样。

企业义务的第三个层次是满足员工的安全需求、爱与归属的需求、尊重需求和自我实现的需求。在此特别强调的是，企业若关心员工的家庭生活，就会让员工感到很温暖。

企业第四层义务是为社会作出贡献。社会是企业赖以生存的土壤，若没有和谐稳定的社会，企业的生存和发展就无从谈起。企业为社会作贡献不一定非要捐款捐物不可。企业鼓励员工积极参与各种社会活动，也是很重要的贡献，并且可以丰富员工的业余生活，是一举两得的好事情。若员工积极参与社会活动，企业为社会作出贡献，就可以提高企业品牌的认知度和美誉度（因为顾客也有这个需求），可以促进产品销售，企业就可以给员工提供更多的报酬和更好的休息，员工生活可以更丰富，反过来为社会作出更多的贡献，这样就可以形成良性循环。更详细的内容，我们将在第十章“黄金思维所需的经济学原理”中探讨。

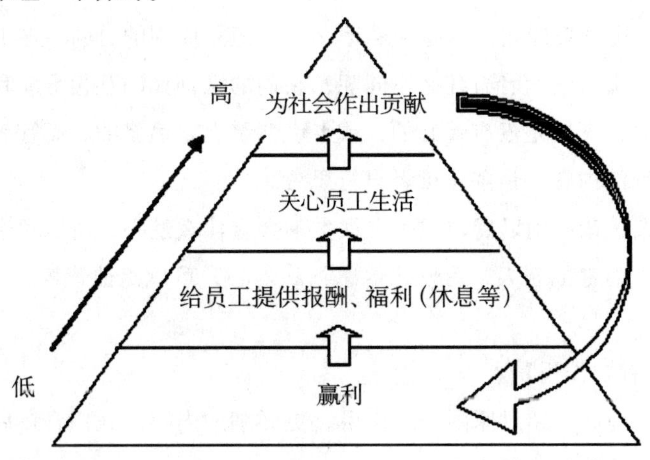

【功过不能相抵】

无论是哪一层的义务，只要违背原则肯定会受罚，这是原则最重要的标志。相比之下，若遵守原则，在一般的情况下不会有明显的奖励，因为我们本来就应该遵守原则。

可是，我们有时候会听到这样的话：某某功过相抵，既不惩罚，也不奖励。这看起来，若我们立功就可以不受罚。果真如此吗？

若是惩罚和奖励都可以用数字表现（如罚金和奖金），也许可以相抵。但是，惩罚和奖励绝不仅仅是数字上的，更重要的是心灵上的。心灵上的赏罚不能相抵。

若功过能相抵，那么养育我们的父母可以随意伤害我们，我们也不应该有任何怨言。可是事实并非如此。因为我们得到了父母的爱，所以我们的人格得以顺利形成；因为我们受到了父母的伤害，所以我们的人格形成会有一定的障碍。

在公司和朋友交往中也是如此。我们不能这样想：我对你（公司）帮助很大，所以即使我犯了错误，你（公司）也应该原谅我，我不需要向你（公司）道歉。我们应该这样想：我对你（公司）帮助很大，所以我在犯错误以后只要向你诚恳地道歉，就会得到你（公司）的理解。这就是我们“有功”的优势！

【惩罚与管教】

违背原则就要受罚，这是天经地义的。但是原则的目的不在于惩罚，而在于管教。那么这两者有什么不同呢？它们的区别如同互相帮助和互相利用的区别一样，惩罚是没有爱心的，或者说情绪上是愤怒的；而管教是有爱心的。更详细的内容，请各位读者自行思考。

一个人违背原则以后，陌生人根本不会有什么爱心，所以陌生人给予他的是惩罚。而他的亲人，可以让他感觉到爱心，可以给他管教。

【原则有副作用】

我们在前面介绍过原则的副作用。更详细的内容，我们将在后面的“互相理解与信任”中详细地介绍。

■总结

一个人违背原则就会受明显的处罚（或管教），而且处罚的时候不需要经过本人的同意。但是一个人遵守原则却不会有明显的奖励，这是因为我们本身就应该尽义务。无论是哪一层次的义务，都是我们该做的，而不是我们可做可不做的。而且，一个人尽了义务之后别人不会主动将他的权利送过去。这就需要我们主动争取自己的权利，而不是消极地埋怨别人。

第七章 互相理解与信任

前面我们了解了人的需求以及权利和义务，它体现了人们该做的事情和不该做的事情。可是在实际生活中，人们会做很多该做的事情，也会做很多不该做的事情。关于为什么会这样，我们在前面提到了标签理论和原则的副作用等内容。下面我们介绍更多的知识，帮助读者更彻底地理解人的各种思维、情感和行为，以及相信别人的方法。

1. 人类思维规律

(1) 需求是人类思维的起源

对常人而言，人们首先想到的是自己的需求和别人的需求。人的需求可以归结为对人、财、物资源的需求，并且通过恋爱婚姻家庭、工作（同事）、朋友、社会等途径满足这些需求，如下图所示。

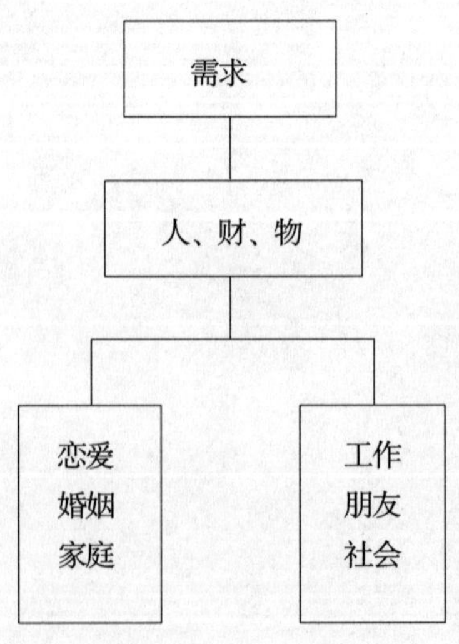

（2）需求决定原则（权利和义务）

人们根据自己和别人的需求确定双方的权利和义务。别人的需求，就是自己的义务，也是别人的权利；自己的需求，就是别人的义务，也是自己的权利。上述内容可用下图表示。

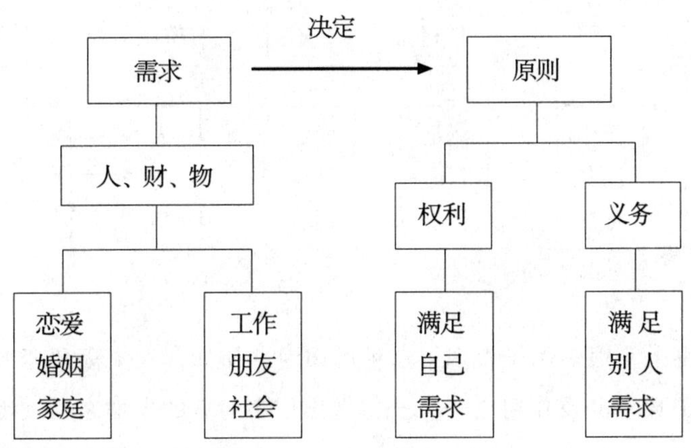

（3）原则决定方法

人们确定自己与别人的权利和义务之后，就会思考自己履行义务和享受权利的方法，以及如何让别人履行义务和享受权利。

正如前文所述，所有的方法都由社会科学、经济学和自然科学等三大科学和人、财、物等三大资源所决定。上述内容可用下图表示。

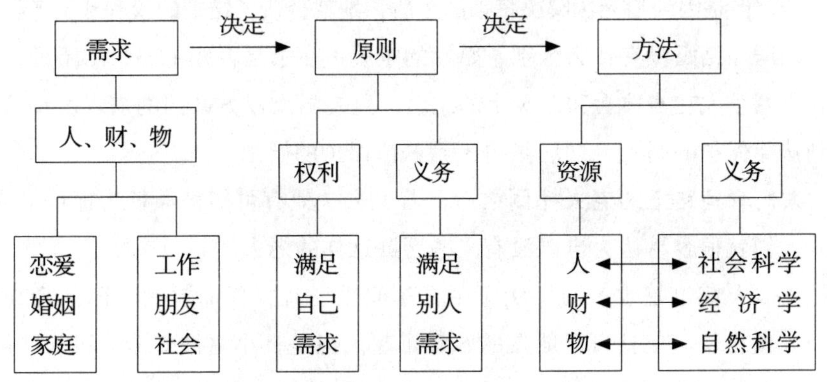

（4）方法对原则的反作用

人们若想不出尽义务和享受权利的方法，就会否认自己的相关权利和义务，尤其是否认较高层次的义务，同时会主张其他义务比它更重要。这种现

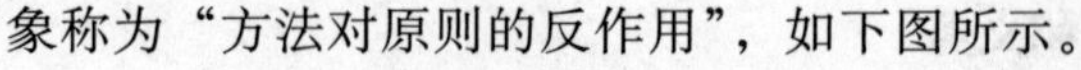

象称为“方法对原则的反作用”，如下图所示。

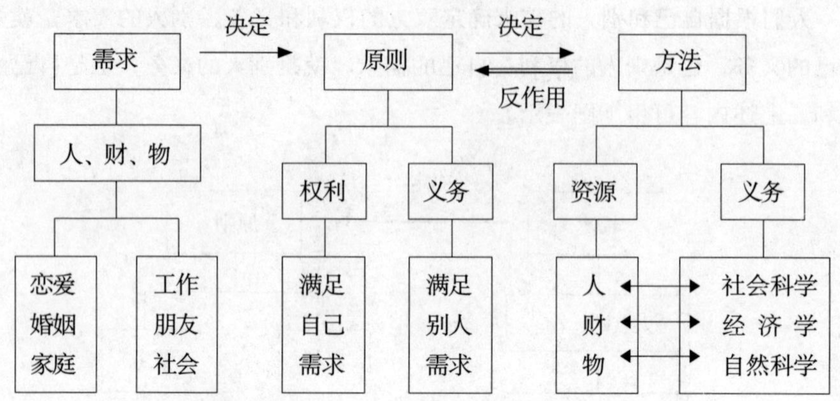

在本书上篇很多例子表现了这种反作用。比如，在夫妻和恋人之间主张隐私权是最典型的反作用之一。一方做出伤害对方的事情之后，因为不知道如何抚慰对方，所以主张自己的隐私权。或者说，对方知道自己做出某些事情之后将无法保证自己的利益，所以才主张隐私权。其实，主张隐私权等于把对方拒之门外。

有一位女青年说，她认为同居很好，没有必要结婚，因为结了婚就会产生两个家族之间的矛盾、婆媳矛盾等太多的麻烦。每个人都有结婚的权利，同时它也是社会和家庭的义务。父母希望自己的子女堂堂正正地结婚，过幸福的日子。但是因为怕无法解决将来的矛盾，她就否认了结婚的权利和义务。其实，同居和结婚没有什么区别。婚姻的本质不在于是否领了一张结婚证，而是在于两个人在身体上和心灵上的结合。这是男女双方共同的需求。结婚是得到法律保护的婚姻，同居是得不到法律保护的婚姻。

人们看到路上的老人摔倒之后，若上去扶他有可能被冤枉为撞倒老人，于是人们就很容易认为自己没有义务帮助这样的老人。

在“人情也是生产力”例子中，车间主任有权任命有利于团队合作的任何人做科长，包括自己朋友的妹妹小赵。但是，小赵被任命为科长之后，魏欣因为没有想出享受自己权利的方法，所以否认车间主任的权利，认为任命小赵是对自己的不公平。与此同时，她强调在科长任命中最重要的应该是对业务的熟悉程度，而把车间主任和科长之间的和谐度放在次要的位置上。

在日常生活中，人们否认义务的大部分情况都属于方法对原则的反作用。

（5）原则对需求的反作用

人们否认自己的权利和义务之后，就会接着否认相关的需求。比如，夫妻和恋人之间否认知情权，主张隐私权之后，就会否认对方好奇心的需求；主张同居而不结婚的人，会否认父母希望子女结婚的需求。在“人情也是生产力”例子中，魏欣否认车间主任作为一名普通人愿意帮助朋友的需求。这不是庇护唯亲是任的做法，而是魏欣不能认为车间主任任命朋友的妹妹的做法不公平。即使追究车间主任的责任，也应该是由公司上层来追究，其中的原因会是业务成绩下滑等实质性原因，而不是因为他任命了自己熟悉的人。

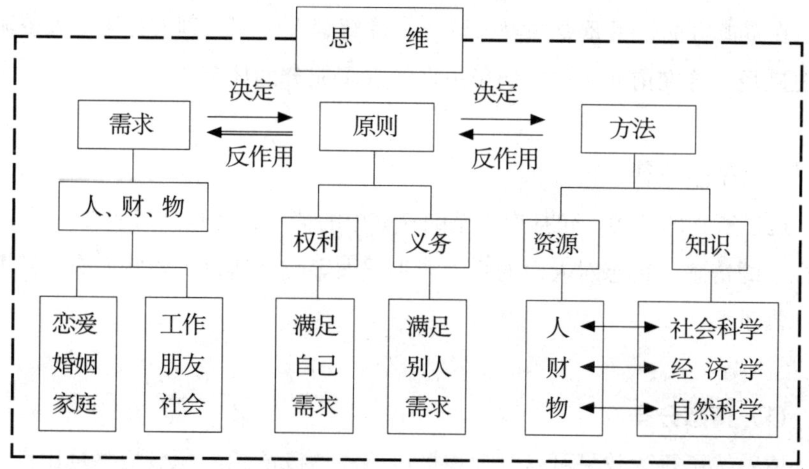

人们否认需求之后，自然就会认为自己没有对应的义务，更不会去思考满足该需求和尽相关义务的方法。这就进入下一个需求决定原则、原则决定方法的循环。读者可以按照上述思维规律分析自己和周围朋友的思维方式。

【改善思维方式的方法】

改善思维方式，即减少方法对原则的反作用和原则对需求的反作用。其主要方法是增加人们的资源和知识。本书下篇“如何建立黄金思维”都是为这个目的服务的。

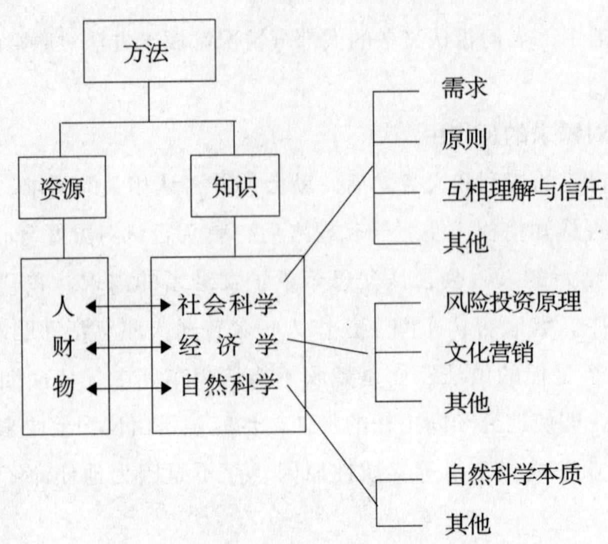

在资源方面，最重要的是人资源。理解别人、相信别人是激活人资源的重要途径，这在前面所讲的例子中已经有了充分的体现。

2. 人类情感规律

这里所指的情感，包括恋爱婚姻家庭中的情感，还包括对朋友、对工作、对社会的情感。情感对人们的行为产生重大影响，所以加深我们对情感的理解非常重要。

（1）情感分类

情感按照行为效果可以分为积极情感和消极情感。积极情感是让自己感到高兴、快乐的情感，它会引发我们对周围事物和人的爱的行为；消极情感是让自己感到悲伤、郁闷的情感，它会引发我们对周围事物和人的破坏或伤害的行为。比如，若上司有积极情感，就会关心和爱护部下；若上司有消极情感，那么他想关心部下也会感到心有余而力不足，反而很容易伤害部下。天下没有不爱自己孩子的父母，若父母有积极情感，就会对孩子做出关心和爱护的行为；但若父母没有积极情感，就很容易伤害孩子。

情感按照它所持续的时间长短可以分为短暂情感和持续情感。短暂情感，是即使没有外界环境变化也会自动消失的情感。持续情感，是指没有外界环境变化就不会消失的情感。比如，一位青年（我们叫他为“虚构”先生吧。他就是虚构出来的，而且在后面会反复提到他的名字）终于买了他梦寐以求的汽车，当时会感到很高兴，但是过不了多久（也许是一天，也许是一个月），他就不会再因为自己有那辆汽车而感到很高兴。在这段期间内，外界没有任何变化（汽车变旧的原因除外），这就是短暂的积极情感。有一天，“虚构”先生挚爱的女朋友在他眼前出车祸而死。从此以后，“虚构”先生失去了笑容，只有其他朋友和亲人特意逗乐儿才会高兴一会儿，但是只要这些亲人和朋友不在身边，他就会想念那位已经死去的女友。他想念死去的女友，就是持续的消极情感，因为这样的情感不能给他带来快乐，也不能给别人带来快乐，只能让所有爱他的人担忧。

我们最常见的外界环境变化为是否有人陪伴。一个人独处时的情感，是最常见的持续情感。相比之下，人们买东西、吃饭、和朋友在一起等很多事情都会让我们产生因外界环境的变化而引发的短暂情感。

若把积极情感和消极情感、持续情感和短暂情感进行组合，就可以用下图表示。

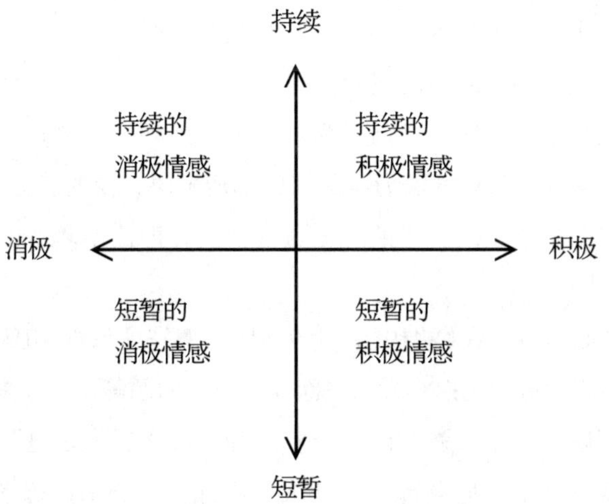

（2）情感产生机制

那么，这些情感是如何产生的呢？情感的来源主要有过去做过和未来要做的事情。

短暂情感来自过去。过去自己尽了义务（满足了别人的需求），享受了权利（满足了自己的需求），就会产生短暂的积极情感。

持续情感来自未来。自己未来若能尽义务（能满足别人的需求），能享受权利（能满足别人需求），就会产生持续的积极情感。

恋人若认为他们未来能过幸福的日子，就会产生持续的积极情感。在恋爱期间，一般来说，男孩子对未来比较有信心，而女孩子对未来的信心往往来自男孩子。所以，女孩子经常问男孩子："你会让我幸福吗？"那么男孩子对未来的信心从哪里来呢？正如在"值得嫁的男人"中提到的，男孩子需要明白解决各种问题的方法，还有解决问题的相应资源（人、财、物）。若男孩子缺乏这样的知识和资源，就很难对未来有把握，即使有，也不是那么牢固，碰到女孩子的父母反对等稍微大一点儿的困难就会动摇。一般来说，若男孩子对两个人的未来缺乏信心，女孩子可以帮助男孩子学习所需知识，补充所需资源，帮助他建立信心。若男孩子没有这样的信心，女孩子会感到没有安全感，最终会选择离开，就像"值得嫁的男人"中陈莉离开刘罡一样。若恋人缺乏对未来的信心，就会产生持续的消极情感，即使两个人在一起的时候很快乐，也是短暂的积极情感。

我们在前面谈过，对于老夫老妻，爱情的感觉也可以一直持续下去。怎么持续呢？若丈夫对未来有信心——"明天会更好"的信心，就会产生持续的积极情感，就是持续的爱的感觉。人们结婚（同居）之后会发现对方很多不足，或者在结婚（同居）之前以为不会成为问题，在结婚（同居）之后却成为了较大的问题。若双方认为这些问题都能解决，爱的感觉就会持续下去，若认为这些问题不能解决，爱的感觉就会消失，即使不离婚也会造成婚姻质量不高。

我们在前面提过，在婚姻中出现的问题，婆媳关系占40%，子女教育占40%，其余的问题可能包括双方朋友问题、事业问题等。若夫妻双方认同"婆媳关系老题新解"、"子女教育新题新解"和"妻之错夫之过"等原理，那么在婚姻中出现的大部分问题都可以解决，因此可以长期保持爱的感觉。

对工作的情感也是如此。若一个人对未来有信心，就会产生持续的积极情感，否则就会产生持续的消极情感，比如对工作失去热情等。

原则（自己和别人的义务）会对情感产生重要的影响。因为它在很大程度上代表着自己的需求在未来能否得到满足。比如，在银行霸道的例子中，若人们认为银行是霸道的，而且这个霸道是国家垄断体制所造成，那么我们就会认为将来对国家的很多需求会得不到满足。银行规定是小事，国家体制是大事，我们有可能因为很小的事情而对很大的事情失去希望，阻碍我们持续的积极情感的产生。

总结以上内容，可用下图表示。

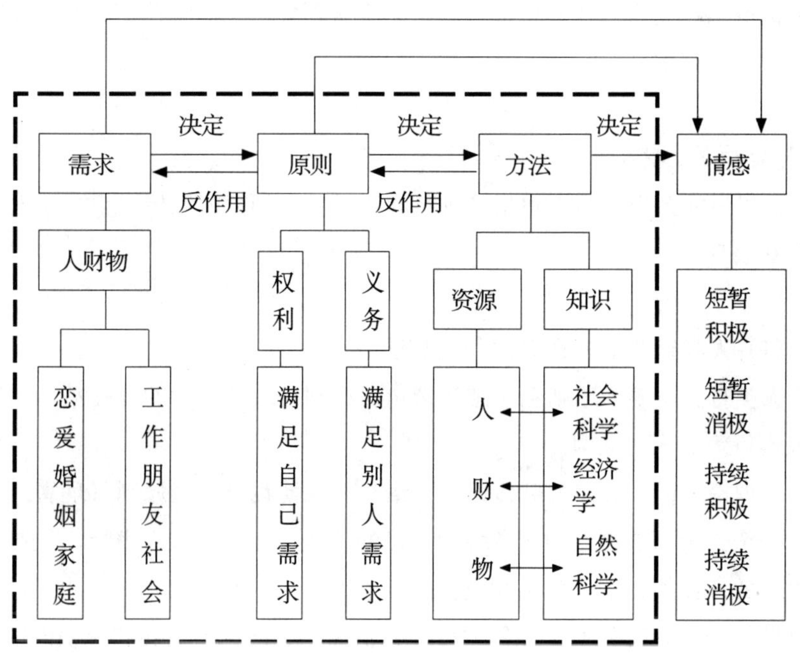

【引导情感的方法】

无论是谁，都希望生活在积极情感中，而不希望生活在消极情感中。若人们需求较少，原则较低，满足需求和遵守原则的方法就会比较简单，人们保持持续的积极情感的可能性就高。这就是人们常说的“知足者常乐”。反过来，若需求较多，原则较高，满足需求和遵守原则的方法就不容易找到，就很难产生持续的积极情感。所以，人们在找不到方法的时候就会否认相关义务和需求，这就是方法对原则的反作用。这是人们引导自己情感的最原始的本能。

可是，否认原则和需求是掩耳盗铃的做法，它就像先射箭再画靶心一样。人为地否认需求和原则，也许可以带来短暂的积极情感，但它却治标不治本。改善人们的思维方式，培养黄金思维才是治本的方法。比如，在上面提到的“虚构”先生，他的亲人和朋友在陪他玩的过程中让他认识到，他以后还可以认识很好的女友。这是他的认识，也许他本人不太相信这句话。但就像本书上篇提到的“旧标签”和“新标签”一样，狭路相逢勇者胜。也就是说，他的亲人和朋友们认为他以后能找到很好的女友的力量，要胜过他本人认为以后不会找到那么好的女孩子的力量，就可以让他对未来有信心，将原来持续的消极情感转变为持续的积极情感。关于这部分，我们将在下面的“互相信任”中更详细地介绍。

3. 人类行为规律

这里说的人类行为，包括各种行动和表情、细微的肢体语言、语气等一切外在表现。

(1) 人类行为的外在动力和内在动力

人类行为主要受原则和情感的影响。原则是人类行为的外在动力，情感是人类行为的内在动力。

从理论上讲，人们的肢体语言、语气、表情也可以受原则（理智）的影响。一个人可以靠自己的理智控制自己的肢体语言、语气、表情，但这是很难做到的。比如，一位父亲知道孩子偷了别人的东西，因此怒气冲天，打孩子（肢体语言）时就很难控制力度，也很难控制语言的内容和说话的语气。

这位父亲的怒气可能不只是来自孩子偷了东西这一件事情，还有可能来自工作上的不顺利、和妻子的争吵等很多事情。也就是说，心中的怒气就像炸药一样，只要有人点燃它，不管好人坏人，都会爆炸。我们经常说这样的话：我没有惹你，为什么冲我发脾气？你有本事，向你们领导发火！这句话很不科学，就像责怪炸药不是我点燃的但是为什么还要炸伤我一样。

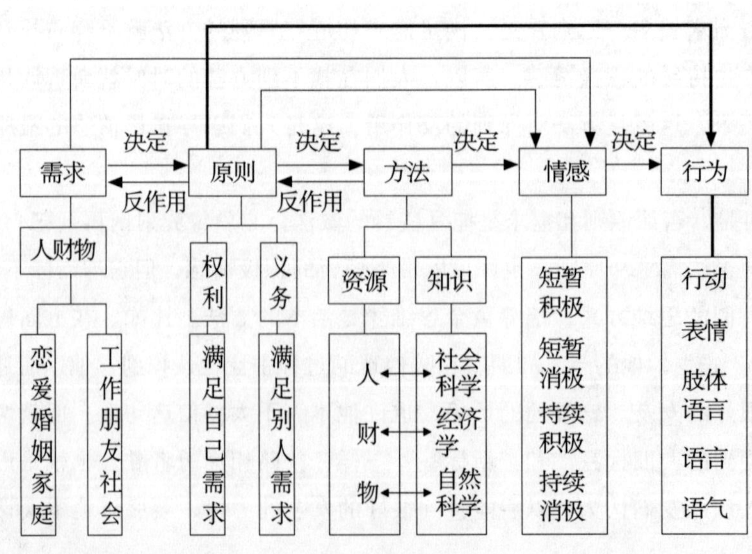

(2) 人类行为对资源和知识的反作用

人们在原则和情感的驱动下做出的行为，对资源和知识又会产生反作用。

行为对资源的反作用表现在，人们若做出好行为就可以获得别人的欣赏，包括一些物质（财、物）上的奖励。这就意味着，若一个人做出好行为就可以增加人、财、物资源。反之，若一个人做出不好的行为，就会遭到物质上的惩罚，更重要的是会失去朋友。这就意味着，若一个人做出不好的行为就会减少人、财、物资源。其实，人们行为对资源的反作用就是原则对一个人行为的赏罚。否则，原则就会失去意义。

行为对知识的反作用表现在，人们将自己的行为结果总结为一项知识。比如，自己的好行为受到人们的欢迎（含奖励），他就会知道人们喜欢什么（对需求的知识），自己该做什么（对义务的知识），还可以从自己行为结果中总结出利用各种资源的知识。人们给自己的旧标签（我就是这样的人）也是人们长期观察自己行为之后总结出来的知识。

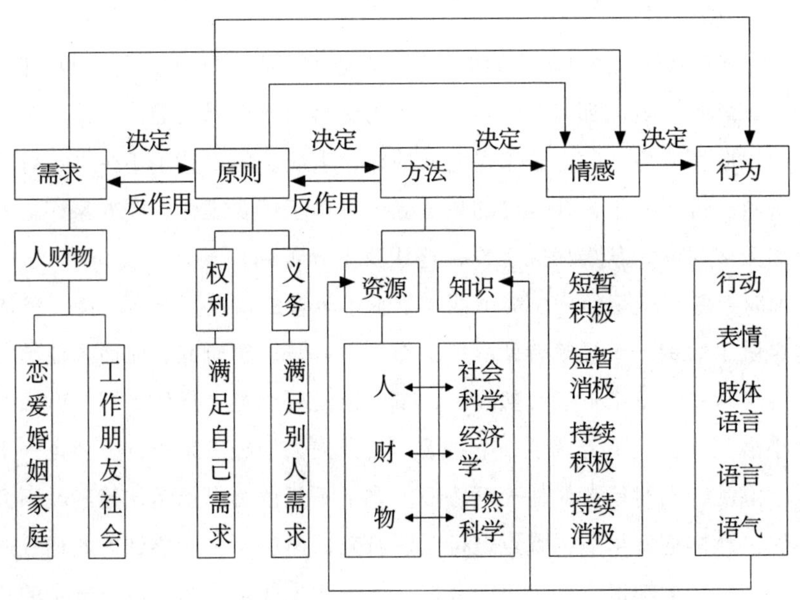

下面我们在上述思维、情感、行为规律的基础上解释如何理解别人和相信别人。

■ 如何理解别人

理解万岁，这是人人都知道的道理。所谓理解，包括理解别人的需求，理解别人的权利和义务，理解别人的资源和知识，理解别人的情感，理解别人的行为。

在理解别人的问题上，最重要的是理解别人的过错（违背原则的行为）。理解别人的过错不等于支持别人的过错，而是理解他那么想、那么做的逻辑关系或原因。理解别人，是爱别人的重要内容之一。

从思维、情感、行为规律可知，人们第一次（初期）违背原则，是因为缺乏资源或缺少知识；而持续违背原则，是因为原则的副作用。

＊ 缺少资源

巧妇难为无米之炊。若人们没有资源，那么就会很难遵守各种原则，它是人们违背原则、引起原则的副作用的重要原因。下面我们谈谈关于缺乏资源的一些事例。

＊ 资源绝对缺乏

资源绝对缺乏，意味着人们根本没有遵守约定所需要的资源。1996年，笔者在一家外企上班。那时笔者对提高人的综合素质很感兴趣，因此非常希望能找到一些切实可行的方法来提高人的综合素质。笔者读了不少书，查阅了不少资料，慢慢有了一些自己的想法。但是由于还要工作，要养家，笔者就抽不出太多时间来从事研究工作，这让我十分苦恼。

那时，笔者认识的一位美国朋友了解了笔者的情况后非常支持，答应给笔者提供生活费。于是笔者就辞掉工作，一心一意搞研究。然而，他给笔者提供的生活费，三个月后突然停了，事先也没有给笔者任何提醒。就像故事里的小洛克菲勒，笔者摔了一个措手不及，失去了经济来源，生活也一下子陷入了混乱。当时笔者对他充满怨恨，如果不是他给出承诺，笔者就不会辞去工作，那样笔者可能要晚点进行全职研究，但决不至于落到如此糟糕的地步。后来笔者才知道，这位美国人自己的生活也并不富裕，没有多余的资金可以帮助别人，当时他自己的生活都面临了困难，只好中止了答应给笔者的生活费。而碍于面子，他又不想告诉笔者这些，以至于那段时间我们之间产生了不少误会。

这件事对笔者产生了很大的影响，它让笔者知道，一个人违背约定并不一定都是人品有问题，也可能是由于资源的缺乏。就像这位美国人，当一个人没有足够的资源支撑自己生活的时候，他怎么有资源去履行帮助别人的承诺呢？当笔者明白了这一点之后，心里对他的怨恨就少了很多。虽然他以后没有继续帮助笔者，但他的承诺给笔者的研究提供了新的支持方式，不久，笔者又找到了新的支持者，继续潜心研究。

下面我再讲讲我父亲的故事。20 世纪 80 年代初我国推行干部年轻化政策的时候，我 36 岁的父亲成了那个年代我们省最年轻的县委副书记。当时国家干部的工资主要取决于工龄和行政级别[①]，与职务关系不大，所以父亲的工资很低。我母亲是知青，按当时的政策可以获得一份相当不错的工作，但是父亲坚持贯彻“吃苦在前，享乐在后”的原则，不肯给母亲安排正式工作。这样我们全家就完全依靠父亲那一点微薄的工资，生活相当拮据。母亲身体一直不好，花了不少医疗费，但是因为没有工作而无法报销，加上弟弟小时候也经常生病，所以父亲欠了国家不少债。

后来我考上了大学，虽然那时的大学并不需要高额的学费，但家里供我读书也非常吃力。有一次假期即将结束，我准备返校时，一位由我父亲扶持壮大的乡镇企业家看到我们家的窘境，给了我几百元钱——这相当于我父亲半年的收入，父亲同意我收下了。在我印象里，那是父亲第一次接受别人的礼物。在此之前，他连被评为先进工作者得到的一个半导体收音机，也执意送给了一位孤寡老人。不久，父亲去世了，没有给家里留下任何财产。

毫不避讳地说，父亲的行为称得上是“受贿”，也是我们所说的“违背四大约定的不当行为”中的一种。我深信我父亲无论在工作上还是在品德上都是优秀的干部，可是为什么后来还是接受了这几百元钱呢？首先，我父亲的正常（正当）收入过少，少到不能保证基本生活（包括看病）而欠债的地步。其次，我父亲“受贿”与我有很大的关系。作为父亲，他自己吃多少苦都没有关系，甚至可以承受“为革命事业而负债的光荣”，但他不愿意让自己的孩子受委屈。面对我的困境，当时的他除了接受别人这几百元钱没有别的选择。

这样说并不是要为那些违背四大约定的人辩护，更不是提倡这样的行为，我只是想换个角度，找出问题产生的真正原因。在我和我父亲的例子中，无论是那位美国人还是我的父亲，其缺乏资源的境况都一目了然，很容易让人理解。但有时候，虽然缺乏资源是未能遵守约定的根本原因，却未必能被发

① 行政级别：当时衡量国家干部的内部级别，最低23 级。因“文革”等因素长时间没有调整。

现。因为，绝对的资源缺乏是显而易见的，而相对的资源缺乏却容易被忽视。

在第三章“亲身说法”例子中，李山欠债之后销声匿迹，也是属于资源绝对缺乏。

* 资源相对缺乏

所谓资源相对缺乏，是指人们在履行约定的过程中，认为自己的投入过大，而违背约定给对方造成的损失却不大，所以中断履行约定的情况。从经济学投资的角度看，及时撤出效益不够好的投资无可厚非。问题在于没有提前沟通，导致这样的情况往往难以得到别人的理解。尤其是作出承诺的人很有可能并不了解实情，低估了对方的损失，而在没有告知对方的情况下违背承诺，会造成更大的伤害。

1999 年，我开始注意到资源对一个人的思维方式产生的影响，因此决定给一些学生提供奖学金，并邀请他们共同参与研究。一开始，我答应每月都给 A 学生提供奖学金。但是事隔不久，我就把本来要提供给 A 学生的奖学金转给了 B 学生，因为我发现 B 更有潜力，生活也更困难。对 A 而言，我没有遵守我的约定，究其原因是因为我缺乏资源。虽然不是完全没有资源，但是给 B 提供了奖学金后就无法给 A 提供。所幸的是，由于我在中断给 A 的奖学金之前及时与他进行了沟通，所以我的这一行为没有给他造成很大的损失，也没有对我们的关系产生太大的影响。其实，在我研究的过程中，也有很多人曾经答应给我提供资金上的支持，但有时候因为遇到比我更需要资金的人，这种承诺就成了一张空头支票。虽然他们没有及时通知我，但是因为我自己曾因同样原因违背过承诺，所以我能理解这种行为。

在第三章“变废为宝”例子中，过海不还方向的钱，也是因为资源相对缺乏。严格地说，资源相对缺乏不能成为不遵守原则的理由。但是，大部分人都可以理解。

表面上看起来，大企业资金不会缺乏。但是，一个萝卜一个坑，大企业的每一笔钱几乎都有它的用处，想办一些计划之外的事情也很困难，这也是资源相对缺乏的表现。

* 缺少知识

人们最缺少的是激活人资源的社会科学知识。除此之外，还缺少最基本的经济学原理和自然科学知识。本书会给读者建立黄金思维所需的知识框架，读者可以在此基础上继续补充其他知识。这样，读者可以激活各种资源，提高各种资源的利用率。

* 原则的副作用

原则的副作用是原则的惩罚措施促使没有能力遵守原则的人和已经违背原则的人继续违背原则的现象。

原则之所以有副作用，就是因为它的特性——违背原则一定会受惩罚。违背原则的人受到的惩罚一般表现在减少其所拥有的人、财、物资源。其中最重要的是减少人资源，即人们会不喜欢违背原则的人。违背原则的人受到的惩罚还可能影响这个人的知识，比如孩子因为撒谎而挨打，就有可能认为父母不爱自己。

人们因为违背原则而使资源减少、知识受影响以后，在同类事情和其他事情上就会减少方法，减少方法就会否认相应义务，并且产生消极情感，这样就促使他继续违背原则，最后给自己一个标签——我就是这样的人。

■ 信人之道

我们对别人和自己的思维、情感、行为规律有了理解之后，就要谈信人之道。我们在第三章“亲身说法”中提过关于彼此信任的问题。在此，我们在理解别人思维、情感、行为规律的基础上，重新讲述信人之道：相信人人都有美好心愿，但是不相信人们一定遵守原则，不相信人们一定会充分利用闲散资源帮助别人。

* 相信人人都有美好心愿

如前文所述，美好心愿不只是善良之心，它包含人们愿意帮助别人的心愿（B 型爱）、愿意被别人尊重的心愿等一切利人利己的心愿。也就是说，人们若没有外界的干扰，就不会做伤害别人的事情，也不会做使自己不被尊重的事情。对于这样的观点，法律给我们提供了最有力的依据。

大家知道，司法机关在审理案件时，通常把被告人的主观动机作为定罪量刑的重要依据。尤其在一些重大的刑事案件中（意外事故除外），即使有关证据已基本具备，但如果被告人犯罪的主观动机不明晰，罪名通常就很难成立。比如，一桩命案的所有证据都指向一个嫌疑人，而警方没有找到这位嫌疑人的杀人动机，那么检察院很可能不会批准正式逮捕这位嫌疑人。法律这样规定的前提就是：人们若没有外界的干扰，就不会伤害别人。

还有在法庭上，证人的证言之所以能成为法定证据之一的前提就是证人在没有外界干扰（利诱、威胁等）的情况下是不会说谎的，因为说谎的人不会被人尊重。与此同时，法律一般不会单独采纳证人证言作为判决的依据，这也是因为证人若受到外界干扰就有可能说谎。

此外，无论是我国的法学理论还是相关的司法实践，都一致主张对刑事诉讼中难以决断的疑案实行“无罪推定”，即“在被告人有罪无罪难以确定时，按被告人无罪处理；被告人罪重罪轻难以确定时，按被告人罪轻处理”。当然，这一疑案处理原则中蕴涵了“保护人权，维护被告人合法权益”的深意，但我们不能否认的是，法学理论和司法实践能如此考虑这种情况，其实就是含蓄地认可了“在通常情况下，人们内心深处还是存有一种愿做好人的倾向”。显然，如果认定人们在心灵深处自发地趋向作恶的话，这种推定就应该尽量得出“被告人有罪”的结论。换句话说，这种“疑罪从无”的无罪推定原则成立的大前提，正是“人人都有美好心愿”。

国外的庭审，更是证明“美好心愿”存在的最佳场所。西方的法庭传唤证人致证词的时候，都会要求证人手按《圣经》，向上帝起誓所提供的证词是真实的。除去宗教的影响不谈，如果不是因为法庭承认这样一个前提——证人有愿意用自己的证词来帮助法庭作出正确的判决的美好心愿，那么无论是手按《圣经》还是别的什么事物起誓，都是徒劳的。如果人的本性是恶的，法庭也无从采信任何人的证词了。

有一位企业家听完有关美好心愿的介绍之后表示担心：美好心愿会不会成为人们为自己过错辩护的借口？为了彻底解决这个问题，笔者和他来回谈了好几次，最终发现在美好心愿和最后行为之间增加一层“动机”就可以解决这个问题。

* 美好心愿和善恶动机

人们有美好心愿，并不等于人们在每一件事情上的动机都是好的。比如，父母爱孩子，这是美好心愿。但是，如果有一天孩子偷了别人的东西，父母就会觉得很丢脸（这说明父母缺少真朋友），就会痛打孩子。此时，在父母打孩子的动机上，“恨”的惩罚占主导地位，爱的管教也许根本不存在。那么父母打孩子的时候，父母是不爱孩子吗？不是！父母还是爱孩子，但是父母的爱被消极情感遮蔽了。上述内容可以用下图表示。

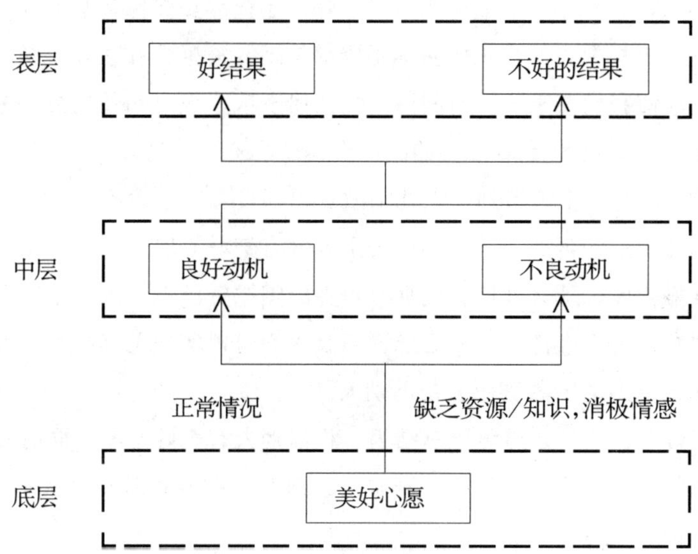

动机是针对处理具体事情的过程而言的。同一个人，在不同的事情上可以有不同的动机，甚至在处理同一件事情的时候，在不同的时段也会有不同的动机。而美好心愿贯穿于所有事情、所有时刻。

认可别人的美好心愿，不等于承认别人做的每一件事情都是出于善良的动机；反过来，我们不能以自己有美好心愿为理由美化每一件事情的动机。一个人在某件事情上产生不良动机是很正常的，因为我们有不良动机不是因为我们“坏”，而是因为我们缺乏资源、缺少知识，或者有消极情感。若我们单纯按照做一次两次事情的具体动机来判断一个人是“好”还是“坏”，那么肯定会得出“这个人一会儿是‘好人’，一会儿又是‘坏人’，捉摸不透”的结论。一个人处理事情的动机可以时好时坏，但他具有美好心愿这一事实不容置疑。

* 充分利用闲散资源

关于闲散资源，我们在第三章“亲身说法”中已经作了简单的介绍，在这里不作更多的解释，只需要强调一些重点。

闲散，是对自己而言；资源，是对别人而言的。闲散资源可以分为以下几种：第一，可有可无的资源。1元、10元、100元、1000元、10000元都有可能成为闲散资源。第二，已经花出去而无法按照主观愿望回收的资源，或者不能不花的资源。比如，笔者借给李山的10000元，笔者不能想回收就回收。再比如，无论员工工作业绩好不好，老板都要支付基本工资。笔者的10000元和老板要付给员工的基本工资都是闲散资源。在很多时候，时间不能积蓄，即使我们在某一段时间内不做任何事情，该时间还是会流逝。从这个意义上说，时间也是最常见的闲散资源。

世界上没有一个人穷到一点儿闲散资源都没有，也没有一个人富裕到一点儿不需要别人的帮助。若我们认为别人没有美好心愿，或者无论如何也不能实现美好心愿，那么即使我们拥有再多的闲散资源也不会去帮助别人。反之，若我们认为人人都有美好心愿，而且人们可以实现美好心愿，那么我们就可以拿出更多的闲散资源去帮助别人。

总而言之，信任之道可以总结为：相信别人有美好心愿，同时做好别人违背原则的准备，充分利用闲散资源帮助别人，也争取别人的闲散资源帮助自己。下面我们讲一些事例。

笔者在研究黄金思维的初期（20世纪90年代初）过着很清贫的生活，但还是把自己节省下来的钱拿去帮助更困难的人。有一次，其中的一个人给笔者买了一瓶3元钱的可乐。对此笔者感到很伤心，于是对他说："连我都舍不得喝可乐，你怎么能这么随便花钱？"笔者这一句话使他的一片好意变成"随便花钱"了。更重要的是，笔者虽然在经济上帮助了他，但却给他的心灵造成了很大的伤害，这伤害远远大于我给他的帮助，结果把"好事"做成"坏事"了。这也是绝大部分人不轻易接受别人帮助的原因。本来是帮助别人的美好心愿，结果却成了伤害别人的行为，其原因就是因为笔者动用了"血本资源"。

朋友之间借钱是常有的事，如果借出去的钱只是闲散资源，那自然没有问题；如果没有闲散资源，那么最好还是向朋友说明自己的实情，不要为了一时的"义气"动用自己的"血本资源"。否则极易出现"蛋打鸡飞"的现象——不但钱要不回来，而且朋友也做不成了。拒绝别人并不是一件容易的事情，因为怕对方受到伤害，但事实上，迁就反而可能会造成更大的伤害。其实，只要你相信对方的美好心愿，这种信任就会表现在你的语言、语气和表情中，对方也一定会感受到你的信任。即使他暂时受到伤害，甚至怨恨你，那也没有关系，当你有闲散资源以后，你可以再及时向他提供帮助。如果你需要他的帮助，也可以告诉他，这本身就是相信对方美好心愿的体现。

在我国改革开放初期，北京一家汽车公司引进外资成立了合资企业，总经理的职位由双方轮流担任。按照财务规定，财务人员到银行取钱必须有总经理的盖章。中方总经理把自己的章直接给财务人员保管，这样就省去了财务人员每次取钱都要找他盖章的麻烦。轮到美方担任总经理时，财务人员把章给了美方总经理。因为美国人很少用章，所以这位美方总经理感到很好奇，左看右瞧，把章扔到空中，接到手中便直接揣到了自己兜里。这一下，中方财务人员傻眼了，问美方总经理："难道以后我每次取钱都要到你这里盖章吗？"她这一问，美方总经理也傻眼了："难道你们以前的总经理没有执行他的监督职能吗？"这个故事后来传遍了该企业，并传出了这样的话：中国人办事，建立在彼此信任的基础上；美国人办事，建立在非信任的基础上。其实，美国人不是不相信下属人员有美好心愿，而是无法承担由于缺乏监督造成的严重后果而已。如果中方总经理有能力承担这一严重后果，那么他的做法也是可以理解的，否则他这样做就不是"信任部下"，而是缺乏智慧的"初生牛犊"。

【如何判断别人会不会守约】

遵守人与人之间的约定，是很常见的原则之一。做好对方违背原则的准备，并不意味着我们不用考虑对方会不会守约。我们可以一起探讨如何判断一个人在某件事情上兑现承诺的可能性有多大。这是如何预测别人未来行动的问题。我们都不是上帝，怎么知道未来会发生什么事情呢？预测未来的最重要的依据是客观规律！如果一个人作出抵触法律规定的承诺，那么这个承诺本身就无效。若一项约定违背其他客观规律，那么不利的一方很容易认为这个约定是不公正或者无效的，就会增加不兑现承诺的可能性。

客观规律可以分为自然科学规律、经济学规律和社会科学规律。在一般的情况下，人们不会作出违背自然科学规律的承诺，但是往往容易忽略经济学规律和社会科学规律（法律除外）。

我们先谈谈经济规律中的"对等原则"和"互利原则"。"对等原则"是指"风险和回报应该对等"。前不久，我的一位朋友陈先生告诉我这样一件事：他认识了某企业的老板张总，该企业已经打开华东市场，现在急需打开华北市场。他请陈先生帮他找一些合适的代理商，并承诺事成之后给陈先生30%的利润。陈先生认为这个报酬很丰厚，而且他和张总个人关系也不错，但是他担心张总会不会守信用，所以就来问我该不该相信张总的话。我对陈先生建议：你可以估算实现赢利的过程中张总和自己各需要投入多少，如果估测的投入比例在25%～35%之间，那么张总兑现承诺的可能性就会很大。如果张总投入的比例远远超过70%，而且他认为在以后还需要你帮助他，那么他也有可能为了长远的合作而放弃现在的利益，兑现他的承诺。否则，他很可能认为当时的约定是一个“不对等”的约定，不兑现承诺。在互利性上，很难实现时时刻刻都是互利的，但是考虑长期的合作就容易实现互利。因此，给别人显示未来的希望是提高对方兑现承诺的可能性的重要方法。

下面我们再谈谈法律中的“平等原则”。平等原则是指，任何约定都应该建立在双方平等的基础上。在日常生活中，很容易出现“强势方”和“弱势方”，比如上级和下级、“债权人”和“债务人”等。在大部分情况下，强势方并没有强迫弱势方的想法，但是弱势方很容易感到压力，夸大自己的弱势处境，承诺自己并不情愿的事情。所以，强势方需要经常确认弱势方是否心甘情愿。北京某公司和某所高校社会实践部（学生社团）签订了一项活动冠名赞助协议，后来校方直接介入该活动，指定该校校办企业冠名，赞助金也比原来多了20倍，并取消了该公司的冠名赞助权。对此，社会实践部的负责人（学生）深感歉意，该公司表示理解，并建议学生干部采取另外一种合作方式，学生干部欣然接受。对此，该公司的一名员工提出疑问，学生干部会不会是出于无奈而答应此事？若是这样，他们就有可能做不好此事。于是，该公司负责人向学生干部确认，学生干部作出了肯定的回答，不是出于内疚或无奈。

有些人从小生长在不平等的环境下，比如父母比较暴躁，无论自己有理没理都经常挨打、挨骂。在这样的环境下成长的人和别人交往时很容易夸大自己的弱势处境，不敢拒绝对方的要求或建议，或者自己没有履行义务以后把责任推到“不平等”上。如何解决这样的问题，我们将在下一章详细介绍。

笔者认为，在美好心愿的基础上，若遵守上述几项原则，那么人们兑现承诺的可能性就很大。

第八章 提高工作和生活能力

我们若想满足自己和别人的需求，光理解别人为什么会那么想、那么做是不够的。我们最终需要的是改善自己和别人的思维，使自己和别人生活在持续的积极情感中，最终做出好的行为（含表情、语气、语言、肢体语言等行为，以及工作业绩、对朋友的帮助等实际行动），只有这样才能真正实现个人与亲人、朋友、同事、企业和社会的共赢。

在第一章 “小组长的领导力”例子中，具钰的组员工作能力较差（但不至于辞退，公司辞退一名员工不是那么简单，找一位合适的人也不是那么容易）。具钰如何提高组员的工作能力，就成为具钰作为组长的领导力的重要表现。

在第二章 “爱的本质”中，只有郑涛帮助文蕊培养其他爱好，使她不和郑涛在一起的时候不会感到孤独和不安，两个人才能过幸福的日子。在“小娟的怀疑之影”中，只有王军帮助小娟不再怀疑自己，才能过幸福的日子。若孩子学习不好，就需要帮助孩子提高学习成绩，而不是说“学习成绩不重要”。（详细内容请看“信子成龙”）

在第三章 “变废为宝”的事例中，方向若帮助过海提高工作能力（挣钱的能力），那么既可以提高过海还钱的可能性，而且可以加深两个人的友情。

这一切都和我们帮助别人开发工作能力和生活能力有关。其中，如何帮助配偶更为重要。同事（部下）若缺少工作能力，至少可以辞退（换）；朋友若缺少工作能力（还钱的能力），至少可以不再来往；但是，若恋人缺乏工作能力和生活能力，就不是分手那么简单；若配偶缺乏工作能力和生活能力，也不是离婚那么简单，若有孩子，离婚就更不容易；若子女缺少工作能力和生活能力，就会成为父母一辈子的负担。所以，在恋人和亲人之间如何互相帮助培养工作和生活能力（黄金思维），是我们每个人必备的基本素质。

1.关于“资助”引发的思考

2005年，《中国青年报》上有一篇文章《资助者状告被资助女不读书，要其还双倍资助金》，报道了澳门的陈劲草热心资助广西贫困女生周彤上学的事件。周彤上小学五年级时，父亲在一次车祸中不幸去世，母亲打工的收入又极不稳定，因此周彤升高中时，面临着辍学的危险。一次偶然的机会，周彤在网上认识了陈劲草，了解到周彤的处境后，陈劲草非常同情，并表示愿意资助她上学，直到大学毕业。为了确保周彤努力学习，考上大学，陈劲草与周彤及其母亲商量，建议签订一份协议，有点约束会比较好。周彤与母亲也认为这个建议合情合理，而且可以起到督促周彤学习的作用。这样，2004年2月29日由周彤的班主任做见证人，双方签订了一份资助合同。合同明确规定：周彤学习期间不许退学、不许打工、不许谈恋爱，必须努力学习考上大学本科并取得学士学位，如果违反了合同规定将双倍返还资助的费用。在第一年的时间里，周彤经常向陈劲草汇报自己的学习情况。但是后来陈劲草再问到周彤学习情况时，她的回答总是支支吾吾，陈劲草开始觉得不对劲。2005年5月，他打电话到学校询问周彤的学习情况，学校告诉他根本没有这个人，后来他才知道，周彤已于2004年7月退学回家。之后陈劲草多次劝说周彤复学，并表示愿意继续资助她上学，但是周彤拒绝了他的好心，参加了工作。这让陈劲草大失所望，一纸诉状将周彤告上了法庭。同时陈劲草表示，追回爱心资助款不是目的，而是希望给周彤一些压力，让她能够重新回到高中继续学业。周彤则认为“拿别人的钱读书压力太大，还是用自己的钱读书好”。她曾向陈劲草提出更改合同，希望降低标准，让她读卫校或者大专，但被陈劲草拒绝了，因为陈认为这与自己资助的初衷不相符。在此我们暂且不谈谁对谁错的问题，而是要谈一个现象——旨在促进周彤学习的协议，却逼她提前走出了校门。

陈劲草和周彤签订正式协议，规定了双方的权利和义务，这很像上司和员工签订的业务目标的协议。陈劲草资助周彤又很像父母供孩子读书，不求其他回报，只求周彤（孩子）考上好大学。陈劲草帮助周彤，也是陈劲草对社会的一份贡献，因为陈劲草和周彤原来一点儿关系都没有。陈劲草和周彤还可以说是朋友，因为他们后来毕竟认识了，而且保持一定的联系。所以，甚至有人怀疑陈劲草的动机，认为他资助周彤是为了和她谈恋爱、结婚。

在不少夫妻之间也会出现类似的问题：比如，妻子（女友）对丈夫（男友）期望很高，而丈夫（男友）认为自己无法达到妻子的期望，或者反过来，丈夫（男友）对妻子期望很高，而妻子（女友）认为自己无法达到丈夫（男友）的期望，最后两个人不得不离婚（分手）。其实，恋人和夫妻之间的所有问题都可以归结为一方无法满足另一方要求而产生消极情感，轻则过缺乏爱的平淡生活，重则分手或离婚。

由此可见，这是一件集工作、家庭、朋友交往、社会贡献为一体的典型事例。我们需要认真分析，给出一个陈劲草帮助周彤考上大学的办法。若读者掌握这个方法就可以一箭四雕：可以提高工作中的领导能力，可以实现恋爱婚姻家庭幸福，可以更好地帮助朋友，可以为社会作出更多的贡献。

为了使这个事例更接近于工作中和朋友交往的真实情况，我们可以提出这样的假设：资助者除了陈劲草之外还有一个人，我们称他为L先生。而L先生因为工作太忙从来不和周彤直接联系，把所有的事情都委托给陈劲草办理。若是婚姻家庭情况，就不需要L先生。

下面我们根据思维、情感、行为规律分析周彤的心路历程。周彤一开始认为自己能学好，所以同意签订“一定要考上本科”的协议，但是后来发现自己考上本科很难，并发现自己不是学习的料，于是她想降低目标（方法对原则的反作用），而不是寻找能学好的方法，比如寻求同学、老师的帮助等。但是陈劲草不同意降低目标，于是她对学习产生了持续的消极情感（想逃避学习，对不住陈劲草等），结果成绩比以前更差，让她感到更大的压力，产生更多的消极情感，成绩进一步下滑，认为自己不是学习这块料的想法更强烈，最终离开了学校，并不得不加倍偿还陈劲草资助的钱。上述内容可用下图表示。

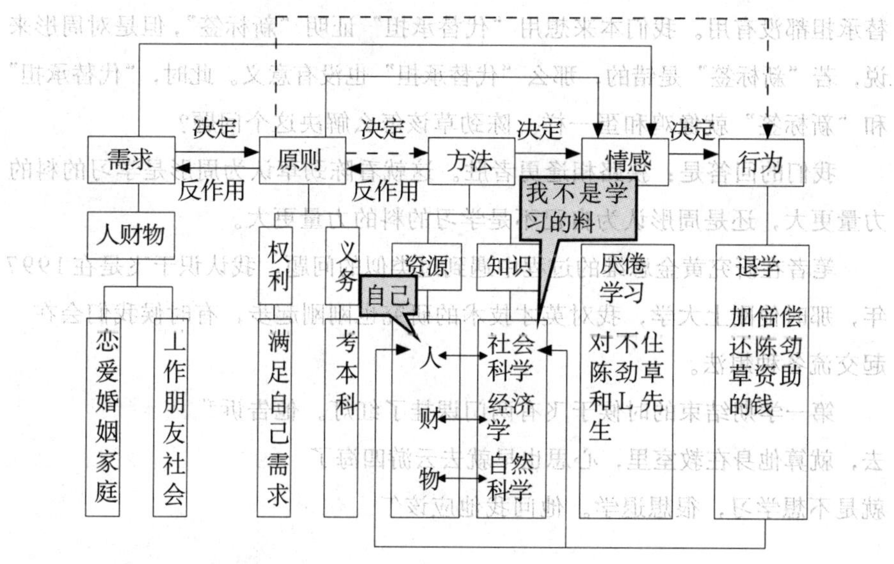

我们利用“基于代替承担的新标签”就可以解决这样的问题。具体如下：第一，告诉周彤要考上本科的目标不能变，但是她即使考不上本科，陈劲草也不会责怪她，而且陈劲草会向L先生解释周彤已经尽了力。若L先生因周彤没有考上本科而要求她赔偿，就由陈劲草替周彤赔付。由以上分析可知，陈劲草需要采用两种办法帮助周彤。第二，在周彤产生“我不是学习的料”（旧标签）的想法时告诉她“你是学习的料”（新标签）。“代替承担”是给周彤注入资源，“你是学习的料”（新标签）是纠正周彤的知识结构。

这里的“基于代替承担的新标签”和前面说的“基于代替承担的新标签”有所不同。前面说的代替承担，是一个人替小偷还债，然后跟小偷说：“我已经替你还债了，你不再是小偷。”这里的“代替承担”和“新标签”之间有明显的逻辑关系，所以比较容易理解。但是在陈劲草替周彤承担没考上本科的后果和“你是学习的料”之间好像没有直接的逻辑关系。其实不然！

若周彤问陈劲草为什么认为她是学习的料，陈劲草可以这样回答：“我为什么认为你是学习的料，不是很重要。重要的是，我认为你是学习的料是事实。若你不是学习的料，我会给你投入资金吗？”这就意味着，陈劲草认为周彤是学习的料还是基于代替承担的新标签。无论什么事情，代替承担是新标签最有力的证据。

按照我们前面所述的行为规律，周彤认为的“我不是学习的料”这个知识来自她过去长时间没有学好的行为结果。“基于代替承担的新标签”会那么容易被周彤接受吗？若周彤不认为自己是学习的料，那么陈劲草给她多少代替承担都没有用。我们本来想用“代替承担”证明“新标签”，但是对周彤来说，若“新标签”是错的，那么“代替承担”也没有意义。此时，“代替承担”和“新标签”就像鸡和蛋一样。陈劲草该怎么解决这个问题？

我们的回答是：狭路相逢勇者胜。这就看陈劲草认为周彤是学习的料的力量更大，还是周彤认为自己不是学习的料的力量更大。

笔者在研究黄金思维的过程中遇到过类似的问题。我认识于飞是在1997年，那时他刚上大学，我对英才技术的研究也刚刚起步，有时候我们会在一起交流各种想法。

第一学期结束的时候于飞有两门课挂了红灯。他告诉我，他就是学不下去，就算他身在教室里，心思也早就去云游四海了。他说自己总爱胡思乱想，就是不想学习，很想退学。他问我他应该怎么办。

我和他聊了很多，他的大学，他的专业，他的家庭……在交流的过程中我发现，他和父母的关系很不好，而且从小到大，几乎所有的事情都由父母给他作决定，包括现在的学校和专业。所以我想，他不愿意学习，很可能是对父母的一种反抗。果然，他有这样的想法：我从小被父母逼着学习，虽然稀里糊涂地考上了大学，但自己并不知道学习的意义和目的是什么。小时候，他努力学习的唯一目的就是为了不挨打。现在他住在学校里，父母也不可能管他了，他就开始放任自己。可见，他反抗的并不是学习，而是他的父母。于是我建议他先处理好与父母的关系。虽然他对此表示很不理解，不明白他跟父母的关系与他不想学习有什么关系，但他还是答应努力试一试。在接下来的日子里，我一直鼓励他，我说我相信他能够做好。

可是冰冻三尺并非一日之寒，春风化雪也非一日之暖，他与父母关系的改善不是一件容易的事情。于飞依然与我保持着电话联系，他常说自己没有什么改变，而我总是说相信他能学好。我鼓励他自己作选择，自己作决定。他一直担心事必躬亲的父母会切断他的经济来源，我就对他说虎毒不食子，即使失去了他父亲的支持，我也愿意承担他的生活费用。那一年他第二次留级了，非常沮丧。出乎他意料的是，父母在他留级之后并没有责怪他，反而以一种很宽容的态度给予了他很大的支持，这一点让他感到惊喜。然后慢慢地，他发现自己可以学进去了，上课的时候思想也收敛了很多，他与父母的关系也得到了改善，一切开始进入了良性循环。后来，他的成绩一直排在班里的中上游，并且顺利毕了业。

在这个故事中，于飞父亲的代替承担和我给于飞的新标签共同起了作用。经过将近四年的时间，他树立起了“我能学好的信心（我是学习的料）”。

从美好心愿的角度来说，无论是周彤还是于飞都愿意相信自己能学好，只是过去他们的经历阻碍了他们相信自己能学好的意识。此时若有亲人、朋友、同学、老师坚定地相信他们能学好，他们怎么会非要认为自己不是学习的料、和自己过不去呢？

对陈劲草和笔者而言，对周彤和于飞而言，“他（我）能学好”都是一项知识。正如“行为对知识的反作用”所说的，人们很多知识是从实践中总结出来的，但这不是知识来源的唯一途径。若实践是获得知识的唯一途径，那么人们的知识永远都无法超越现实。那么知识还怎么形成呢？

2. 知识的形成过程

严格地讲，知识的形成过程和哲学认识论有密切的关系。本书将从实用的角度，给读者总结我们以前学过的一些常识。

知识由理论和实践组成，而理论又是由假设、推理和结论组成。

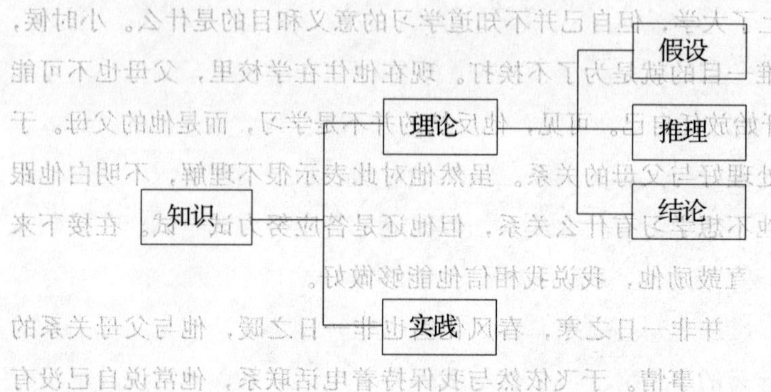

若一项知识，既有理论论证（假设、推理、结论），又有实践证明，那么人们就不会否认这项知识。若一项知识只有理论论证，却没有实践验证，或者只有大量实践验证，却没有理论验证，那么会有人支持这项知识，也会有人反对这项知识。支持和反对的比例，也许是5：5，也许是9：1。若一项知识既没有理论上的论证（或者理论论证不能自圆其说），又没有实践验证，那么人们就不会支持这项知识。

观察现象——归纳总结——实践验证——强化归纳结果是人类知识发展的重要模型，这种模型称为“归纳法”。古希腊亚里士多德观察了很多现象之后得出了“重物先落”的结论。这个结论既没有假设，也没有推理，只有一个结论，所以它不是理论体系，只是一个结论而已。但是，在伽利略以前没有人发现违背这个结论的现象，所以人们对这个结论笃信不疑。后来，伽利略运用了假设——推理——结论的思维模式（称为“演绎法”），推翻了亚里士多德“重物先落”结论，得出了“不同重量的物体同时落地”的结论。伽利略的理论推理是这样的。首先假设重物先落。现在有A和B两个物体，A的重量大于B的重量，那么应该有T_A（A物体落地时间）< T_B（B物体落地时间）。若把A物体和B物体用很短的绳子连在一起，则A物体下落时拉着B物体，所以$T_A<T_{A+B}<T_B$。但是，A和B加起来的重量比A物体的重量大，所以应有$T_{A+B}<T_A$，这和上面的结论互相矛盾。因此，重物先落的结论是不正确的，只有重量不同的物体同时落地才不会出现上述矛盾。伽利略还通过比萨塔的实

验证明了上述结论是正确的。于是，人们就放弃了亚里士多德“重物先落”的观点（知识），接受了伽利略提出的“重量不同的物体同时落地”的知识。那么，伽利略理论又如何解释“重物先落”现象呢？我们不能回避这个问题，因为重物先落是客观存在的现象。于是，人们发现重物先落是因为空气阻力，实现了亚里士多德和伽利略的双赢。这样，人们又掌握了一项新的知识。

后来，牛顿在伽利略的基础上（伽利略的结论成为牛顿的假设）结合天体运行的规律，推理出万有引力定律（结论），人们又通过海水涨潮和退潮的时间规律验证了万有引力定律（实践验证）。牛顿第二定律是万有引力定律的特殊情况，是由万有引力定律推理出来的。再后来，爱因斯坦在牛顿定律的基础上加了一个“光速不变”的假设，推理出“物体速度越大，其质量也越大”的相对论（结论）。一开始，相对论没有得到科学界的认可，直到1942年美国用直径1公里的电子旋转加速器证明了电子的速度不是无限度地增加时（实践验证），科学界才认可了爱因斯坦的特殊相对论和广义相对论，并且在相对论的基础上研制出了原子弹。

现在，人们接受经济学知识和社会科学知识也是按照同样的规律。人们从大量现象中得出一些结论（“归纳法”），但是对这些结论缺乏理论上的验证。比如，“我就是这样的人”是人们经过很长时间的实践总结出来的，但是缺乏理论依据，即缺乏假设和推理过程。所以，它不一定是正确的（我们不是说，它一定是错误的）。

那么，周彤或于飞能学好的理论依据是什么呢？周彤上的高中和于飞上的大学都不是培养少数精英的地方，是培养大众人才的地方（这是大前提、假设）。周彤和于飞既然能上高中或大学，说明他们属于学校要培养的大众，所以他们能学好自己的课程。这里的“学好”不是他们一定得第一名，或者一定得99分，而是能达到学校教育的要求。

那么，读者有可能这么问：假如高中所有的学生都能达到学校教育的要求，那他们都能上大学吗？是的，若大学很多，所有达到高中教育要求的学生都能上大学。可是，现在没有那么多大学，那谁上谁不上呢？这就需要制定高考的标准，选拔符合条件的学生去上大学。此时，没有考上大学的学生只是没有符合大学选拔的标准而已，而不是没有达到高中的教育要求。

笔者因为有上述理论体系，所以坚信于飞可以学好，而且这个理论已经经过了实践验证。若有足够的时间，那么任何人都可以达到大众教育的要求。

现在我们已经掌握了人们思维、情感、行为的规律，以及人们知识结构的形成过程，就很容易证明“我就是这样的人”的观点是错误的。每个人的行为，不是因为他“就是那样的人”，而是因为他拥有的资源和知识有限而做出的。只要我们给人们贴上“基于代替承担的新标签”，那么任何人都可以改善自己的行为。

其实，“基于代替承担的新标签”很像投资行为。一个人给一个水处理项目投资，不是因为那个项目已经挣了很多钱，而是因为他相信投资之后会挣很多钱。那么，投资者怎么知道这个项目会挣钱呢？这个依据就是水处理技术。所谓技术，就是使污水经过水处理设备之后变成干净水的方法。若是有这么一项水处理项目是可行的，并且投资者知道若是投入多少资金（购买设备等），就可以获得多少回报，那么他就会投资这个项目。而作出投资这个项目的决定需要两个条件：其一，这个项目需要投资，若是不需要投资，投资者就无法投资；其二，这个项目得到投资以后会给投资者丰厚的回报。这样的两个条件，实际上也体现了投资双方的一种双赢思想。

“基于代替承担的新标签”与此类似，人们愿意给他人贴上“基于代替承担的新标签”也是有两个条件：其一，他人在生活工作中遇到了问题，需要帮助；其二，人们知道，若是给他人贴上“基于代替承担的新标签”，就会提高他人的能力，这样就会满足自己更多的需求。若是有这样的两个条件，人们就会很容易地给他人贴上“代替承担的新标签”。和上述有人投资水处理项目进行类比，“基于代替承担的新标签”理论就是水处理技术，污水就是我们周围的人，干净的水就是提高能力之后的人，我们就是投资者。虽然这个比喻不是很恰当，但是它生动地解释了“基于代替承担的新标签”理论。

按照上述原理，若周彤周围的亲人、同学、老师知道思维、情感、行为的规律，那么他们都可以在陈劲草给周彤的代替承担的基础上给周彤贴上“你能学好”的新标签。这意味着周彤获得了更多的人资源，以及他们手中的其他资源。这样，周彤认可新标签的可能性就会更大，强度也会更高。

若周彤自己明白思维、情感、行为规律，那么周彤也许不需要陈劲草、亲人、周围同学和老师的帮助就能给自己贴上“我能学好”的新标签。这样她可以充分利用陈劲草的资源，寻求同学和老师的帮助。这可以看成周彤主动争取同学和老师的闲散资源（不多的时间）来帮助自己。周彤可以对陈劲草等愿意帮助自己的人说："我会尽力。如果我考不上本科，希望你能理解我。"

当然，若周彤本人、陈劲草、周彤的亲人、同学、老师都知道"基于代替承担的新标签"理论，那么这个问题就会更好解决。为此，我们将此书以免费电子版的方式向大学生、企业和社会推广。一般来说，一项新知识的传播会经过这样的三个阶段：第一阶段（初期），约有10%的人只根据理论验证接受新知识，并且敢于在实践中应用，这样就会有相应的实践验证。第二阶段（中期），约有30%的人看到前面10%的人的实践验证而敢于接受该项知识。第三阶段（普及），约有50%的人看到前面40%的人的实践验证之后会接受该项知识。剩下的10%，还要经过更长时间才能接受，甚至拒绝接受任何新知识。笔者称之为"新事物135定律"。随着时间的推移，读者可以期待越来越多的"基于代替承担的新标签"。

【代替承担和婚姻】

下面我们再谈谈恋爱婚姻中"两个人不合适"的问题。人们之所以认为两个人不合适，是因为两个人没有相处好，而不是因为有其他原因。若两个人相处得很好，那么即使有再多的证据证明两个人不合适也不能拆散他们。

那么两个人无法相处的原因是什么呢？需求、情感、思维规律可以给出答案。一方有某种需求（也许是全人类共同的需求，也许是男人或女人共同的需求，还也许是他（她）特定的需求），而另一方无法满足，所以无法满足对方的一方就会否认自己的义务和对方的需求，这样对方和自己都会产生持续的消极情感，最后认定"我就是这样的人"、"你就是那样的人"、"我们俩不合适"，进入恶性循环。

我们在第二章说到，婆媳不和、对子女教育的意见不同是产生婚姻危机的两大主因，各占40%，其余的问题有双方的事业和家庭的矛盾、双方的朋友和家庭的矛盾等多种原因。我们还提到"妻之错夫之过"，无论是出现什么问题，最终都是丈夫的责任。所以，如何让丈夫具备上述知识结构，就成为恋爱婚姻幸福的关键。丈夫具备上述知识结构，承担一切责任之后，可以帮助妻子提高尽义务的能力。

有一位寡妇婆婆要求和儿子、儿媳住在一起，但是天天和儿媳吵架。夹在中间的丈夫（儿子）觉得做人太难，自己都觉得自己是一个无能的男人。如果妻子把这本书给他看，或者通过第三方间接地告诉丈夫 "婆媳关系老题新解”的观点，丈夫也许会茅塞顿开，并且和母亲交流，说：“妈妈，不管谁对谁错，对我来说老婆更重要。您的孙子可以没有您，但是不能没有妈妈。我希望您找一位老伴，安度晚年。我们会孝敬您和继父。若您要和我们住在一起，就不要和孩子的妈妈吵架，我们会一直孝敬您，您何必和儿媳妇过不去呢？您和她过不去，是把我放在火炉里烤，我很难受。如果您还要吵架，我们就在附近给您找一个房子，您一个人住。我们经常去看您，好吗？”这样，母亲会说什么呢？会说“不行。我要和你们住在一起，而且还要天天和儿媳妇吵架。我过不了好日子，你们也别想过好日子”的话吗？绝对不会！这样问题就会得到解决。

万一母亲答应不吵架而不搬出去，但还是和儿媳妇吵架，那该怎么办？丈夫可以对妻子说：“我知道你辛苦。我已经和妈妈这样说了，老人家一下子接受不了。但是她以后会理解我们，会搬出去的。在她搬出去之前，你能不能给我一个面子，不和老人家吵架？”这样妻子会说什么呢？会说“不行”吗？妻子看到丈夫把自己放在第一位，而且承诺未来母亲搬出去（或者不和自己吵架），就会产生持续的积极情感，和婆婆的吵架就会减少。若母亲也随之改变，那么问题就解决了。若母亲还是没有改变，那就要让母亲搬出去。此时，丈夫有可能心软，很难向母亲直接开口，就要请求妻子谅解，多给自己一些时间。这样，妻子也会理解丈夫。这个时候，妻子光理解丈夫是不够的，过一段时间一定要向母亲开口，只有这样才能解决问题，这就是丈夫的生活能力。所以，在这一段时间内，给丈夫代替承担，并且给他新标签——你能开口，你能处理好家庭问题。（相比之下，丈夫有可能认为清官难断家务事，自己没有能力处理婆媳关系。这就是旧标签。）过一段时间，丈夫会向母亲开口。在这等待的时间里，要么母亲改变，要么丈夫改变，总会有人改变。丈夫也许可以找一位和母亲年龄相仿的亲戚转达自己的意见。

万一丈夫不认同“婆媳关系老题新解”的观点，那该怎么办？首先，丈夫不认同的原因很可能是“方法对原则的副作用”，即丈夫认为自己无法做到，所以才不同意。所以，妻子不用太在意丈夫是否同意这个观点，而是探讨上述具体的方法，那么丈夫会同意。在丈夫同意这个观点之前，还是需要妻子给丈夫贴上“基于代替承担的新标签”——你会同意这个观点。这样过一段时间，丈夫就会同意这个观点，问题也会得到解决。

解决其他问题的思路和解决上述问题的思路一样，读者可以自己分析。

夫妻之间不可能有什么深仇大恨，大部分问题都是鸡毛蒜皮的小事。若夫妻双方都知道“基于代替承担的新标签”理论，就可以持续保持爱的感情，大幅提高婚姻质量。若尚未结婚的年轻男女知道“基于代替承担的新标签”理论可以解决婚后发生的绝大部分问题，就会敢于谈恋爱、敢于结婚，因此也不会采取不受法律保护的未婚同居方式。

【强调】

在这里需要强调的是，无论是陈劲草对周彤的要求，还是恋人和夫妻之间的要求，都不能超出常人的范围，就像大众教育不能超出大众所能承受的范围一样。

3. 给别人新标签是我们的义务

给别人新标签，意味着相信别人未来能做好，其实这就是尊重别人，满足别人被尊重的需求。按照别人的需求就是我们的义务的原理，我们给别人新标签就是我们的义务。

现在我们重温第二章“信子成龙”中的一段对话。

笔者：孩子的信心，可以来自父母。换一句话说，你若相信孩子能学好，孩子就会认为自己能学好。

鲍春：孩子现在都成这个样子了，我怎么相信他能学好？

笔者：正是因为孩子现在成这个样子了，所以才更需要你这位父亲的相信。若他已经学好了，还需要你相信他吗？

鲍春：（想了一会儿）言之有理！

笔者：别人相信你的孩子能学好，是因为看到了你孩子的学习成绩；而你作为他的父亲，也是看到孩子学好了才相信他能学好，那么你这位父亲和别人有什么区别？

鲍春：那我该怎么相信他？

笔者：你相信他现在能学好，就算现在学不好，上了初中、高中以后也能学好。

鲍春：他小学没有学好，怎么可能在初中、高中学好呢？

笔者：我针对清华、北大的学生做了小规模的调查。约有30%的人，在小学、初中时期学习成绩不怎么样。

鲍春：你说的也有道理。其实我自己在小学的成绩也不怎么样（鲍春自己毕业于我国重点大学）。

在上面的对话中，鲍春和他的儿子也可以换成配偶、朋友、同事等关系。正是因为我们是某一个人的父母、配偶、朋友、同事，所以我们有义务相信他们以后会更好。若有这样的认识，就会有助于我们给别人新标签。

除了新标签，我们还有别的办法吗？

江山易改，本性难移；3 岁看小，7 岁看老。若没有外界的资源和知识对我们的亲人、朋友、同事进行干预，那么他们以后会变好的可能性很小，我们的很多需求也得不到满足。这样，我们自己也会产生很多持续的消极情感。

若丈夫不相信妻子会更好或者妻子不相信丈夫会更好，那么这段婚姻过不了多久就会进入平淡期，甚至会出现婚姻危机。反过来，若夫妻互相信任以后会变好，那么就可以产生持续的积极情感，提高婚姻的质量。

若父母不相信孩子以后会更好，那么父母对孩子的爱也是停留在满足孩子物质需求的层面上，而在心灵上，父母无法让孩子保持持续的积极情感。父母对孩子缺少积极情感，这不仅是孩子的不幸，也是父母的不幸。

若上司不相信部下以后会更好，那么上司自己也会感到很累，因为他自己需要做很多事情。（找一名合适的员工不是那么容易，这是很多企业的共识。）

这样看来，我们除了相信别人，就没有别的选择。这就像“死马当活马医”一样。虽然这个比喻不是很恰当，但是它很生动地体现了我们可以相信别人的一个依据。

4. 其他事例

事例（时间验证）在一项知识中占据非常重要的位置。下面笔者再举一些基于代替承担的新标签的例子，帮助读者更牢固地掌握代替承担理论。

管仲和鲍叔牙的故事

其实，“基于代替承担的新标签”理论古人早有实践，春秋时期的管仲与鲍叔牙就是一例。管仲二十多岁时结识了鲍叔牙，两人合伙做生意。由于管仲家境贫寒，他出资就少一些，鲍叔牙出资多一些。生意做得不错，不久赚了不少钱。可是有人发现挣的钱还没入账，管仲就先用这笔钱还了自己欠的一些债，按如今的说法，管仲这样做可以算作贪污公款。更可气的是，年底分红时，鲍叔牙分给他一半的红利，他也接受了。这可把鲍叔牙手下的人气坏了，有人对鲍叔牙说，他出资少，平时开销又大，年底却平分收益，显然他是个十分贪财的人，而且脸皮很厚。鲍叔牙却斥责了他的手下，说管仲家里十分困难，比他更需要钱，这样做也是可以理解的。后来，两人一起带军打仗，鲍叔牙身先士卒，亲冒矢石，管仲却冲锋在后，退却在前。别人都耻笑他，说他贪生怕死，带兵的将领甚至想杀一儆百，拿管仲的头警示那些贪生怕死的士兵。关键时刻又是鲍叔牙站了出来为管仲辩护，说他这样做并非怕死，而是因为他家里有80岁的老母，他不能不忍辱含羞地活着以尽孝道。鲍叔牙这种宽以待人的精神，深深地感动了管仲，他说："生我者父母，知我者鲍子。"后来两人各事其主，主人之间为争王位干戈相见，管仲一箭差点射死鲍叔牙的主人齐桓公。然而，齐桓公掌握天下之后，鲍叔牙又冒着风险向齐桓公举荐管仲，说："管仲是天下奇才，你若用他，他将为你射天下。" 于是管仲得以受到齐桓公的重用，帮助齐桓公以"尊王攘夷"为口号，"九合诸侯，一匡天下"，使齐国成为春秋时期第一个称霸的大国。

可见，鲍叔牙对管仲的深厚友情和良苦用心，都凝结在他建立在充分信任基础上的自始至终的"代替承担"和"新标签"之中。这种承担既包括精神上的支持即"人"的闲散资源投入（始终理解管仲，为管仲的做法辩护），又包括物质上的支持即"物"的闲散资源帮助（分红利给管仲，资助他做生意），最终使管仲这个杰出人才得以战胜生活中的困难，发挥出震古烁今的才能。若没有鲍叔牙的代替承担，就不会有后来的管仲。

师出有名

陈维大专毕业后找了一家企业实习，为了留在那里，他起早贪黑，任劳任怨，但这家企业最终还是选择了别人。这对刚刚步入社会的陈维来说是一个相当大的打击，但他还是满怀希望，工夫不负有心人，很快找到第二家企业，可这次他依然被辞退了。这样经历了四五次失败后，他对自己完全失去了信心，认为自己是没用的人，甚至连他的家人也这样说。无论笔者怎么劝他都无济于事，他总是说笔者没有经历过他这样的失败，根本无法理解他的处境。听了他的话笔者觉得仅仅是口头上的鼓励已经很难给他重新面对生活的勇气，若真要帮助他，还必须投入一项最重要的资源——资金。

那时笔者有个朋友正在开发一种中药，笔者觉得这个项目很好，就把它介绍给陈维，并与他达成了一项协议：他搜集我国癌症、糖尿病、脂肪肝等疾病患者的数量资料，调查治疗这些疾病的药物的市场规模，以及查明申请新药物的程序等，笔者每个月向他提供一定数量的工资——笔者个人的资金也非常有限，给他的工资不能很高，但可以维持他的基本的生活。但是，对陈维来说这是一个工作的开始，于是他欣然应允。每次他交给笔者搜集来的材料时，笔者都给他很大的肯定（其实，这些资料对笔者的工作毫无用处，笔者只是为了找一个能鼓励他的借口而已）。这样过了半年，他逐渐建立了自信。后来，经朋友介绍，他到另一家公司上班。当时那家企业看中一项技术，而该技术的专利发明人希望一次性转让全部技术，这就增加了企业的风险。于是公司派陈维去谈判。在谈判过程中，陈维对专利持有人说："如果您对自己的技术有信心，您完全可以占有股份，获得长期的利益。如果连您自己对这项技术都没有信心，那谁还敢买您这项技术呢？"陈维的这句话，最终让专利持有人改变了主意，同意用技术换取股份。这样，陈维初战告捷，让他受到了很大的鼓舞，信心大增。接下来在与大企业的合作中，陈维成为谈判队伍中的重要力量。在他的努力下，有家大公司同意拿出几百万的经费用于他们的技术实验，后来每个月还向他们提供数量稳定的订单。这对陈维所在公司的发展，具有举足轻重的作用。

之后有一段时间，因为失恋，陈维非常痛苦，生活过得一塌糊涂，工作也受到严重影响。陈维的老板非常关心他，主动跟笔者联系，一起探讨帮助陈维的方法。老板的宽容与理解让陈维相当感动，特别是老板"有我的就有你的"承诺，虽然只是口头上的君子协定，但却给了他很大的鼓舞。很快，陈维走出了困境，全身心地投入了工作。有时候笔者会试探着问他："如果你的老板不能兑现承诺怎么办？"他说："我已经做好这个准备了。即使那样，我至少还可以在这里学到很多东西。我想只要具备了能力，以后找什么工作都不会有问题，而且还可以和你合作呢！"陈维对自己的未来充满信心。

在这个故事里虽然没有直接出现"新标签"，但是笔者给他的工资（代替承担）和称赞帮他建立了较强的自信，这也可以说是"新标签"。

渐入佳境

等待不需要投入更多的资源，只需要认可对方的美好心愿和将来的发展潜力就可以。我们认可一个人的发展潜力，也不需要交纳任何“等待税”。如此“便宜”的等待，何乐而不为呢?

黎军是一个很腼腆的男孩子，说话的声音很低，一看就知道缺乏自信。他也认为自己一事无成，从没有认真想过未来怎么过。笔者曾经也给过他工资，不过比别人低一些，一方面笔者觉得他的转变可能需要更长的时间，另一方面更重要的，就是笔者也没钱。因为资源的关系，后来笔者给黎军的工资也停了，他似乎也没什么变化。有一天，平时很少主动跟笔者联系的他突然给笔者来了电话，他问笔者：“老师，你认为我还有希望吗？”笔者很坚定地回答：“当然有！”停了一会儿，他又追问：“你凭什么认为我还有希望？”那一刹那，笔者的心脏似乎停止了跳动，电话的那一端是一颗期待而脆弱的心，笔者该怎样回答，才能保护这好不容易燃起的希望之火？不能有太多的犹豫，笔者告诉他：“因为我相信我不会失败。我说过要开发你的综合素质，只要你认为我能够成功，你就一定有希望。”黎军听了之后说：“老师，你这么说，我能相信。你是不会失败的！”这次通话之后，黎军在说话和一些举动上都比以前有了更多的勇气，可是没有很明显的起色，不久他又回到原来那种委靡不振的状态中去了，但笔者并没有放弃对他未来的相信。

这时候，笔者的一个朋友所在的公司招聘员工，因为生产过程涉及到一些机密内容，而且公司处于起步阶段不能提供较高的工资，问笔者有没有比较可靠的人。笔者向朋友推荐了黎军，黎军又介绍了他的另一个同学。黎军总是觉得老板更看重他的同学，所以工作一直没什么积极性。后来，他的同学因为家里的事情不得不辞职，公司自然就让黎军接管了所有的事情。这样，黎军就被置于一个小小的领导岗位上。起初，他的热情依然不高，但在意识到老板现在只能依靠他之后，他一下子自信了不少，工作也比较主动了。

现在，他在公司里是一个部门的负责人。从他认识笔者到现在，已经过了十五年。改变一个人有时候需要很长时间，尤其当一个人长期处于委靡状态，长期得不到别人的肯定与赞许的时候，要让他重新站起来充满自信地去面对生活，真不是一件容易的事情。在这种情况下，别人的帮助有时候反而会变成一种负担，压得他喘不过气来，前面讲到的周彤的故事就是一个例证。

所以，多给他一点时间，多一些等待的耐心，这种宽松的氛围能让他获得更多动力。

江山易改本性可移

赵丹小时候经常挨打。有一次和弟弟玩耍，他失手伤了弟弟，感到很害怕。他的父母虽然没有因为这件事情打他，但也没有安慰他，而且还和邻居说了他伤害弟弟的事情。从此以后，他一看见邻居们说话，就觉得他们是在说自己，幼小的心灵从此留下了深深的阴影。他的父母很少和他进行交流，所以他也很少感受到父母的爱。小学毕业以后，他坚持自己一个人到城里去租房读初中，经常吃不饱，生活很艰苦。有一次发烧到了40摄氏度也不通知父母，幸亏被房东发现，送到医院，才挽救了他的生命。长大之后，他不愿意提起过去的事情，因为一提起过去的事情，就感到很不舒服。这是典型的来自父母的创伤。一朝被蛇咬，十年怕井绳，曾经受过别人伤害的人很难再相信别人，总是担心别人有意无意地伤害自己，也不愿意和别人沟通。一个没有得到父母关怀的人，怎么可能奢望别人的关心和关怀呢？所以他不愿意和别人交流，更愿意享受孤独。

上了大学之后，他也很少与别人交流，对周围的事情也不闻不问，我行我素。在别人眼里，他是一个孤傲的人，有时还会和同学发生争吵，给班里很多同学都留下了不太好的印象。他谈了恋爱之后，问题就显得更大，因为恋人之间的期望值远远比同学之间的期望值高，而且不能回避，所以每次见面都吵架。恋人之间吵架时女孩子蛮不讲理是常有的事情，因为女孩子希望得到男孩子的呵护。但是，他无法忍受女孩子不讲道理，于是脾气显得越来越暴躁。最后他们分手了。

笔者告诉他："脾气不是天生的，而是后天形成的。既然是后天形成的，就可以改。你现在还很年轻，只要你相信自己的脾气能改，你就有足够的时间来改你的脾气。"笔者对他的代替承担微不足道，可以说几乎没有。但是他知道笔者是这方面的专家，也知道笔者的为人，所以笔者的话对他还是有一定的影响力。

现在已经过了三年，他的脾气已经有了明显的好转。古语说"江山易改，本性难移"，但是有了"基于代替承担的新标签"理论，就可以推翻这句话。

友情的力量

笔者有一个交往二十多年的好朋友。早些时候，笔者给他介绍过黄金思维的一些观点，他认为黄金思维只是一个乌托邦、海市蜃楼，不仅不帮助笔者的研究，而且还给笔者泼冷水，甚至嘲笑笔者太幼稚，弄得笔者很不愉快。

他的家庭不算和睦，他非常“坚定”地认为不会有好的解决办法，对我们这些很好的朋友也是严格遵守“家丑不外扬”的策略。

他的知识结构在这二十多年里几乎没有什么变化。对他来说，除了他自己正在做的事情之外，“一切都是不可能”。他拒绝和朋友沟通自己的内心世界，只谈天气、股市等事情。笔者认为，他就是属于在“新事物135”定律中最后10%的人。

笔者认为，只要我们之间的友情还在，那么他早晚会接受黄金思维。因为友情的力量，会胜过他对外界的自我保护。

这是笔者在为他贴“新标签”，笔者也愿意等待。

■总结

基于代替承担的新标签，是我们互相帮助提高工作能力和生活能力的核心原理。它包括以下六个关键词。

1）明确目标（原则）：能力，是相对于目标而言的。若目标不明确，那么能力就是一句空话。

2）新标签：新标签是“我能达到目标（遵守原则）”的肯定和希望。它是一个人内心世界变化的开始。只有内心世界先改变，才能带动其他的改变，提高各种能力。

3）美好心愿：美好心愿是我们愿意满足被人尊重等很多需求的倾向，是新标签的重要基础。

4）闲散资源：在大部分情况下只要充分利用闲散资源，我们就可以帮助同事、朋友、亲人提高能力。在人才的培养过程中，物质资源所占的比重并不是很高，最重要的还是“人资源”。

5）代替承担：利用闲散资源，为别人提供代替承担。代替承担是支持新标签最有力的表现。

6）等待：我们无论给别人什么样的代替承担和新标签，都需要一个过程，这就是“等待”。冰冻三尺非一日之寒，春风化雪非一日之暖。一个人的旧标签不是一两天内形成的，同样，新标签也不是一两天就可以形成的。无论我们需要等待多长时间，我们可以肯定的是代替承担会给一个人形成新标签。

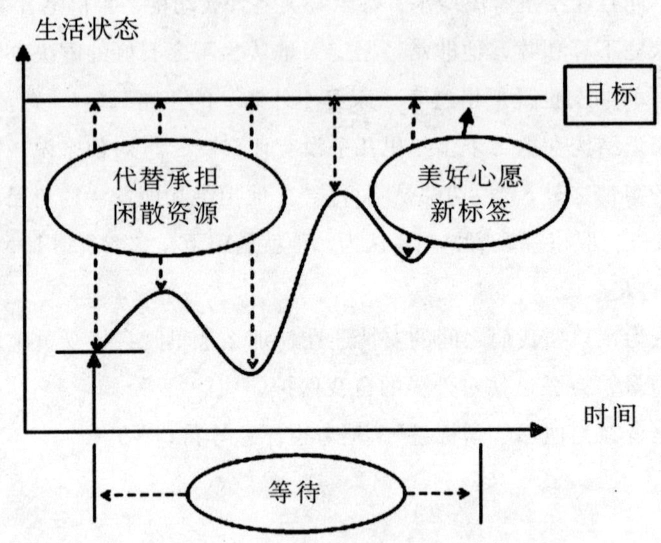

“代替承担”原理可以激活很多闲散资源。严格地讲，只要别人犯错误，而且没有补偿能力，那我们就要付出代价，承担其后果。若没有代替承担原理，就很容易造成蛋打鸡飞的结果，但是有了代替承担原理，就可以激活我们已经付出的资源。

“基于代替承担的新标签”是黄金思维的核心知识。若读者完全理解它，那么本书上篇所述的黄金思维自然就会表现在读者的工作、恋爱婚姻、朋友交往和社会贡献上。

“代替承担”和“纵容”有什么区别?

代替承担首先要明确目标原则，否则代替承担就无从谈起。而“纵容”则不讲原则。比如，一个孩子打坏了别人的玻璃。父亲为孩子代替承担的说法是：“这应该由你自己赔偿。但是，你没有能力赔偿，所以我来替你赔偿。以后不要再打玻璃。”而纵容的说法是：“没事，打得好。我们家有钱，你随便打。”

基于代替承担的新标签可以使自己产生积极情感

无论是对恋人还是配偶、父母，无论是对朋友还是同事，若我们相信（理解）基于代替承担的新标签可以提高他们的能力，我们就可以看到未来自己的需求得到满足，这样就可以引导自己产生持续的积极情感。若我们有闲散资源，可以给对方提供代替承担；若没有闲散资源，那可以在其他人提供的代替承担的基础上给对方贴上新标签。总而言之，基于代替承担的新标签的第一受益人不是对方，而是我们自己。

第九章 黄金思维所需其他社会科学知识

黄金思维所需社会科学知识，除了前述内容之外，还有以下内容。

1. 沟通

黄金思维是在理解别人、相信别人、帮助别人的基础上解决各类矛盾，从而实现恋爱婚姻家庭、工作、朋友和社会共赢的思维方式。

为了实现黄金思维，我们需要通过沟通互相了解需求；通过沟通明确各自的权利和义务；通过沟通探讨各自完成义务和享受权利的方法；通过沟通互相理解未尽义务的原因；通过沟通建立彼此之间的信任；通过沟通给对方提供代替承担，贴上新标签，帮助对方提高生活能力；通过沟通争取别人的帮助以提高自己的能力。所以，良好的沟通能力是实现黄金思维的重要保证。

沟通能力包括表达能力、理解能力和协商能力。

（1）表达能力

表达能力有两个衡量标准。首先能不能让对方明白自己要表达的意思，其次是能不能让对方接受自己的观点。在第一章“空运还是陆运”例子中，物流员工对物流经理可以这样说：“您没说清楚是空运还是陆运。”也可以说：“我没有理解您所说‘最快的速度’的含义。”读者一比较就可以知道，后者既清楚地表达了物流经理没有说清楚的责任，又容易让物流经理认可自己的过错。很多时候，我们只顾自己要表达的内容是否清楚，却不顾对方是否容易接受，这其实就是一种缺乏表达能力的表现。

（2）理解能力

在理解能力中最重要的是“超强纠错能力”。若我们在对方表达很清楚的情况下，都无法理解对方的话，那就不是我们理解能力差的问题，而是智商

（或情商）较差的问题了。所以我们在这里强调的是“超强纠错能力”。DVD播放机刚刚问世的时候，“超强纠错能力”是DVD播放机的重要卖点（现在的DVD机都具有超强纠错能力，所以看不到这样的广告）。那么，人们为什么不去研究和制作一种高质量、不容易被划伤的DVD盘，而是要去提高DVD播放机的纠错能力呢？原因就是后者的成本远远低于前者！而且，一旦提高了DVD播放机的质量就可以一劳永逸，它可以播放各种不同的DVD盘。我们可以要求别人说话内容准确，也可以提高自己的纠错能力，可是究竟哪一种更容易做到呢？如果你能提高自身的“纠错能力”，那么在和别人谈话的过程中，你很容易地就能捕捉到正确的信息，不会产生不必要的麻烦和误解。如果这种能力很强的话，无论是在和谁谈话你都能很容易理解对方的意思，而不必非得要求对方说话要准确。这不是说人们没有必要提高自己的表达能力，而是强调要提高自己的理解能力。

在这里我们需要强调“投射原理”——人们根据自己的内心世界对外界事物作出反应。当我们感到别人不尊重我们的时候，很可能是因为我们自己不尊重自己，除非对方使用了非常明显的不尊重言语和行为。

（3）协商能力

协商能力是双方经过交流和相互理解之后缩小分歧的能力。若A发表了自己的意见，B听了之后觉得很有道理，不经过协商就可以接受A的观点，这种情况可以用数学公式A + B = A来表示。同样，若A直接同意B的观点，就可以用A + B = B来表示。可是，在实际生活中，这样一边倒的情况很少。在很多情况下，人们都有各自不同的意见。这就需要协商，最后要把分歧缩小到合理的范围内。所以，协商的数学公式可用A + B = C来表示。

我们协商的内容主要和彼此之间的需求、权利和义务、履行义务和享受权利的方法等有关。这一切都和资源、知识有关。也就是说，世界上绝大部分意见分歧是因为人、财、物资源和相应知识不对等造成的。而资源和知识都是客观存在的，所以大家的意见其实是可以统一的，世界上绝大部分意见分歧也可以通过协商缩小到合理的范围内。

比如，对“婆媳关系老题新解”的观点，可能会有一些读者不能接受。对这样的意见分歧，需要从资源和知识的角度进行沟通，最后可以达到和上文类似的共识。

在公司业务中也有可能出现类似的情况。一些人主张A方案，而另一些人主张B方案。若大家在这两个方案可能出现的优缺点上没有达成一致，其实就是大家的意见分歧还没有缩小到合理的范围内。但是若大家经过协商对两个方案可能出现的优缺点达成共识，那么这个意见分歧实际上已经缩小到合理的范围内了，剩下的事情是老板根据两个方案的优缺点拍板就可以。

若读者同意“绝大部分意见分歧是可以解决的”观点，就不会对意见分歧产生恐惧、躲避的心理，而是会积极地面对它，从资源和知识的角度认真寻找解决意见分歧的方法。在此，我们再强调一次“胜者先胜而后求战”。若我们认为“意见分歧是可以解决的”，那么我们就会积极地寻找缩小意见分歧的具体办法（人类思维、情感、行为规律），这就是我们“胜者先胜而后求战”；若我们认为“意见分歧是不能解决的”，那么我们就不会积极地寻找具体的解决办法，即使寻找也是“败者先战而后求胜”。

2. 情商

情商对工作、恋爱、婚姻家庭、朋友交往会产生重要的影响，这是众所周知的。而且在一个人的成功因素中，情商大约占80%，远大于智商所占的比重。

情商之所以对工作和生活都那么重要，是因为在工作和生活中出现的大部分问题，不是单靠自己就能解决的，而是要靠大家共同解决。若我们情商较低，就很难调动别人的资源来帮助我们解决很多问题。

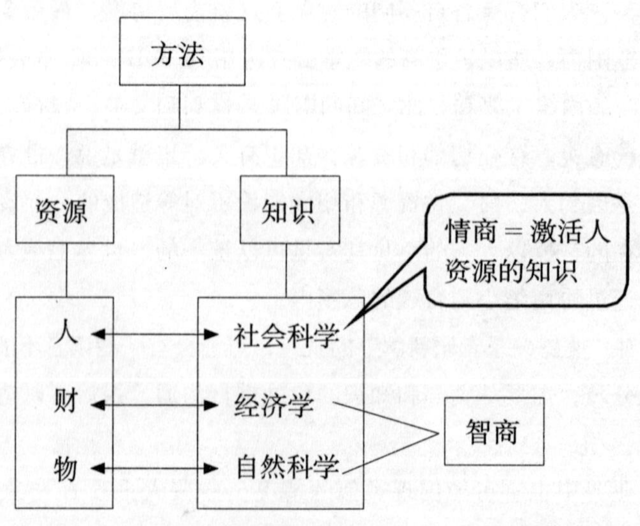

情商的学名叫情绪智力。关于情商的概念有很多种，读者可以在网上查阅。笔者认为虽然很多学者对情商给出了很多不同的定义，但都没有说清楚情商到底是什么。若我们真说不清情商是什么，那么情商就会和皇帝的新装一样，不仅对我们没有帮助，反而会加重我们的困惑。

笔者从智商的概念上得到了启发，对情商给出了一个比较明确的概念。智商是人们认识客观事物的规律，并运用这些规律解决实际问题的能力。依此类推，情商应该是人们认识人类自身的情感规律，并运用这些规律引导自己和他人产生持续的积极情感、实现人与人之间的和睦相处、共同解决工作和生活中出现的各种实际问题的能力。简言之，情商的两大要素是认识情感规律，引导积极情感。

我们在前文中谈到了人类思维、情感、行为规律（含需求、原则），并且证明了“基于代替承担的新标签”理论可以帮助我们产生持续的积极情感，然后大家共同解决各种问题。因此，笔者在此可以很负责任地说，若读者理解了前述内容，自然就会具备较高的情商。

3. 发现和治疗心理疾病的方法

最近，大学生心理健康成为全社会关注的热点。要想从根本上解决这个问题，最好的办法是大学生尽早发现并医治自己或同学的心灵创伤。若大学生无法做到早期诊断、早期治疗，那么很容易把小问题养成大疾病，甚至出现暴力、自杀等严重后果，不仅影响自己的正常生活和学习，而且很可能殃及他人、危害社会。那么，我们如何早期发现、早期治疗心灵创伤呢？

我们先谈谈如何早期发现心灵创伤。为此，我们先讨论如何发现自己身上的创伤。李明很热爱足球，在一次比赛中和别人发生猛烈的对撞，导致膝盖很疼。同学们劝他去医院看看，他说现在已经不那么疼了，过几天再看吧。过了几天，他走路的时候膝盖还是感到疼痛，于是去医院看病，大夫给他的膝盖抹了药，并说若不早治以后就得动大手术。李明感到很庆幸。张雷受伤的情况和李明类似，在一次比赛中胳膊受了伤。他也一开始没听同学们的劝告，没有去医院，过了几天就不觉得疼了。但是，他的同学在无意中拍了一下他的胳膊，他感到很疼，于是他去药店买了膏药贴在受伤的胳膊上，又过了几天，终于好了。那么，李明和张雷一开始为什么没听同学们的劝告直接去医院呢？因为在足球运动中磕磕碰碰是常有的事，以前都是过几天就会好的。但是过了几天还没有好，那就不能期待“时间就是最好的药”，所以要去医院，或者自己用药。

心灵创伤也是一样。每个人的心灵和身体一样也会受到伤害。在受伤害的时候，我们的心灵感到疼痛，会产生心情郁闷、不舒服、愤怒等消极情感，这很正常。但是，过一段时间，一想起当时的伤害还是感到不舒服、心灵疼痛，或者别人在无意中提起类似的事情时就作出激烈的反应，这就是我们的心灵创伤的外在表现。

在日常生活中，造成心灵创伤的原因有很多，其中最常见的来自两个方面：一是来自父母，二是来自恋人。为什么这两个原因最普遍呢？这是因为父母和恋人，对每一个人来说都最重要。

我们在前文“江山易改本性可移”例子中提到的赵丹的脾气是典型的因为由父母造成的心灵创伤。这不是因为赵丹的父母不爱赵丹，而是因为赵丹的父亲本来就脾气暴躁，而且在赵丹过失伤害弟弟之后不仅没有给他安慰，反而还经常在别人面前提起这件事情，导致赵丹以后想起挨父亲打和自己伤害弟弟的事情就感到不舒服，不愿意和别人谈自己的父母和家里的事情。

若我们因为这样那样的创伤去找心理医生，那么心理医生会劝我们要理解父母，要忘记过去，要想得开……其实，这些都不是治疗心灵创伤的办法，而是心灵创伤得到治疗以后的结果。受过别人伤害的人都会有这样的经历：我越想理解对方，越不容易理解对方，越想忘记过去，越不容易忘记过去，所以最后选择躲避，尽量不想它，结果从表面上看伤疤好了，但是里边却化了脓，一碰就很疼。

那我们该怎么治疗心灵创伤呢？其实，治疗心灵创伤的方法很简单，不需要做什么特别的努力，只要相信自己的心灵创伤可以治疗就行。（要相信自己的心灵创伤可以治疗，那么首先要知道自己有什么心灵创伤。）这是为什么呢？心灵创伤是持续消极情感的一种。根据人类思维、情感、行为规律可知，当我们相信自己的心灵创伤可以治疗的时候，原来的消极情感就会转变为持续的积极情感，即使想起以前的事情也不会感到心痛。当然这需要一定的时间。但是在这一段时间内，我们不需要做什么特别的努力，只要相信就可以。

笔者就是靠这个方法完全治疗了初恋失败造成的心灵创伤。在黄金思维的研究过程中笔者发现了上述治疗心灵创伤的办法，首先使用在自己身上，结果不出笔者所料，三个月之后惊奇地发现自己即使想起以前的女友也没有心痛的感觉了。在这三个月内，笔者没有做其他努力，只是相信自己可以忘记而已。

在笔者的帮助下，赵丹对治疗心灵创伤的信心从无到有、从小到大地培养了起来，所以他的脾气正在逐渐改善。

有些人的心灵创伤可能很深，需要很长时间才能得到完全治疗，但无论多深的创伤，只要我们一直相信，就可以治疗！

4. “枯树效应”

笔者曾经在《读者》里看过这样一个故事。某地发特大洪水，有一个人在苦苦挣扎，但是周围却是茫茫一片汪洋。就在他快要绝望将要放弃生的努力的时候，他发现远处有一棵树。于是他用剩余的力气努力地游了过去。可是当他费尽千辛万苦游到树前抱住它时，树折了——这是棵枯树。在他再次绝望的时候，水面上开过来一艘救生艇，把他救走了。若他在发洪水之前就知道那是一棵枯树，那么他就不会努力地游过去，也就等不到救生艇来救他。这就是“枯树效应”。

人类思维、情感、行为规律可以为“枯树效应”提供理论依据。枯树就是物资源，那个落水的人不知道那是一棵枯树，而是认定那棵树会把他从洪水中救出来，于是他看到了生的希望，产生了积极情感，做出了继续努力的行为，为救生艇救他争取了宝贵的时间。

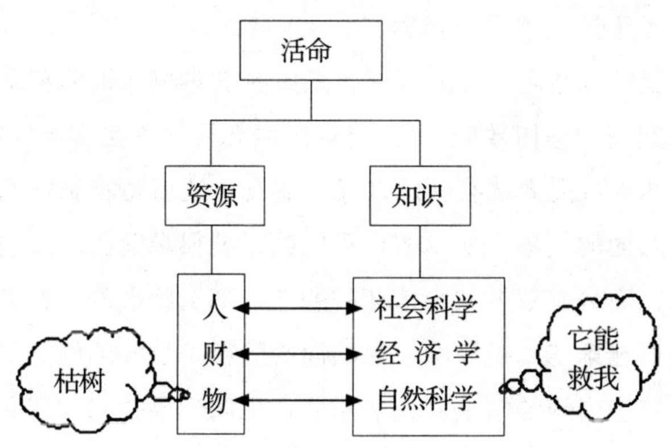

在“枯树效应”中重要的不是那棵树能不能救他，而是他认为那棵树可以救他。也就是说，正确的知识不一定都是有用的，而有用的知识也不一定都是正确的。

现在，我们提出一个假设：后来，这个人又遇到了洪水，在绝望中又看到了一棵树，他会怎么想？他会不会认为“那棵树有可能是枯树，我完了”的想法呢？不会！他会想“就算那棵树是枯树，我也要游过去。若那棵树不是枯树，我肯定能得救；即使那棵树是枯树，我也还可以等救生艇过来”。

当朋友或亲人在工作和生活上遇到困难时，即使我们认为自己帮不了他们，也应该这样说：“我们一起想办法，一起渡过困难。”此时，我们的言行就可以为朋友起到“枯树效应”。即使我们没有帮上他们什么忙，他们也不会埋怨我们，而是感谢我们。

5. 双方共同信任的朋友

若在恋人或夫妻之间有双方共同信任的朋友，会对恋爱婚姻的稳定有极大的帮助。

从人类思维、情感、行为规律的角度来说，双方共同信任的朋友是很重要的人资源，他（或他们）在夫妻之间可以起到传递双方需求、明确双方权利和义务、传递代替承担和新标签等很多作用。恋人和夫妻若有这样的朋友就会觉得即使以后出现问题也可以请他（他们）帮忙，所以就可以产生持续的积极情感。而且他们若真碰到什么大问题，首先想到的不会是“这个问题无法解决”，而是“我们要去找他（他们）帮忙”。双方共同信任的朋友至少可以起到“枯树效应”，就算朋友不能帮他们解决实际问题，也能抑制眼前的消极情绪，不至于做出愚蠢的行为。

恋人或夫妻双方共同信任的朋友，最好具备本书所说的黄金思维，这样他们不仅可以起到“枯树效应”，而且可以给恋人和夫妻带来实际的帮助。

假如一对恋人或夫妻没有共同信任的朋友，这就意味着他们的生活和工作都没有一个共同的交集，所以若出现问题，就很难解决。反过来，人们若具备黄金思维，而且有双方共同信任的朋友，那么绝大部分恋爱婚姻问题就可以解决。我们在第二章提到的“永结同心”就是很好的例子。我们在“小娟的怀疑之影”中提到的解决问题的思路，也属于寻找双方共同信任的朋友(小娟的父亲)。

在恋爱和婚姻之外，双方共同信任的朋友在朋友之间、企业和员工之间、社会和老百姓之间都可以起到非常重要的作用。

【朋友之间】

布朗（Brown）是美国一个慈善家，曾参与过许多公益活动。1993年，他到中国东北的一所大学教书，同时继续他的慈善事业。布朗到来后，通过募捐筹集到一笔资金，资助了该校的一批贫困学生。为了能帮助更多的人，他甚至捐献了自己很大一部分财产。对一些有出国意向的学生，他支持他们考托福和GRE，还通过自己在美国的关系帮助他们联系学校，为他们能顺利出国提供了各种便利。小刘和小贾就是曾经接受过他资助的两个学生。

小刘在布朗的帮助下去了美国。到了美国后，因为没有与布朗老师及时沟通，小刘与布朗之间产生了一些误会。布朗一直强调自己对别人的帮助是无条件的，但小刘却觉得他对自己的帮助并不是无条件的。小刘认为，布朗老师的确没有在物质上要求自己的回报，但却常常因为他帮助了自己而表现出一种高高在上的姿态，有时甚至干涉自己的生活（布朗反对小刘过早把妻子接到美国）。小刘无法接受这种受人恩惠而低人一等的感觉，他向一起出国的同学诉苦，结果他们都认为是小刘不对。小刘觉得没有一个人能理解他，慢慢与布朗老师的关系疏远了。同时小刘的抱怨也传到了布朗老师那里，他指责小刘忘恩负义，两人的关系进一步恶化。

小贾和小刘是同学，都是布朗老师的学生。那时他也很想去美国，布朗老师就给他提供了一笔生活费，让他可以安心地考托福和GRE。不久，布朗老师在中国开办了一家公益机构。出于感激，小贾让自己的哥哥帮布朗老师打理一些事务。小贾的哥哥很爱说笑话，不知什么时候的几句玩笑话让布朗老师产生了误会，以为小贾追求名利，想谋求那个机构负责人的位置。于是，布朗老师与小贾之间发生了激烈的争吵，使双方的感情都受到了很大的伤害。布朗老师也决定不再支持小贾出国读书。

因为笔者与布朗私交很好，与小贾也相熟，布朗很快把这件事情告诉了笔者，征求笔者的意见。平心而论，笔者相信小贾不是一个追求名利的人，但是布朗当时非常坚决，笔者觉得多替小贾说话对他并无益处。况且布朗老师为这些学生付出了那么多，小刘的事情又刚过去不久，他有这样的想法也是可以理解的。所以笔者当时并没有对他的想法提出异议。就像前文故事里的小洛克菲勒第一次跳下来一样，小贾对布朗老师的决定没有丝毫的心理准备，连生活保障都出了问题。到了这个地步，为了帮助小贾渡过难关，笔者为他介绍了一份不错的工作，以解小贾的燃眉之急。笔者告诉小贾，笔者曾经像他一样接受别人的资助，所以笔者非常理解他，布朗老师的话确实伤害了他。但是，布朗老师有这样的想法，也是可以理解的。因为笔者也曾经像布朗老师那样给别人提供过帮助，所以笔者知道这样的人最害怕的是什么，有时为了确定自己给别人提供的帮助值得，无意中会说出一些伤害别人的话。笔者说如果他现在不能理解布朗老师，或者如果他现在不想见他都可以，甚至在笔者面前痛痛快快地骂他一场，也没问题，一切后果由笔者来承担。但是你应该相信，以后大家会和好。小贾虽然对布朗老师很有意见，但是接受了笔者的建议。在恰当的时机，笔者也给布朗老师介绍小贾的情况，慢慢地，布朗老师也发现小贾并不是他当初想象的那样的人，两人之间的误会慢慢消除了。

在这个故事中，小刘与小贾都曾与布朗老师发生了误会，但由于笔者在小贾与布朗老师之间很好地发挥了双方共同信任的朋友的作用，所以他们之间的误会最终消除了。在明确原则方面，笔者并没有因为布朗老师资助过小贾就否认他的话语对小贾的伤害，进而责备小贾，也没有因为布朗老师伤害了小贾就否定他对小贾提供的帮助；在建立信任方面，小贾与布朗老师的处境笔者都经历过，笔者能够设身处地地为他们着想，用自身的经历给双方的误会一个解释，这样他们之间就能获得更多的信任；在代替承担方面，笔者给小贾介绍了一份不错的工作，弥补了布朗老师帮助的暂时缺席；在耐心等待方面，笔者一方面说服小贾要有等待的耐心，一方面及时把小贾的信息传达给布朗老师，让他对两人的和好留有等待的余地。这样，两人濒临决裂的关系终于改善了。

小刘与布朗老师之间虽然也有共同认识的人，但他们没能成为双方共同信任的朋友，不仅没有及时沟通双方的想法，反而无意间让误会变得更深。可见，不是所有双方认识的人都可以担当共同信任的朋友这一角色，他需要对自己的作用有自觉的认识。如果读者完全理解了本书的内容，也可以很好地承担这一角色，给你的亲人和朋友带来更多的和睦。

【企业和员工之间】

企业和员工之间有利益一致的地方，也有利益冲突的地方。在企业和员工之间发生意见冲突时若没有双方共同信任的朋友，那么员工很容易采取极端的方法，从而造成两败俱伤的结果。在第三章“成败乃人生常事”的例子中，在笔者和A公司之间发生矛盾时因为没有双方共同信任的朋友而使合作失败，造成谁也不会成为赢家的结果。

各国都有法律规定，达到一定规模的企业一定要有工会，其宗旨就是让工会成为企业和员工都能信任的朋友。世界著名的企业都通过这样的组织很好地解决企业和员工之间的矛盾，工会为企业的成长和发展作出了重要的贡献。

但是，工会机构常常因为受到以下因素的影响而作用有限。首先，工会机构及其工作人员都隶属于企业，他们也是利益当事人一方，在实际操作中很难保持中立。若工会替企业向员工解释什么问题，员工可能会认为工会从企业得到了好处，所以为企业说话；若工会替员工向企业反映什么问题，企业有可能认为工会的人员不是真为员工说话，而是借员工的名义争取自己的利益。其次，企业规模达不到一定水平就很难设立工会。所以，大部分中小企业和员工之间没有双方共同信任的朋友。

国外有很多EAP（Employee Assistance Program）服务公司，企业为员工购买EAP服务就像给员工购买心理保险一样，无论是谁，无论有什么问题，都可以寻求EAP服务公司的帮助。据统计，寻找EAP服务的原因中，60%以上是婚姻问题。若员工对企业或上司有意见，也可以向EAP服务公司反映。EAP服务公司对员工这样说："现在只有你一个人提出了这个问题。我们再等一段时间，看看有没有其他人也反映同样的问题。到时候，我们再沟通，好吗？"过一些日子，若没有其他人反映同样的问题，那么这位员工会认可这只是自己的问题；若有其他人反映同样的问题，那么EAP服务公司会如实地向企业反映，并和企业共同商讨对策，给员工一个满意的答复。因为有了EAP服务公司，员工碰到自己认为不公平的事情时也不会情绪激动。据笔者的经验，员工认为不公平的情况80%由员工的认识不够全面造成。若EAP服务公司具备黄金思维，就可以帮助员工解决很多问题，实现企业和员工的双赢。

笔者认为，若EAP服务公司具备黄金思维，也可以成为政府和老百姓共同信任的朋友。我们在前面提过，一个人对待社会的思维方式和对待企业的思维方式有很多类似之处。EAP服务公司若能解决企业和员工之间的矛盾，那么也能帮助老百姓解决社会和个人之间的矛盾。

6. 健康的自信

自信的重要性，无论我们怎么强调都不过分。但是人们往往又说，一个人不能太自信，因为太自信的人，轻者听不进别人的建议，重者显得傲慢，不把别人放在眼里。所以人们在“应该自信”和“不能太自信”之间寻求平衡点，但寻找这个平衡点就像立鸡蛋一样，很难把握。

为什么会出现上述问题？其根本原因，是人们对自信的理解不正确。处于上述矛盾中的人对自信的理解是：我能比别人做得更好！若一个人心里想：“我能比别人做得更好”，那么这里的“别人”会是谁呢？会是那些他从不相识、毫无关系、根本叫不出名字的人吗？不可能！这里的“别人”肯定是能叫出名字的同学、朋友、同事、亲人。他绝对不会想：“我能比美国总统或比尔·盖茨做得好！”而是想：“我能比某某做得更好。” 这样，他周围的人都成了他的竞争对手。更严重的是，这样的自信，不仅促使一个人和别人攀比工作成绩，而且攀比物质享受，比如我吃的是鱼翅，而某某吃的是普通海鲜；我的汽车价值十多万，而某某的汽车价值上百万，等等。

这样的想法会通过一个人的言行、举止、表情等自己很难注意的途径表现出来，这样就会在不知不觉中对周围的同学、朋友、亲人、同事等“别人”造成无形的伤害。别人会觉得他很傲慢，不把别人放在眼里，从而埋下了别人不接近他、不支持他的隐患。一个人在有意无意地把别人当做竞争对手之后，就很难采纳别人的意见，因为采纳别人的意见之后就算成功，也不是自己的成功，而是别人的成功。即别人的想法比自己的想法好。所以，这样的人明明知道别人的建议是好的，也不会采纳，而是去寻找别的方法。

那么，什么是对自信的正确理解呢？自信是，我能做好自己的事情（履行义务），并且可以享受权利，这才是健康的自信。也就是说，自信不是人比人，而是相信自己能做好自己该做的事情，享受该享受的权利。比如，老板让我写一篇文章，我认为我能写好这篇文章，而且可以享受相应的权利，这就是自信。那么别人能不能写好？也许能写好，也许不能写好。也就是说，老板让我写这篇文章，是因为我能写好这篇文章，而不是因为我比他们写得好。若我写的文章达不到老板的要求，就算我写得比别人再好，那又有什么意义呢？

我们再来谈健康的自信。无论履行什么义务，享受什么权利，都需要相应的资源和知识。其中，人资源是最重要的资源。若我们得不到别人的帮助，或者别人没有做好他们该做的事情，那么我们做好自己的事情只是履行自己的义务，而无法享受权利。请读者试想一下这样的情况：若每个企业员工不能完成自己的任务，只有老板一个人很能干，那么这家企业能挣钱吗？若一对恋人或夫妻，只有一方能做好自己的事情，而另一方做不好他（她）该做的事情，那他们能幸福吗？所以，健康的自信是，我和大家都能做好自己的事情，都能享受权利！

我们怎么培养健康的自信呢？目前网上有很多激励自己、欣赏自己等培养自信的方法。这些方法只考虑了我们个人的义务层面，而没有考虑履行义务的方法——我们的资源和知识，尤其是没有考虑我们的人资源，所以它的功效很有限。

俗话说，多一个朋友多一条路，所以朋友多的人比没有朋友的人更容易有自信。而且基于代替承担的新标签可以帮助我们提高自己和别人的能力，所以人们掌握黄金思维，再加上较多的朋友，就会有自信。

【这是缺乏自信吗】

某大学的一位研究生在考研的时候觉得自己能考上清华大学，但是他家里并不宽裕，万一他考不上就会增加家里的负担。于是，他最后决定考现在的大学。考试成绩出来之后，他发现自己的成绩完全可以上清华，于是非常后悔没有报清华，觉得自己太缺乏自信。

其实这位研究生缺乏的不是自信，而是资源。自信是“我能考上清华”的想法，但是考虑到“万一”考不上就会增加家庭负担，所以选择一个安全系数大一点的方案，这完全符合客观规律。

自信的人认为自己能做好自己的事情，不等于他鲁莽行事，从不考虑“万一”失败的可能性。

7. 责任感从哪里来

在工作和生活中，责任感的重要性绝不亚于自信的重要性。那么，责任感从哪里来呢？首先，我们要认识义务的客观性和主观性，以及不同层次的义务；其次，相信自己履行该义务之后能享受相应的权利。否则，按照人类思维、情感、行为规律，我们就会否认该义务，这样就谈不上什么责任感了。由此可见，自信的人就会有责任感。

汤建是一家跨国企业总裁办公室的负责人。公司每季度都开全国销售会议，分析产品销售情况。有一次，某产品销售情况不是很好，该产品负责人没有认真总结具体原因，只是写了几个客观原因草草了事。汤建和该负责人进行沟通，要求他认真总结。但是该负责人说已经没有时间补充了，委婉地拒绝了汤建的要求。汤建认为这样做无法向总裁交代，于是他亲自给各地区销售人员打电话，了解情况。这就是汤建的责任感。总裁办公室什么都可以管，因为所有的事情都在总裁的管理之下；也可以什么都不管，只要完成总裁下达的任务就可以，因为他不是总裁。汤建可以不用管该产品销售业绩为什么不好，因为该产品有自己的负责人。但是他为了公司，为了总裁，做了可以不做的事情，这就是汤建的责任感。因为汤建在工作上表现出了高度的责任感，所以没过多久，他就被破格提拔为某分公司的总经理。汤建为什么有这样的责任感呢？因为他相信自己的责任感会得到回报。相信自己的责任感能得到回报，往往是大部分人责任感的来源。

2004 年曾发生过一起引起全国轰动的事件。5 月 19 日，吉林省仙字乡动字村八十余名群众集体来到乾安县政府，准备向有关部门反映与相邻的锁字镇前训村发生的草地纠纷问题。据村民说，当大家快要行至县政府二楼时，楼上出现了四五名干部模样的人，一边厉声呵斥，一边把反映问题的村民向楼下推。拥挤间有人喊“小孩倒了”。有人回头，看见陶汉武倒在了地上。

陶金城是现场参与抢救陶汉武的村民之一。他当时向县政府工作人员请求，让他们用手机给 120 打个电话叫救护车来，结果对方回答说“没手机”。大家又请求借用一下政府的固定电话叫救护车，他们却说“电话不好使”。孩子的父亲陶金财急得给在场的政府工作人员下跪，哀求他们帮忙叫救护车。结果，没有一个人理会。最后，有个村民跑到了县政府外面的公用电话亭打了电话。到了医院，医生说孩子已经不行了。当时大家身上都没有钱，医生说就别用药了，救不了了。可村民们仍抱着一线希望，于是给县政府打电话，希望有关同志能帮助说个话，让医院先抢救孩子，大家再回去拿钱。结果电话一直没人接。

政府干部见死不救的事，在全国引起了巨大反响。有人说：“也许两毛钱的电话就能挽救这个孩子的命，可作为政府的干部，竟然连一个电话都不给打。即使是普通人，救命第一这点做人的起码良知也是应该有的，况且他们还是代表政府形象的公务人员。”

那么这些公务员真的不知道自己的义务吗？当然不是。能够当上政府干部，怎么会不明白这种事情的性质，不明白实际上他们应该做什么？那么他们为什么没有合理地处理呢？最大的原因就是害怕承担责任。其实这都是人的能力不够的问题。

有很多网民提出，政府官员如此没有责任感，是监督不够导致的，应该加强对政府官员执行公务的监督。但是，老百姓监督每一位公务员是不可能的。即使能加强监督的功能，若公务员履行义务和享受权利的能力跟不上，那么他们还是会否认自己的义务（人类思维情感行为规律）。

所以，提高公务员责任感的方法是提高公务员的能力。提高什么能力呢？首先，需要提高公务员得罪领导之后重新获得领导喜欢的能力。领导也是凡人，领导也有可能在某些心情很烦躁的时候说一些不该说的话，所以领导曾经说“少管闲事”之类的话，但这些言语不等于领导不关心老百姓。有时候，孩子不听话，父母会对别人说“不要管他”，难道父母真不关心孩子吗？此时有人关心孩子，父母是责怪那个人，还是感谢那个人呢？在企业中也是如此：有些客户刁难企业，企业领导也有可能对员工说“不要管那些人”。但是，员工若利用闲散资源帮助客户解决问题，那么企业老板还是会感谢员工，认为员工很有责任感。员工（公务员）相信领导的美好心愿，理解领导的苦衷，是重新获得领导喜欢的重要能力。其次，公务员要有另谋高就的能力。若公务员有这个能力，就不怕领导不喜欢自己。

像这样的事情在企业中也很常见。例如可能遇到的某种情况是，如果自己承担下来会有很大的风险，所以很多人的想法是躲开为好。其实这就是缺乏能力的表现，也是长久不能晋升的原因。机会总是给有能力的人。如果你有广泛的朋友交往，你有和同事、老板相处的能力，你就不会害怕被解雇，就敢于承担这样的风险，只有这样的人，才有资格成为企业的领导。

所以说，责任感来源于能力和自信。能力和自信是责任感的决定性因素。

8. 创新思维从哪里来

柯特大饭店是美国加州圣地亚哥市的一家老牌大饭店，由于原先配套设计的电梯过于狭小陈旧，已无法适应越来越多的客流，这阻碍了饭店的发展。于是，饭店的老板准备扩建一个新式的电梯。他花重金请来全国一流的建筑师和工程师，请他们一起探讨该如何扩建电梯。建筑师和工程师的经验都很丰富，他们讨论了足足半天，最后达成了一致的结论：为了安装新电梯，饭店必须停止营业半年时间，这样才能在每层楼里打洞，并且在地下室里安装最新式的马达。“除了关闭饭店半年就没有别的办法了吗？”老板的眉头皱得很紧，“要知道，那样会给饭店造成极大的损失。”“必须得这样，这是最好的方案。”建筑师和工程师坚持这么说。饭店老板和建筑师、工程师之间发生了看起来无法协调的意见冲突。就在这时候，饭店里的清洁工刚好经过这里，听到了他们的争论。他马上直起了腰，停止了工作，并开口说：“把电梯安装在外面不行吗？”这个建议最终获得了工程师和建筑师的认可。很快，这家饭店就在外面安装了一部新电梯。在建筑史上，这也是第一次把电梯安装在室外。

我们在工作和生活中经常碰到各种各样的矛盾，有些矛盾可以按照常规的方法解决，而有些矛盾就无法按照常规的办法解决，必须用打破常规的创新思维才能解决。

我们在此不再举具体创新的例子，而是要探讨如何培养创新思维。按照思维规律可知，需求是思维的起点，满足需求的方法是思维的核心。人们若按照传统的思路找不出满足需求的方法，就会否认相关义务和需求，这样就不会有创新。

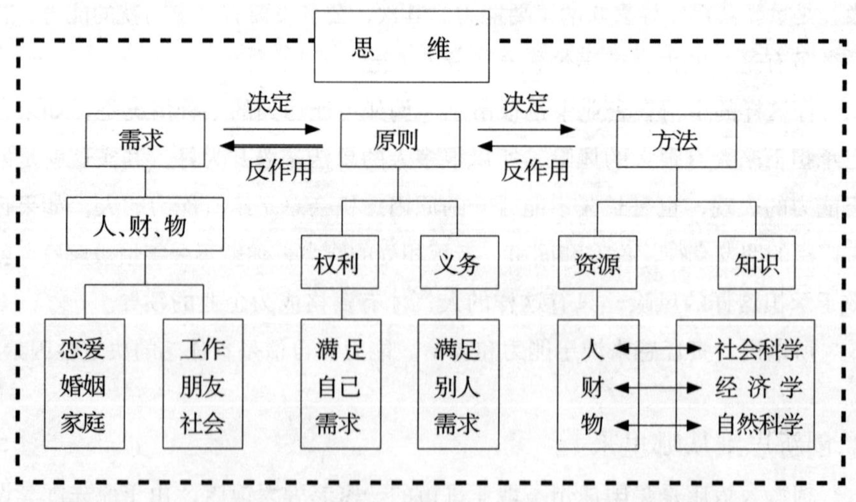

若我们实在想不出履行义务的方法，怎么办？这个时候最重要的是“时间观念”。就是说，现在想不出办法，不等于明天也想不出办法。所以，电梯工程师们可以问饭店老板，装电梯的方案最迟需要什么时候做出来？若老板说一个星期以后做出来就可以，那么他们就可以利用这一个星期想想其他办法。

这就需要我们高度的责任感，还有“我能解决这个问题”的自信。有了责任感和自信之后，就可以想具体的方法。在想具体的方法时，一个人的力量很有限，如何充分调动同事、亲人、朋友出谋划策，是创新思维的关键。我们在前文中提过沟通的公式为A + B = A 或B 或C。其中，A + B = C 是最常见的创新形式之一。

创新需要打破常规想法或做法，尝试理论上可行但没有得到实践验证的新方法。既然是尝试新方法，就有两个方面的风险。第一，若创新失败，就会给公司带来损失，这很可能损害创新者的利益。第二，若创新成功，有可能伤害另一些人的利益。这里的利益不仅是物质上的利益，还有精神上的利益。比如，若创新失败，就要承担“失败者”的风险；若创新成功，就会降低别人成为“成功者”的可能性。

所以，培养创新思维的关键在于解决上述两个问题：若创新失败，如何保证自己的利益；若创新成功，如何和其他人分享成就。第一个问题的解决方案，和第一章“空运还是陆运”例子一样，相信公司会给予补偿。而第二个问题的解决方案不是那么简单。我们不能直接把自己的利益分给那些没有贡献的人。我们可以肯定的是，他们需要的不仅仅是物质上的利益和“成功者”的名誉，我们还可以考虑他们的“爱与归属的需求”、“尊重需求”等。

总而言之，责任感，自信，和亲人、朋友、同事的无障碍沟通，是创新思维的基本要素。我们通过责任感、自信和沟通想出打破传统的新方法，也是通过责任感、自信和沟通既保证自己的利益，又和别人共享成就。我们通过培养这三个素质，就会极大地提高创新能力。

第一章“创新与对人性的理解”例子中，小刘的思维比较活跃。笔者在和他的交流中证实，他和他父母、爷爷奶奶的关系都很融洽，这是他思维比较活跃的重要基础。我们可以肯定，怕父母、怕上司、怕同事的人，创新思维不会很活跃。所以，我们黄金思维培养创新思维的重要方式是改善和亲人、朋友、同事的关系。

第十章 黄金思维所需经济学原理

工作和生活都离不开经济学原理，所以经济学原理也是黄金思维所必不可少的知识。我们在前面提到“基于代替承担的新标签”和投资原理很类似，这说明经济学原理和黄金思维不是互相孤立的，而是互相影响的。

下面我们给读者介绍对我们黄金思维产生重大影响的经济学原理——风险投资和文化营销。

1. 风险投资原理

风险投资的起源可以追溯到19世纪末期，当时美国一些私人银行通过对钢铁、石油和铁路等新兴行业进行投资，获得了高回报。1946年，美国哈佛大学教授乔治·多威特和一批新英格兰地区的企业家成立了第一家具有现代意义的风险投资公司——美国研究发展公司（AR&D），开了现代风险投资业的先河。 但是由于当时条件的限制，风险投资在20世纪50年代以前发展比较缓慢。从70年代后半期开始，美国积累多年的科技成果成熟到商业化的程度，吸引了大量风险投资，形成了高科技发展和风险投资的良性循环，给风险投资商、科研人员和创业人员带来了巨大的财富，为美国经济的发展起到了重要的作用。但是人们对风险投资有两个误解：其一是风险投资就是对高科技的投资，其二是风险投资就是高风险的投资。

高科技和高风险是风险投资的两大特征，但不是风险投资的判断标准。国内外很多大企业将巨资投入高科技项目，这些项目风险都很大，但是这不能叫风险投资。那么，风险投资和传统投资的区别到底是什么呢？

传统投资是投资方和经营管理方为一体，即由谁投资，就由谁负责企业的经营管理，公司的决策权在投资方；而风险投资中投资方和经营管理方（称为“创业方”）是分开的，企业由创业方负责经营和管理，公司的决策权往往在创业方。所以，传统投资往往由投资方绝对控股，而风险投资往往由创业方控股，投资方的股权一般只在30%～40%之间。传统投资的目的是投资方把企业当做自己的事业来经营，而风险投资的目的是获得更多的资金以后投入其他项目。

那么，为什么有人愿意进行风险投资而不愿意进行传统投资呢？其主要原因是，投资方对投资对象企业的产品、经营和管理不是很懂，亲自经营失败的概率很大，而若由创业方经营和管理，那么成功的概率会更大。比如，一个人在餐饮业中获得了很大的成功，积累了很多资金。根据马斯洛理论，他为了获得更大、更多的尊重，或者为了自我实现，就会考虑继续投资，但是餐饮业已经饱和了，若投入100万，每年可能只能获得10万元的利润。此时，他的朋友给他介绍了一个高科技项目，同样投入100万，但三年以后有可能获得1000万回报。但是他对这个高科技项目不是很懂，于是他只能按照风险投资的形式进行投资，而不能采用传统投资方式。风险投资方不参与经营，也有可能是因为他不喜欢经营。他的爱好就是投资。

从创业人员的角度来说，他们更愿意接受风险投资，而不是传统投资。因为在他们缺乏资金的情况下，接受传统投资意味着放弃经营权。

一般来说，风险投资集中在高科技领域，创业方由科研人员和经营人员组成。风险投资项目的发起人一般都是科研人员，而科研人员在时间、精力和知识上，都很难监管经营，所以他会找经营人员组建创业团队，然后寻找第一阶段小规模的风险投资，称之为"天使投资"。在这个阶段，产品和技术都不是很成熟，无法向投资方清楚地解释产品和技术的各种原理，更不容易提供事实依据。所以，投资方往往更看重创业方是否诚实。若一个诚实的创业团队展现出团队的能力和未来的潜力，投资方就可以相信未来前景。所以在这阶段，创业方和投资方的人情、人脉关系占很重要的比重。经过一段时间，风险投资企业的产品和技术更加成熟，有了一定的市场反应，就会考虑引进第二批大规模的投资。在此阶段，投资方会认真考虑产品和技术以及市场反应，考察创业方团队的凝聚力、诚实性，还要考虑创业方处理和投资方的关系的能力。风险投资方虽然不直接参与经营管理，但也不是一点都不管公司的经营。投资方会监督公司的经营管理，尤其是资金的流向；他还会给经营管理人员提出建设性的意见。若创业方将投资方的监督和建议误解为多方的干涉，拒绝采纳正确的建议，那么投资方和创业方的关系会出现裂痕，企业失败的可能性就会很大。美国专业机构调查结果表明，风险投资企业失败的最大原因就是创业方内讧，或者创业方和投资方之间的内讧。对已经获得风险投资的企业来说，产品本身不会有太大的问题，关键就在于人。所以，风险投资产业对企业各级各类人员都提出了更高的要求。

由以上内容可知，人们认识各行各业的朋友并且建立比较密切的信任关系是风险投资行业发展的重要社会基础。一个国家，若人们朋友的人数、所在不同行业数、信任度都普遍较低，那么这个国家的风险投资行业就很难发展，很多高科技无法实现产业化，只能停留在研究阶段。这样对这个国家的经济发展很不利。

人们结交的朋友往往来自老乡、大学同学、工作中的同事和客户、工作和学习之外的社会活动（公益活动）中遇到投缘的人等。我们要充分利用各种途径认识各行各业的朋友，通过黄金思维和他们建立比较密切的信任关系。这样，对个人、对国家都有利。

我们在前文中说代替承担就像投资一样，其实它更像风险投资。一般来说，创业方不愿意接受风险投资，很多人不愿意接受别人的帮助，原因都是不想受别人的控制。这样，很多人的 B 型爱（愿意付出的爱）的需求就得不到满足。如果创业方很愿意接受风险投资，是因为他不会失去自己的主导地位。同样，人们若明白风险投资原理，就可以把自己当做一个风险投资企业，以创业者的心态接受别人的帮助。而且，将施助者的意见当做投资方对创业方的意见，而不是将他看成对自己的控制和干涉。若施助者真要控制和干涉受助者的生活，那么受助者可以将风险投资原理讲给施助者听，并且根据“基于代替承担的新标签”理论等待施助者转变思维模式。在传统投资里，投资方比其他人“高人一等”，而在风险投资里，投资方和创业方是平等的，是双赢的关系。若人们明白这个道理，在接受别人帮助的时候就不会觉得自己比别人矮一截，不会伤害到自我尊重的需求。

在前文中提到的“人才资本”（Human Capital）是一种风险投资（天使投资）基金。它能否活跃和普及，就要看获得投资的“创业者”能否成功。

【风险投资原理对婚姻的帮助】

风险投资原理还可以为解决恋爱婚姻中的某些问题提供重要的理论基础。王先生和李小姐在大学时期认识，谈恋爱，后来共同创业，现在在事业上已经有一定的基础了。两个人虽然同住了五年，但是王先生一直没有给李小姐一个合法的名分，李小姐实在忍不住，主动提出结婚，王先生却总说不着急。看着身边的朋友一个一个地走进婚姻的殿堂，李小姐一边嫉妒她们，一边埋怨王先生，两个人之间的吵架频率也越来越高，他们的生意也因此受到不少影响。这是为什么呢？难道王先生不爱李小姐吗？或者王先生认为李小姐对他的爱不够吗？都不是！他知道李小姐很爱他，他也爱李小姐，但是他觉得和李小姐在一起很委屈。原因是，王先生原来家境贫困，而李小姐家境富裕，他们创业的资金都是李小姐父母给的，所以现在李小姐的父母经常提醒他，若没有李家的支持就没有王先生的今天。而李小姐的脾气又不太好，在吵架时更是变本加厉地强调这件事情。久而久之，王先生感到很大的压力，觉得自己在李家永远抬不起头，所以总是把婚事往后推。

王先生和李小姐之间也许还有很多其他问题，但是在这里表现出来的是因为经济起点不平等而引发的婚姻危机。他们的婚姻和他们的事业，直接联系在一起。那么，他们应该怎么解决这个问题呢？

大家都能明显地看出李小姐和她父母有需要改进的地方。但是，王先生就没有需要改进的地方吗？以后，李小姐和她的父母不再提起他们的大恩大德，王先生和李小姐就会过幸福的生活吗？事情不会那么简单。

从风险投资的角度来说，李小姐的父母承担的是风险投资商的角色，而王先生是创业者。风险投资商对创业者说“当初若没有我的支持，就没有你的今天”不算很过分。因为，这毕竟是事实。创业者完全可以这样说：“我非常感谢您当时给我投资。同时我也感到很高兴，因为我给您带来了丰厚的利润（您也别忘了，您找一个合适的投资项目也不是那么容易）。”这样，风险投资商还会说什么呢？按照同样的原理，李小姐和她的父母经常提醒王先生不要忘记他们对王先生的伯乐之恩，也不能说是错，因为这是事实。但是王先生完全可以这样回答：“我非常感谢您给我的支持。同时，我也感到非常高兴，因为我让您找到了最好的女婿。”这样一说，李小姐和她的父母还会提起过去的事情吗？

其实，李小姐和她的父母经常提醒王先生不要忘记他们的伯乐之恩，不是为了强调“我们比你高一等”，而是因为其他的原因，比如听说别人忘恩负义的事例，等等。无论是从常人的美好心愿的角度考虑，还是岳父岳母对女婿、妻子对丈夫期待的角度去考虑，他们都希望王先生能抬起头做一个真正的男人。

我们在前面提过“投射原理”。王先生觉得自己在李小姐和她父母面前抬不起头的最根本的原因在于他自己没有抬起头，这可以说是他过去贫寒生活造成的心灵创伤。所以，王先生和李小姐以后过幸福生活的关键是治疗王先生的心灵创伤，让他自己抬起头来，在李小姐和她父母提起他们对王先生的伯乐之恩的时候，能按照上面的方式回应他们。

在治疗王先生心灵创伤，让他自己抬起头的心理转变中，风险投资原理会起到关键作用。按照传统投资来说，投资方永远都高高在上；而在风险投资中，创业方和投资方的地位是平等的，因为若没有创业方，投资方也挣不了更多的钱。在恋爱婚姻中也是如此。这一点，我们在上面已经说清楚了，在这里不再重复说明。

上述原理在婚姻的其他情况中也会起到类似的作用，读者可以自己思考。

2. 文化营销

营销（Marketing）是企业生存的核心。任何企业都要通过营销实现利益。从理论上讲，企业所有的工作都和营销有关。所以，员工无论从事什么工作，都要懂得营销。这样不仅可以为公司创造更多的价值，而且也能为自己未来的发展奠定重要的基础。

那么，什么是文化营销（Culture Marketing）呢？文化营销是，在产品营销活动中结合文化因素，给产品赋予文化价值，使企业获得更多利益的营销活动。

过去，在社会生产力还没有高度发展的时候，只要有东西就能卖。但是这样的好时光一去不复返了，现在的企业要面对激烈的竞争。以电子行业为例，在20世纪80年代，我国居民为了买日本的彩电要排队抓号，不少有特权的人光倒卖彩电号就挣了不少钱。而现在，我国已经有几十家彩电企业，质量不亚于日本的品牌。另一方面，在液晶电视里最重要的是液晶面板，而全世界只有屈指可数的几家企业生产液晶面板，中国国内甚至全世界电视厂家都采用这几家的液晶面板，那么这些不同品牌、不同产地的电视在其质量上能有什么明显的差别呢？这叫同质化现象。

若不同品牌的产品产生同质化现象，必然会有价格竞争，削减企业的利润。于是，一些企业提出了文化营销的思路，一方面使自己的产品在文化价值上区别于其他产品，另一方面给产品赋予文化价值后，可提高利润。最典型的文化营销是“情侣手表”。手表早就进入了同质化时代，在外观、时间精确度上同质化现象很严重。若男女手表单独卖，每块表只能各卖100元；而把男女表放在一起，就可以卖300元，多出的100元就是“爱情的价值”。三星手机获得成功的主要原因是外观漂亮，而三星给漂亮的外观赋予了文化价值——时尚。所以消费者愿意出高价买三星的手机。全世界提倡少用塑料购物袋以后，一家企业设计了比较漂亮的购物袋，印上“用我购物就是对世界环境的贡献”字样，并且限量发售，结果消费者愿意掏30美元购买。若读者仔细观察，就会发现很多这样的例子。

文化营销的基础是消费者不仅需要产品本身，而且需要满足爱情、自我尊重（时尚）、为社会作贡献等多种需求。文化营销需要丰富的创新思维。若我们缺乏创新思维，就无法给产品赋予新颖、独特的文化价值。

我们在这里给读者介绍文化营销的目的不只是为了让读者在工作中发挥这样的创新思维，还可以让读者给自己赋予文化价值。比如，给老板讲解“信子成龙”、“婆媳关系老题新解”、“妻之错夫之过”等内容，都可以体现自己的文化价值。

除此之外，“大规模生产可以降低成本”的原理可以帮助我们理解我国公益事业成本较高的原因。还有“产出一定要大于投入”等经济学原理对我们的思维方式也产生着重要的影响，请读者自己思考。

第十一章 黄金思维所受自然科学的启发

我们在前文中举伽利略纠正“重物先落”理论的例子解释了人们接受一项新知识的依据和过程。在三大科学体系中，自然科学是起步最早、发展最成熟的科学，它的很多成果都已经应用到我们的现实生活中，为人类文明的发展作出了重要贡献。我们可以从它的发展过程和应用事例中得到很多启发。

自然科学的本质是发现规律及其适用范围，并在其适用范围内应用这些规律以满足人类更多、更高的需求。比如，人类掌握了植物生长规律，就利用它生产更多的粮食；人类掌握了动物生长的规律，就利用它生产更多的牛肉和牛奶；人类掌握了物体运动规律，就利用它设计飞机；人类掌握了电流的规律，就利用它照明，运转机器；人们掌握了天气规律，就可以避开一些不利的天气，甚至在局部范围内改变天气。

人类若不明白自然规律，就会产生两种相反的结果。第一，产生无畏心理，人们会做很多无效的努力，或者人可能在不知不觉中犯罪。在人们发现能量守恒定律以前，很多人为研究永动机付出了巨大的努力；人们不知道环境科学，所以无节制地破坏环境。第二，看到别人失败或自己失败之后对该领域产生恐惧心理和躲避心理。

同理，经济学和社会科学也有各种规律及其应用范围，若人们不知道此规律及其应用范围，就会产生恐惧心理或躲避心理，或者无畏心理。以婚姻为例，很多人因为不知道婚姻的规律，所以把婚姻想得很简单，进入婚姻以后才发现问题很多；也有很多人因为不知道婚姻规律，看到别人失败或自己失败之后就对婚姻产生恐惧和躲避心理。对人际关系也是如此，人们因为不知道人际关系的规律，做了很多无效的努力也得不到别人的认可，所以就对人际关系产生恐惧和躲避心理。我们在本书上篇谈到了很多社会科学方面的成功事例，也谈到了美好心愿、代替承担、标签理论可以提高人的工作能力和生活能力等人类自身的规律，读者掌握这些规律就可以利用它解决很多问题，满足自己更多的需求。

【先有鸡后有蛋】

我们在日常生活中会碰到很多“先有鸡还是先有蛋”的问题。比如，因为老板对员工好所以员工认真工作呢，还是因为员工认真工作所以老板对员工好呢？

其实，从科学（生物学）的角度来说，这个问题的答案很明确，是先有鸡后有蛋。因为，只要有鸡就会有蛋，但是有蛋不一定有鸡。蛋孵化成鸡，至少还需要适当的温度环境，若环境温度不均匀，还需要动力翻滚鸡蛋。所以，先有鸡后有蛋。

下篇 总结

思维对人们的工作、恋爱、婚姻家庭、朋友交往等领域产生的重要影响，是不言而喻的。如前所述，人们的思维规律可用下图表示。

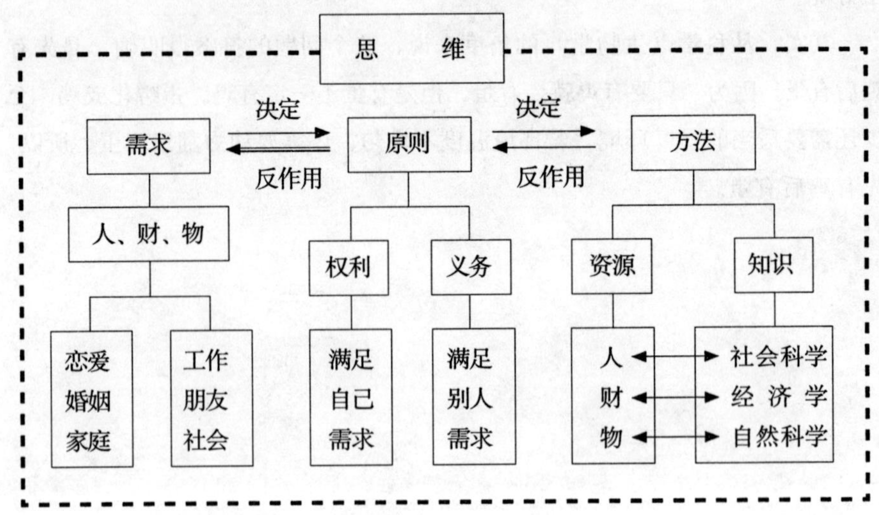

上图又可以简化为下图。

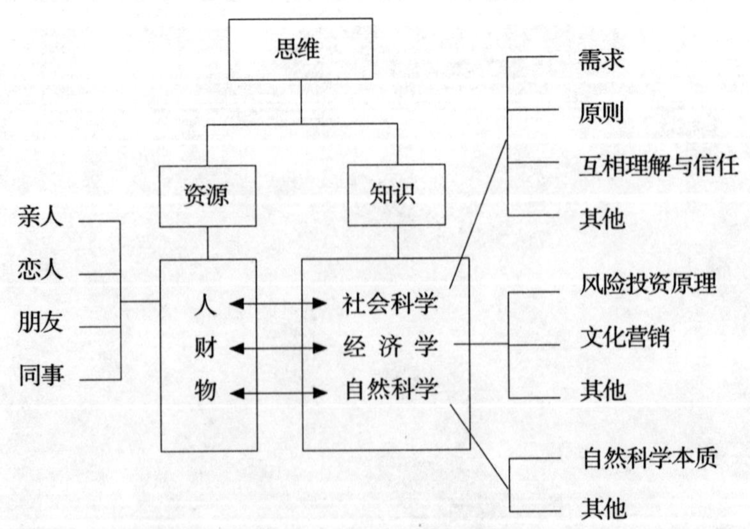

人们的思维能力，主要受知识和资源两个因素的影响。

【黄金思维知识体系】

由上述思维规律可知，黄金思维需要一个非常重要的核心基础，这个基础就是：人们的需求（利益）不是互相对立的，而是统一的。我们在前面已经举了很多例子（上篇）和原理（下篇）解释了这一点。

若没有这个基础，当人们碰到利益冲突的时候就不会认真考虑解决冲突的方法，即使别人提出解决冲突的方法，也会听而不闻、视而不见。

阻碍读者奠定黄金思维这个基础的最大障碍就是在日常生活中经常发生的利益对立现象，即“坏人”的存在。对此，我们在下篇第七章“互相理解与信任”中已经作了详细的介绍，读者若完全理解了它，就不难建立这个基础。

读者在上述核心基础上，需要建立以下知识体系。

※ 社会科学知识

1．关于人的需求

1）什么是D型爱和B型爱？

2）如何满足自我尊重和被别人尊重的需求？

3）需求的客观性和主观性

2．关于原则

1）原则的客观性和主观性

2）日常原则的四个层次

3）员工义务的四个层次

4）企业义务的四个层次

5）功过能否相抵

6）惩罚与管教有何不同

3．关于互相理解与信任

1）人类思维规律及改善思维的方法

2）人类情感规律及引导情感的方法

3）人类行为规律

4）如何理解人们违背原则的原因？

（1）缺少资源

（2）缺少知识

（3）原则的副作用

5）如何相信别人

（1）什么是美好心愿？

（2）美好心愿和动机有何区别？

（3）什么是闲散资源？

4．提高工作和生活能力

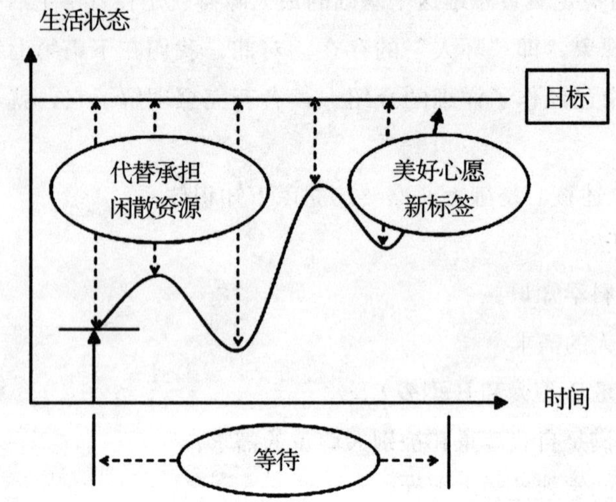

1）基于代替承担的新标签

（1）什么是代替承担？

（2）理解人类行为、情感、思维规律以及缺少资源、缺少知识和原则的副作用等原理和基于代替承担的新标签理论的逻辑关系

2）一个人的知识是如何形成的？什么是“新事物135定律”？

3）什么是归纳法和演绎法？

4）代替承担和一般投资原理有何相似之处？

5）代替承担理论对恋爱婚姻有何重要作用？为什么说人们互相之间的要求不会超过正常的范围？

6）为什么说我们给别人新标签是我们的义务？

7）代替承担的六个关键词是什么？

8）为什么说“江山易改、本性可移”？

9）“代替承担”和“纵容”有何区别？

10）我为别人代替承担，第一受益人是谁？为什么？

5．其他

1）关于沟通

（1）沟通的三要素是什么？

（2）协商的公式是什么？

2）情商是什么？如何培养情商？

3）发现和治疗心理疾病的方法是什么？

4）什么是“枯树效应”？

5）在朋友之间、恋人和夫妻之间、企业和员工之间双方共同信任的朋友的作用是什么？为什么说，在恋人和夫妻之间若有双方共同信任的朋友，就可以大幅降低分手（离婚）的概率？谁（或什么机构）最适合做企业和员工双方共同信任的朋友？

6）什么是健康的自信？如何培养健康的自信？

7）责任感从哪里来？理由是什么？

8）创新思维从哪里来？理由是什么？

※ 经济学原理

1．风险投资原理及其对我们的工作态度和恋爱婚姻的影响

2．文化营销的概念及其对我们工作的影响

3．其他

※ 自然科学原理

读者需要掌握科学的本质，这对我们思维能力产生重要影响。

【黄金思维朋友指标】

资源对思维的影响力决不能忽视。资源分为人、财、物三大资源，其中人资源最重要。

前述社会科学知识的最大意义就是激活我们的人资源。

人资源可以分为亲人（父母、亲戚等）、恋人、同事、朋友等。其中，父

母和恋人对我们的思维方式产生的影响力最大。本书的知识会帮助读者激活父母和恋人资源。

多一个朋友多一条路。黄金思维提出，一个人要有50位以上不同行业、不同年龄、不同性别、不同民族、不同宗教信仰的朋友，其合理结构如下。

描述	数据要求	备 注
年长朋友	10%～15%	比自己年龄大5岁（含）以上
年少朋友	10%～15%	比自己年龄小5岁（含）以上
异性朋友	30%～60%	了解异性，对恋爱婚姻很有帮助
少数民族朋友	5%以上	不以汉语为本民族语言
信仰宗教的朋友	10%以上	宗教是人类的重要文化遗产，它对人们思维方式产生重要影响。宗教聚会是人们认识朋友的重要途径之一
不同行业的朋友	理工类	化工、土建、计算机软硬件、医学等
	经济类	广告、市场营销、金融证券、财会、人力资源
	政法类	政府机关、公检法、律师
	人文社科类	历史、政治、文学、师范、外语
	艺术体育类	音乐、美术、体育
	媒体	平面、网络、电视媒体的记者、编辑

朋友的概念非常广，很难给出一个明确的定义。从实用的角度来说，当我们碰到困难的时候能帮我们的人，就是朋友。这个帮助，也许是心灵上的，也许是物质上的。总而言之，若没有互相帮助，就是有名无实的朋友。读者可以回顾上篇第三章“友情不衰”一文。

年长朋友的优势在于他们的经历比较丰富，若我们在黄金思维的基础上了解我们年长朋友的经历，无论是成功的还是失败的，都会给我们较大的帮助。年长的朋友还有可能认识更多其他朋友。我们和年长的朋友交往的时候，还可以体会和上司打交道的方法。还有一点很重要，若我们在恋爱婚姻上出现问题，可以去找年长的朋友。笔者在婚姻上出现问题的时候去找师兄，笔者作为年长的朋友也帮助了不少师弟、师妹。我们希望每一对恋人和夫妻都有具备黄金思维知识的年长朋友。

和年少的朋友打交道，可以帮助他们提高恋爱婚姻满意度，还可以体会当领导（Leader）的感觉，这是我们自己成长的很好平台。不当父母就不知道父母的苦楚，若我们没有年少的朋友，我们总是处于“小弟弟（小妹妹）”的角色，这样我们自己很难长大。

关于异性朋友，若一个人没有异性朋友，就说明他的异性交往能力很差，对异性的了解只能来自书和电影等虚拟世界，而无法了解真实的异性。这样，在恋爱和婚姻中碰到问题时，很容易钻牛角尖，认为他（她）是一个怪人。反过来，一个人若有异性朋友，在恋爱婚姻中碰到问题时可以询问异性到底是怎么回事，这对解决恋爱婚姻问题很有帮助。

我们国家是一个多民族国家。从总体上说，我们了解少数民族的情况会对我们国家的安定团结很有意义。从个人角度来说，我们了解少数民族文化（含少数民族宗教）对我们的思维方式也会有较大的积极意义。

宗教是人类重要的文化遗产，它会对信徒的思维方式产生重要影响。与此同时，宗教活动是人们认识朋友的重要途径之一。

至于我们为什么需要认识各行各业的朋友，重要性就不需要多强调了。

除此之外，若我们认识外国朋友，理解他们的文化，也会对我们有很大的帮助。比如，有一些国家是办婚礼之后才去登记领结婚证，而我们国家是先登记领证再办婚礼。这两者相比，就可以得到这样的结论：登记领证不是婚姻成立的判断标准，而是两个人相爱的法律证明；婚礼也不是婚姻成立的判断标准，而是在别人面前宣布两个人相爱的事实。若是两人因相爱而住在一起，就可以称为婚姻，那么它是还没有办理法律证明的婚姻，也是还没有在别人面前宣布的婚姻。

后记

182位读者对本书的评价

在本书出版之前，作者与读者开展了广泛的交流活动，并分别给微软中国、思科中国、中铁建工集团、华旗资讯（爱国者）、科马卫浴、清华大学、北京交通大学、天际网会员共266位读者发了本书的打印稿和调查问卷，一个月之后共收回182份问卷，问卷回收率为69%。在回收问卷的182位读者中，硕士以上学历为54人，占总人数的30%；本科学历为97人，占总人数的53%。年龄在20–30岁之间的人数为147人，占总人数的79%；年龄在30–40岁之间的人数为24人，占总人数的12%。男性为106人，占总人数的58%；女性为72人，占总人数的39%。已经工作的企业员工为142人，占总人数的76%；尚未工作的大学生为38人，占总人数的21%。详情如下表所示。

<table>
<tr><td rowspan="3">所属机构</td><td>名称</td><td>微软</td><td>思科</td><td>中铁集团</td><td>爱国者</td><td>科马</td><td>清华大学</td><td>北京交通大学</td><td>天际网会员</td><td>其他</td><td>合计</td></tr>
<tr><td>发问卷</td><td>20人</td><td>35人</td><td>60人</td><td>20人</td><td>20人</td><td>20人</td><td>20人</td><td>68人</td><td>3人</td><td>266人</td></tr>
<tr><td>收回问卷</td><td>9人</td><td>10人</td><td>48人</td><td>13人</td><td>14人</td><td>15人</td><td>17人</td><td>53人</td><td>3人</td><td>182人</td></tr>
<tr><td colspan="2" rowspan="2">学历</td><td colspan="2">硕士以上</td><td colspan="2">本科</td><td colspan="2">大专</td><td colspan="2">中专以下</td><td>未注明</td><td>–</td></tr>
<tr><td colspan="2">54人（30%）</td><td colspan="2">97人（53%）</td><td colspan="2">15人（8%）</td><td colspan="2">5人</td><td>11人</td><td>182人</td></tr>
<tr><td colspan="2" rowspan="2">年龄</td><td colspan="2">25岁以下</td><td colspan="2">26–30岁</td><td colspan="2">31–35岁</td><td colspan="2">36–40岁</td><td>未注明</td><td>–</td></tr>
<tr><td colspan="2">91人（49%）</td><td colspan="2">56人（30%）</td><td colspan="2">13人（6%）</td><td colspan="2">11人（6%）</td><td>11人</td><td>182人</td></tr>
<tr><td colspan="2" rowspan="2">性别</td><td colspan="4">男</td><td colspan="4">女</td><td>未注明</td><td>–</td></tr>
<tr><td colspan="4">106人（58%）</td><td colspan="4">72人（39%）</td><td>4人</td><td>182人</td></tr>
<tr><td colspan="2" rowspan="2">身份</td><td colspan="4">员工</td><td colspan="4">学生</td><td>实习生</td><td>–</td></tr>
<tr><td colspan="4">142人（76%）</td><td colspan="4">38人（21%）</td><td>2人</td><td>182人</td></tr>
</table>

上述182位读者的反馈情况如下：

1. 本书的可读性。超过1/3的读者在一个月之内把本书看完，1/3的读者在一个月之内看完上篇，1/3读者没有看完。

2. 本书所举的事例是否贴近工作和生活。85%的读者表示经历过类似的事情，13%的读者表示从周围亲朋好友那里听说过类似的事情，只有2%的读者表示从未经历过或听说过类似的事情。

3. 本书内容的新颖性。31%的读者认为自己以前很少这样想过，对自己有很大的启发；66%的读者认为对自己有一定的启发，只有3%的读者认为没有什么启发。

4. 本书的实用性。51%的读者认为本书对解决实际问题帮助很大，44%的读者认为还需要仔细斟酌本书的内容，只有不到5%的读者认为本书太理想化。

5. 是否支持大力推广黄金思维？46%的读者表示非常支持，38%的读者表示比较支持，只有16%的读者表示顺其自然就可以。

6. 读后感受。在182名读者中，76位读者（41%）没有发表任何意见，而其余106位读者（59%）发表了长短不一的读后感，其中16位读者用400字以上的篇幅对本书做出了较高的评价，不少读者还很热情地指出第几页第几行有什么错别字，还提出了排版方面的宝贵意见；72位读者用简短的语言表达了对本书的肯定，18位先肯定了本书的内容，然后指出了一些不足。每一项不足，其提出的人数一般为1－3人，最多不超过5人。

最后，向此次回答问卷、发表读后感的182位读者表示诚挚的感谢！

作者

2009年12月